대한민국 주민자치 참고서

대한민국 주민자치 참고서

초판 1쇄 발행_ 2021년 6월 10일

지은이_ 박경덕
펴낸이_ 이성수
주간_ 김미성
편집장_ 황영선
편집_ 이경은, 이홍우, 이효주
디자인_ 고희민, 신솔
마케팅_ 김현관

펴낸곳_ 올림
주소_ 서울 양천구 목동서로 77 현대월드타워 1719호
등록_ 2000년 3월 30일 제2021-000037호(구:제20-183호)
전화_ 02-720-3131
팩스_ 02-6499-0898
이메일_ pom4u@naver.com
홈페이지_ cafe.naver.com/ollimbooks

ISBN 979-11-6262-047-2 03350

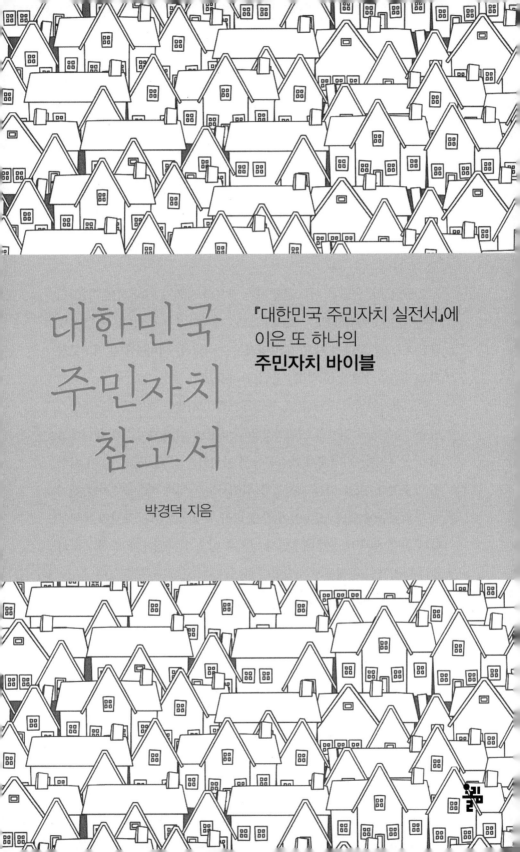

대한민국 주민자치 참고서

박경덕 지음

『대한민국 주민자치 실전서』에
이은 또 하나의
주민자치 바이블

2019년 8월이었다. 어느 주민자치 강사의 강의가 있다 하여 "거기서 거기며, 비슷비슷하겠지" 하면서 그냥 들어봐야지 했었다. 예상이 빗나갔다. 그냥 한마디 하고 가는 강사가 아니었다. 거미줄처럼 얽히고설키고 긴가민가했던 내 머릿속을 정리해주었다.

주민자치위원이 되기 전에 전국 최초의 평생학습 선언도시인 광명시 평생학습동아리 연합회 초대회장을 맡아 10여 년의 대표직을 내려놓고 내가 살고 있는 지역에서 학습공동체 활성화를 통해 마을 만들기 사업을 꿈꾸었다. 마을 만들기 사업을 위해서는 지역과 마을을 알아야겠기에 자치위원이 되면 모든 일이 잘 풀리리라 생각했었다. 생각과는 너무 다른 실망 속에 모르면 배우면서 정겨운 이웃과 더불어 내 방식대로 하리라 다짐하면서 새롭게 시작했던 때였다.

소통이 어려운 일이라는 것을 깨달으며, 내가 찾던 길이 아님을 알고 부족한 견해로 주민자치위원회의 탈퇴를 생각하던 중에 만난《대한민국 주민자치 실전서》로 학습하는 과정에서 '바로 이거야' 하고 공감하게 되었다. 이후 더욱 더 의미 있고 뜻있는 마을 만들기 사업으로 '민들레꽃처럼 마을학교'를 운영하고 있으며 15개의 공동체가 참여하여 시가 있는 거리 조성, 꽃밭 조성, 버려진 땅 개간으로 야생화 체험장을 만들게 되었다. 이제는 아침과 저녁엔 마을 주민들의 출퇴근길로 낮에는 마을 어르신들의 힐링 장소로 자리하고 있으며 '김장 나눔' 마을 축제를 비롯하여 마을 환경과 마을 사람들의 생각이 바뀌고 삶의 질 향상에 큰 도움이 되고 있다. '자발적인 봉사' 이것이 바로 '마을자치'라는 저자의 격려에 힘을 얻어 주민들과 함께 더욱더 즐거운 마을사업으로 활성화되고 있다.

자치를 한 뼘 더 성장할 수 있는 계기를 마련해준 저자의 《대한민국 주민자치 참고서》 발간을 마을학교 회원과 함께 축하드린다. 나와 우리를 서로 돌보는 마을이 될 수 있도록 협력과 융합으로 가치창조의 계기를 제공하는 주춧돌이 되리라 확신한다. 다시 한번 축하드립니다.

김영숙
시인, 광명시 하안3동 주민자치회 자치위원
민들레꽃처럼마을학교 대표

주민 자치에 입문한 지 5년째지만 지금도 목마름으로 각종 주민자치 선진지와 연수회장을 찾습니다. 주민자치가 무엇이며 어떻게 해야 하는 것인지, 법적 제도적 보완점은 무엇인지 궁금증을 해결하기 위해 주민자치 관련 책자와 동영상을 찾곤 했습니다.

그때 가뭄에 단비 같은 박경덕 님의 《대한민국 주민자치 실전서》를 만나게 되었습니다. 주민자치의 올바른 이해부터 기본이 바로 선 주민자치위원회와 분과 활성화, 프로그램 운영과 각종 공모사업에 이르기까지 주민자치를 하면서 겪게 되는 여러 가지 궁금증과 벽들을 하나하나 걷어내어 주었습니다. 이 도서는 우리 주민자치회의 필독서로 선정하여 윤독하고 있습니다.

2020년에는 박경덕 님과 함께 '주민자치의 길을 묻다'라는 주제로 하루 종일 우리 주민자치회의 역량강화 워크숍을 실시하였습니다. 주민자치가 잘 되려면 준비된 자치위원, 주민자치를 알고 참여하는 주민 그리고 법적 제도적 장치가 필요합니다. 지역 공동의 문제를 주민들과 숙의하여 해결책을 찾아보고 결정하고 실행하는 과정에서 부닥치는 고민들을 해결하는 소중한 시간이었습니다.

《대한민국 주민자치 참고서》는 주민자치의 기본을 바로 알고 역량을 갖춘 주민자치위원들이 주민들과 함께 지역의 문제를 스스로 해결해 나갈 때 비로소 공동체의 활성화와 지역 주민의 삶이 향상되고 주민의 자치가 이루어질 것이라는 내용을 알차게 담아내고 있습니다. 일선에서 주민자치를 담당하고 이끌어가는 주민자치위원들과 공무원들의 필독서라고 할 수 있습니다.

《대한민국 주민자치 실전서》와 함께 이 《대한민국 주민자치 참고서》가 대한민국의 주민자치를 확 바꾸어 가는 데 큰 힘이 되리라 믿습니다.

주민자치의 성공을 위한 박경덕 님의 열정과 노력에 박수를 보내며 감사드립니다.

안병순

충남 천안시 서북구 성환읍 주민자치회장

와! 또다시 책이 나온다고요? 진심으로 축하합니다.

저는 박경덕 저자가 2017년 부천시 소사동에 근무할 때 우리 주민자치위원들이 소사동에서 《대한민국 주민자치 실전서》 저자 전국특강을 들어 마음이 뭉클해지는 것을 느끼면서부터 인연을 맺게 되었습니다.

그때까지만 해도 행정에서 모든 회의서류를 작성해주고 주민자치위원들은 주민자치 프로그램만 잘 운영되면 끝나는 것으로 알았을 때였습니다. 우물 안 개구리처럼 다른 지역 주민자치위원회도 다 그렇게 하겠지라고 생각하였습니다.

《대한민국 주민자치 실전서》를 읽고는 먼저 공무원에게 의지하지 않는 위원회가 되어보자고 마음을 먹었습니다. 기초가 튼튼한 주민자치를 위해 분과회의, 소위원회 회의, 월례회의를 꼭 지키려고 노력했고, 마일리지제를 운영하였습니다. 평소에 안 하던 일들을 하니까 불평하는 위원들이 속출해 중간에 교체되는 일이 잦아질 때도 있었습니다.

2019년에 저자와의 업무협약을 맺고 여러 차례 특강과 실무적인 컨설팅을 받은 결과 위원들의 의식이 한 차원 높아진 것을 실감할 수 있었습니다. 특히 2019년, 2020년에는 자치위원들이 한마음 되어 전국 주민자치 박람회에는 1차 관문을 통과하는 성과를 거두기도 하였습니다.

저자의 컨설팅 이후 활동사항으로는 소식지를 발간하기 시작하였고, 생태공원을 면으로부터 위·수탁받아 운영하여 사업추진에 많은 보탬이 되기도 하였습니다. 주민들의 의견을 수렴하여 건의한 결과 작은 목욕탕, 작은 도서관, 다목적구장을 조성하게 되었고, 파크골프장 조성, 웅치전적지 복원 등도 추진하고 있습니다.

이번에 나오는 《대한민국 주민자치 참고서》 내용은 처음에 나온 《대한민국 주민자치 실전서》보다 체계적으로 작성되어 있으며, 한 단계 더 업그레이드된 작품이었습니다. 자치위원들이 쉽게 접근할 수 있도록 되어 있어 그렇게 반가울 수가 없었습니다.

우선 참고서를 보시고 지역에 맞는 것을 안건으로 삼아서 추진해 보시기를 권합니다. 앞으로 이 책 한 권만 소화한다면 대한민국에서 상위 그룹에 들어가지 않을까 감히 생각해봅니다.

이석근
전라북도 진안군 부귀면 주민자치위원장 / 진안군 주민자치 협의회장

내가 박경덕 저자를 알게 된 때는 2017년 11월, 《대한민국 주민자치
실전서》 저자의 전국특강을 하는 자리였다. 주민자치위원이 된 지 1년
무렵으로 우1동의 간사였다. 당시 저자는 부천시 소사동 행정팀장으로
재직 중이었다. 처음 부산에서 전국특강이 열리는 경기도 부천시에 갈
때는 '작년에 우리가 전국주민자치박람회에서 대상을 받았는데 굳이
부천에까지 갈 필요가 있을까' 그런 생각을 하면서 '매번 듣던 알맹이
없는 주민자치 강의는 아닐까' 하는 의구심 속에 부천으로 향했다.

저자의 강의 중에 "아직도 왜 공무원에게 의지해야 하느냐, 언제까
지 의지해야 하는 거냐"라는 말은 강의시간 내내 내 귀를 파고들었다.
아닌 게 아니라 아직도 공무원에게 의지하는 것이 있었기 때문이다. 또
저자는 주민자치에 대한 개념과 실천 방안에 대해 열강과 더불어 행정
실무와 이론을 귀에 쏙쏙 들어오도록 쉽게 특강을 진행하셨다. 그날의
강의는 다른 강사에게 들어보지 못한 직설적이고 시원한 내용이었고
그 여운을 마음에 담아두어 지금까지도 잘 응용하고 있다. 그 이후에도
저자는 꾸준히 자료와 친절한 답변으로 주민자치 활동에 도움을 주셨
다. 그런 고마운 분께서 최근에 《대한민국 주민자치 참고서》를 완성했

다고 원고를 보내주었는데 정말 제목 그대로 참고서처럼 자세하게 서술되어 있었다. 문서기안과 작성법 등에 대한 설명이 잘되어 있고, 누구라도 쉽게 이해할 수 있도록 자세하게 안내되어 있었다. 안타깝다면 (?) 이 책으로 인해 이제는 주민자치 담당 공무원과 자치위원이라면 주민자치가 무엇이고 자치위원이 무엇을 하는 사람이냐는 말을 할 수가 없게 되었다는 점이다. 읽는 이의 책상 위에, 책꽂이에 있다면 말이다.

책 내용 중에 '관치를 멀리, 자치를 가까이'하려면 주민자치 6대 기능을 알아야 한다는 대목은 언제 들어도 당연한 말이다. 지역문제 토론, 마을환경 가꾸기, 자율방제 활동 등을 다루는 주민자치 기능을 비롯해서 문화여가 기능, 지역복지 기능, 주민편익 기능, 시민교육 기능, 지역사회진흥 기능을 말보다는 실천으로 지역공동체를 조성해야 할 것이며, 6대 기능을 중심으로 분과활동을 전문화 시켜나간다면 주민자치가 더욱 성숙될 것 같다. 특히 1장의 '자치 역량의 성장은 배려에서 나온다'라는 글귀는 계속 마음속에 담아두어야 할 것 같다. 주민자치위원은 분과회의, 월례회의, 특정문제가 있을시 비상회의 등 회의에 많이 참여하게 된다. 회의에서 다른 사람의 의견을 존중하고 자신의 의견을 설득하면서 목표에 맞게 합리적으로 문제를 해결해 나가는 자세는 배려를 기본으로 하고 있다. 나와 다른 생각이라고 해서 뭉개고 면박 주는 태도는 바람직하지 않다.

이 책을 읽고 스스로의 역량을 높여 타인을 배려할 줄 아는 자치위원이 된다면 우선은 가까운 주민자치위원들께, 나아가 지역사회에, 더 나아가 국가에 선한 영향력을 끼치게 될 것이다.

엄연주

부산광역시 해운대구 우1동 주민자치위원회 부위원장

이 책은 주민자치(위원)회가 나아가야 할 방향에 대한 지루한 충고나 조언을 늘어놓는 책이 아니다. 이 책은 오히려 지역 주민들의 뜻을 살뜰히 살펴 시민 민주주의가 제대로 자리 잡기를 바라는 저자의 애정과 간곡한 당부가 담긴 책이다.

저자는 동 주민센터의 주민자치 업무를 10여 년간 담당한 경력이 있는 공직자로서, 퇴임 후에도 그 열정의 끈을 이어가며 현재 주민자치 현장 전문가로 활동하고 계신 분이다. 평생 공직자로 헌신했음에도 불구하고 그는 아직도 지역사회에 갚아야 할 빚이 남아 있다고 생각하는가 보다.

저자가 제주시 주민자치 학교(2019~2020년도) 강사로 참여하는 동안 나는 곁에서 그의 공직자로서의 자세와 주민자치 현장 전문가로서의 능력을 새삼 발견하게 되었다. 그리고 그 인연을 소중히 여겨 이 책의 추천사를 쓰게 되었으니, 이 또한 저자의 그늘이 그만큼 넓고 깊은 까닭이리라.

사실, 우리의 삶은 모든 것이 정치적 행위로 이루어진다. 여행지를 선택하거나 음식을 먹는 모든 사소한 선택과 결정에서부터 행정적 판단과 시행에 이르기까지, 우리는 정치적 행위를 통해 삶을 영위한다.

주민자치(위원)회의 역할이 커진 것은 이러한 시대적 요구에 기인한다. 사람들은 자신의 권리를 표현하는 데 거리낌이 없으며, 개인은 개인과의 연대를 통해 새로운 여론을 형성하면서 제도를 바꾸어 나간다. 주민자치(위원)회는 우리 사회가 직접민주정치로 나아가는 과정과 그 가능성을 실험하고 있는 것이다.

현재 「주민자치회 설치·운영에 관한 법률(안)」이 의원 입법으로 발의된 상태이며, 제주도에서도 제주특별법 7단계 제도개선(안)에 주민자치회 설치·지원 내용을 담아 중앙정부에 제출한 상태이다. 법제화가 마무리되면, 주민자치회는 읍·면·동장 협의 및 지방자치단체의 장이 위탁하는 주민 생활 사무 처리를 수행하게 될 것이다.

주민자치제가 앞으로 우리 삶에 미칠 영향을 고려할 때, 그 실무와 현장에 대해 전문적으로 소개하고 안내해 줄 목소리가 나는 늘 아쉬웠다. 다행히도 이 책은 우리의 필요와 허기를 충분히 충족시켜 줄 수 있을 것이다. 행정의 입장과 시민의 입장 모두를 성실하게 견지하고 있는 이 책은 주민자치위원이 되고자 하는 분들, 자신의 주권을 제대로 실현하고 싶은 시민들에게 요긴한 자료가 될 것이다.

조영미
제주특별자치도 제주시 자치행정과 자치지원팀장

《대한민국 주민자치 실전서》의 생일이 2016년 4월 29일이다. 세상에 나온 지 5년이 지나게 된다. 그간 주민자치 현장에서는 무엇이 달라졌을까. 형식적인 면에서는 주민자치(위원)회의 문서가 다소 세련되었을 것 같다. 계획서도 없이. '일만 하면 됐지' 하면서 각종 자치사업을 추진하곤 했는데 이제 실행 전에는 계획서가 있어야 정상이라는 것을 알리게 되었다는 것이 가장 큰 소득이다. 여기에 문서작성을 위한 분과장의 역할과 유급간사 채용의 필요성에 대하여 공감대가 조성된 것은 더욱 반갑다. 내용적인 면에서는 공무원에게 그만 의지하여 스스로 기획하고 실행하며 평가해야 한다는 의식을 확산시켰다는 점에서 자부심을 가진다. 안건 마련하는 분과회의와 자치위원 마일리지제 등으로 참 봉사를 실천하려는 자치위원에게 늘 응원을 보내고 있는 이유다. 개인적인 면에서는 현장에서의 답답함을 토로하는 각종 문의를 이메일로 받으면서 답변하고 있으며, 간혹 지방에서 경기도 부천에까지 찾아와 즉답을 요청받거나 사인과 사진촬영까지 요구받을 때는 고마움도 느끼고 있지만, 아직도 주민자치의 긴 여정이 멀기만 하다는 것을 체감하곤 한다.

이제 본격적인 주민자치가 시작된 지 20년이 지났다. 주민자치의 현장인 읍면동에서의 자치활동은 '주민의 삶의 질 향상'을 위하여 추진하고 있건만 아직도 활발하다고 볼 수는 없다. 대도시와 지방간의 차이도 좁혀지는 게 아니라 오히려 멀어져만 간다. 기존의 주민자치위원회와 최근 전환되고 있는 주민자치회와는 양과 질에서도 차이가 점점 벌어진다. 극단적인 예로 전국주민자치박람회 본선에 진출한 읍면동을 주민자치위원회와 주민자치회로 구분하면 2020년에 실시한 박람회 본선 결과 주민자치위원회는 21개이나 주민자치회는 31개이다. 전국 읍면동의 주민자치위원회는 2,248개인데 박람회 본선에는 21개만 진출하였고 주민자치회는 626개인데 31개나 본선에 진출한 것이다. 결국 주민자치회가 자치활동을 더 잘할 수 있는 여건이 마련되었다는 것을 부인할 수 없게 되었다. 주민자치위원회에서 주민자치회로의 전환은 더 이상 지체할 수 없다. 지자체장의 긴 안목이 요구된다 하겠다.

현재는 주민자치위원회에서 주민자치회로 전환하는 과도기다. 2011년부터 주민자치 분야에 종사하고 있는 한 사람으로서 무언가 역할이 요구되었다. 자치위원은 물론이고 이제 막 주민자치 업무를 담당하게 된 공무원에게 낯설게만 여겨지고 있는 주민자치에 대한 기본적인 이해와 단계별 자치학습 과정의 제시가 필요하였다. 《대한민국 주민자치 실전서》가 읍면동 현장에서 가려운 곳 긁어주고 막힌 곳을 뚫어주었다면 《대한민국 주민자치 참고서》는 생활자치인 주민자치의 긴 여정에 단계별 성찰을 통해 내공을 증진시켜 줄 것이다.

책을 순서대로 읽으면 차마 남에게 물어보지 못한 묵혔던 궁금증이 풀리는 경험도 할 것이며, 시야도 넓어지리라 본다. 어느 대목에서는 '이거 내 이야기 아닌가?' 또는 '우리 이야기인데'라고 느끼는 부분도 있을 것이다. 특히 주민자치(위원)회의 구성을 잘해야 하며, 대표자인 주민자치위원장이나 자치회장은 정말 잘 선출해야 한다는 것도 동감할 것이다. 아울러 책과 신문에 다가가서 학습하는 단체가 되어야 지속 가능한 발전을 할 수 있다는 내용에는 모두가 동의하리라 본다.

주민자치 현장인 읍면동에서는 늘 고독하고 외로운 사람이 있다. 주민자치위원장 또는 자치회장이라 불리는데 배로 보면 선장이요, 비행기라면 기장의 역할을 수행하는 셈이다. 자치리더인 탓에 늘 고민하고 검토하고 무거운 결정을 내려야 한다. 쉬운 일이 아니다. 주민자치 조례를 베개로 삼아 잠을 청하며, 새벽 따라 찾아온 아침부터는 책과 신문에 다가가는 것을 운명으로 여기고 있다. 먼저 말하기보다는 경청을 우선하여 배려가 생활에 배어 있다. 차세대 자치리더를 육성하고 주민에게 다가가는 것을 생활신조로 삼는 사람들이다. 그들이 있어 오늘도 주민자치가 '한 뼘' 더 자라고 있다.

이 책은 그들을 포함하여 삼천리 방방곡곡에 자치의 나무를 심으려는 주민자치 관계자에게는 따뜻한 위로와 함께 아무 가보지 않은 길을 갈 때 길잡이 역할을 해줄 것이라 믿는다.

2021년 6월에

박경덕

1장

『기본이 튼튼한』 주민자치(위원)회는 어떻게 만드나

2장

『주민과 함께하는』 주민자치(위원)회 만들기

5장

『자치 생각주머니』

1

『기본이 튼튼한』 주민자치(위원)회는
어떻게 만드나

1. 자치위원의 신분은 무엇인가

자치위원의 신분이 뭐냐고 묻는다면 당황할 것 같다. 누군가 쉽게 알려주는 이라도 있었으면 모르지만 알려주는 사람도 없었을뿐더러 알려고 한 적도 없었기 때문일 것이다. 주민자치 강의를 많이 들어본 고참 자치위원이라면 언젠가 한 번은 들었던 기억은 있을 것 같다. 결론부터 말하면 자치위원은 공무수행사인(公務遂行私人)이다.

간략하게 말하면 공무수행사인은 공직자가 아니면서 공공기관의 위원회에 참여하거나 공공기관 업무를 위임·위탁받아 수행하는 민간인을 의미한다. 전국 읍·면·동에 있는 주민자치위원회나 주민자치회[이하 주민자치(위원)회라 칭함]의 구성원인 자치위원은 당연히 공무수행사인이 되는 이유이다. 우리에게 김영란법으로 많이 알려져 있으나 약칭은 청탁금지법이며, 정식 명칭은 '부정청탁 및 금품 등 수수의 금지에 관한 법률'이 적용되는 대상이다.

공무 수행과 관련한 부정청탁이나 금품 수수 시에는 청탁금지법에 따라 제재를 받는다는 것이 주된 내용이나 공무수행사인의 경우 공직자 등과 달리 청탁금지법의 적용에 있어 '공무수행에 관하여서만' 한정적으로 법 제5조부터 제9조까지(부정청탁금지, 금품 등의 수수 금지 등) 적용되며, 법 제10조의 외부강의 등 기타 조항은 적용되지 않는다.

　이런 내용을 주민자치위원회나 주민자치회에 입회할 때 누군가는 알려주어야 하는데 알려주는 이가 드물어서 누구나 주민자치(위원)회에 들어오게 되는 게 아닌가 한다. 읍·면·동 주민센터에 속해 있는 마을에는 10여 개의 자생단체가 있다. 그중에 큰형 역할을 하는 주민자치(위원)회가 있는데 '주민의 삶의 질 향상'을 목표로 한다. 사회생활에서 은퇴하였거나 주부 또는 마을에서 자영업을 하는 이가 대부분의 구성원이고 교수나 교사 또는 마을 만들기 유경험자와 공방 사람들이 간혹 있어 알콩달콩한 마을살이를 해나가고 있다. 시간적으로 여유 있는 사람의 참여는 권장할 사례이며, 생업에 바쁜 와중에도 귀한 시간을 내서 마을발전에 기여하려는 것은 참으로 고마운 경우이다.

　그러나 간혹 볼썽사나운 일도 있어 보는 이의 마음을 아프게 하는 경우도 있다. 주지하는 바와 같이 주민자치(위원)회에 너무나 쉽게 들어오기 때문이다. 주민의 삶의 질 향상을 위하여 또는 마을발전을 위해서 단체에 입회하겠다는 사람을 분류하면 두 가지로 나눌 수 있다. '일할 사람'인지 '대접받을 사람'인지. 주민을 위한 참 봉사를 하는 단체이기에 일할 사람이 들어와야지 대접받을 사람이 들어오려고 해서는 안 된다는 것을 잘 알고 있으면서도 걸러주는 장치가 없으니 무사통과되는 경우가 다반사다.

　입회하려는 사람에게 자치위원의 신분이 공무수행사인이라는 것만 알려주어도 대접받는 것이 목적인 사람은 움찔하면서 물러난다. 그냥 자치위원이라는 명함(?)이 새로 생기는 것으로 알거나 동네 유지로 인정받으려는 목적으로 단체에 가입하려는 속내가 드러나기 때문이다.

사인(私人)이면서 공무(公務)를 수행(遂行)하는 것은 기분 좋은 일이다. 아니 보람이고 긍지와 자부심으로 돌아온다. 조금 더 의미를 확장하면 '가문의 영광'으로까지 기록될 수 있다. 살면서 이런 일에 참여하기도 쉽지 않고 남을 위한 봉사로 얻는 그 감정은 너무 황홀할 정도이다. 이런 일에 일할 사람이 들어와야지 대접받을 욕심에 들어와서는 정말 곤란하다. 공무수행사인이라는 단어가 들어 있는 청탁금지법에는 위반하는 경우 제재를 받는다는 조항은 처벌을 받는다는 의미도 포함된다. 또한 공직선거법 제9조(공무원의 중립의무 등)에는 공무원, 기타 정치적 중립을 지켜야 하는 자(기관·단체를 포함한다)는 선거에 대한 부당한 영향력의 행사 기타 선거결과에 영향을 미치는 행위를 하여서는 아니 된다고 규정하고 있으며, 제60조(선거운동을 할 수 없는 자) 가운데 자치위원도 포함되어 있어 위반 시에는 제재가 기다리고 있다. 이래저래 주민자치(위원)회에 입회하려는 사람은 개인의 이익이나 기타의 흑심을 가져서는 본래의 목적달성은커녕 처벌과 불명예의 당사자로 전락될 뿐이다.

주민자치(위원)회에 들어오려고 하는 사람을 위해서 몇 가지 안내하겠다. 자치위원이 되면 통장처럼 20만 원이 넘는 수당을 받는 게 아니고 잘해야 매월 개최하는 월례회의에 참석할 때 3만 원 내외의 회의참석수당만 있다. 또 단체이기에 매월 2만 원 내외의 금액을 회비라 하여 주민자치(위원)회에 납부한다. 결국 금전적으로는 보탬이 안 된다. 그럼 시간은 얼마나 투자해야 하는지 알려드린다. 자치단체이기에 매월 안건 마련하는 분과회의에 1시간 정도 소요되며, 매월 개최되는 월례회의에 참여하면 2시간이 화살처럼 지나간다. 일 년에 두 번 정도는 주민자치 교육을 받아야 하며, 마을축제 때는 내 집 경조사 치르듯 역할을 맡아 참여해야 한다. 분과회의와 월례회의 그리고 교육과 축제를 100% 참석해야 하는 것은 아니지만 적어도 절반 이상은 참석해야 한다. 참석률이 저조하면 경우에 따라서는 해촉되는 불운과 읍 · 면 · 동 주민센터 게시판에 이름이 공고되는 불명예도 감수해야 한다.

사정이 이러하니 누가 추천해서 또는 무엇을 하는 단체인지 궁금해서 입회하겠다는 얘기는 아예 꺼내지도 말고 청탁금지법을 최소한 한 번은 읽어보기를 권한다. 일할 사람이 아니고 대접받기를 목적으로 들어오는 이는 나중에라도 탈이 난다. 설령 법의 처벌을 받지 않고 요행히 피하는 특별한(?) 재주가 있다 해도 단체의 질서를 어지럽히는 '갑질의 주인공'으로 성장하는 것을 너무 많이 봤다. 자치위원 알기를 '동네 유지 자격증'이나 '갑질의 면허증'으로 알고 있다는 것은 주민자치에 대한 예의도 아니다. 일하는 자치위원이 존경받는 것이지 은근히 대접받기를 바라는 자치위원에게는 항상 주민이 지켜보고 있다는 것을 염두에 두기를 권한다.

성실하고 열정 있는 순수한 마음을 가진 주민자치(위원)회 입회자에게는 자부심이라는 작은 선물을 주민에게서 받을 수 있다. 인천광역시 미추홀구 주안5동 주민자치위원회의 경우 인구 17,642명에 자치위원은 25명이다. 충남 천안시 성환읍 주민자치회는 인구 27,000명에 자치위원은 46명이고, 전북 진안군 부귀면 주민자치위원회는 인구 2,903명에 자치위원이 25명이다. 그럼 경쟁률은 어떻게 될까. 인천 주안5동에서 자치위원이 되려면 705 대 1의 경쟁률을 통과해야 되며, 충남에서 가장 큰 도시인 천안시 서북구 성환읍의 경우에는 586 대 1,

전북 진안군 부귀면은 116 대 1의 경쟁률을 뚫어야 자치위원이 될 수 있다. 최근 9급 공무원 공채시험도 대략 50 대 1의 경쟁률에 지나지 않는데 마을에서 월급 받는 것도 아니고 참 봉사를 하겠다는데도 공무원보다 더 높은 경쟁률을 뚫어야 가능하다. 얼마나 뿌듯한가. 이러니 보람과 긍지와 자부심은 매월 또박또박 통장에 급여가 입금되는 주민자치 담당 공무원의 몫이 아니라 오롯이 자치위원의 당연한 몫인 것이다. 그런 역할을 하겠다는 사람이 자치위원이어야 하는 것은 두말할 필요가 없다.

이런 질문을 받을 때는 서글프다. 어느 회사에 입사하기 위해서는 그 회사의 활동분야를 먼저 알고 회사의 내력과 발전가능성을 파악한 후 입사시험과 면접을 보는 게 당연하다고 여기면서 주민자치(위원)회에 들어가려고 할 때는 그런 과정을 무시하는 세태인 것만 같다. 들어가고 나가는 게 내 맘이라는 심보를 보는 것만 같다. 이렇게 과감(?)하게 입회를 해서 몇 달을 지낸 후에 아직도 자치위원이 무엇을 하는지 모르겠다는 말을 하게 되는 것은 기존의 자치위원 특히 자치 리더라는 주민자치위원회의 간사나 주민자치위원장 또는 주민자치회의 사무국장이나 자치회장의 책임이 크다. 예전에는 신참 자치위원의 이런 질문에는 "그냥 6개월 정도 다니면 다 알게 된다"라고 말하면 되었지만 요즘에는 그렇게 말하면 안 된다.

어느 장소를 가려면 사전에 위치나 교통정보를 파악하듯이 주민자치(위원)회에 입문하려면 사전에 시장조사를 해야 한다. 가장 좋은 방법은 해당 지역이 아직도 주민자치회로 전환되지 않은 주민자치위원회라면 그 지역의 '주민자치센터 설치 및 운영조례'와 같은 조례 '시행규칙'을 읽으면 된다. 자치위원의 역할과 자치센터의 기능 등을 누구한테 의지하지 않고 파악할 수 있다. 주민자치위원회에서 주민자치회로 전환된 지역인 경우에는 '주민자치회 설치 · 운영에 관한 조례'와 같은 조례 '시행규칙'을 읽으면 된다.

주민자치위원회와 주민자치회를 구분하기 어렵다면 우리의 주민자치 제도화 연혁을 간략하게 살펴보자. 1998년에 대통령에게 읍 · 면 · 동 주민자치센터로의 기능전환을 하겠다는 보고가 있었으며, 1999년부터 주민자치센터 시범사업 실시로 태어난 것이 주민자치위원회이며, 2000년부터 전국의 동(洞) 지역도 주민자치센터를 전면 실시하게 되었다. 이후 2010년에 지방행정개편특별법을 제정하여 주민자치위원회를 주민자치회로 전환하는 법 규정을 마련하였다. 2014년부터 2015년까지 주민자치회 1단계 시범사업을 추진하면서 같은 시 · 군 · 구라도 어느 동은 주민자치위원회이고 인근에 있는 다른 동은 주민자치회인 경우가 발생하게 된 것이다. 결국 현재는 주민자치위원회를 주민자치회로 바꾸는 과정인데 지자체의 장인 시장, 군수, 구청장의 의지와 지역 의회의 응원과 주민참여도에 따라 주민자치회가 적거나 다수가 생기고 있는 실정이다. 마을살이를 예로 들면, 예전엔 마을에 작은 슈퍼로도 만족했지만 최근엔 마트가 있다면 슈퍼보다는 상품이 많은 마트를 선호한다. 다소 어색한 표현이겠으나 주민자치위원회를 슈퍼로 볼 때 주민자치회는 마트라고 할 수 있다. 하여간 주민자치위원회를 주민자치회로 전환시키는 과정이기에 주민자치위원회의 숫자는 줄어드는 대신에 주민자치회는 계속 늘어날 수밖에 없다.

다시 본론으로 돌아가자. 자치위원은 무엇하는 사람일까. 살고 있는 지역의 주민자치 조례를 읽어봤다면 이제는 알고 있겠지만 강조하기 위해 언급한다. 자치위원은 한마디로 '주민의 삶의 질' 향상을 위하여 마을에서 노력하는 사람이다. 노력하는 방법은 세 가지가 있다. 안건을 마련하는 분과회의와 상정안건을 결정하는 월례회의 등의 의사결정 참여와 마을축제나 주민총회 등에서 참 봉사를 실천하며, 항시 책과 신문에 다가가는 학습으로 자치역량을 강화하는 것을 들 수 있다. 구체적으로 표현하면 주민자치 6대 기능을 실천하는 마을 활동가를 말한다. 6대 기능은 다음과 같다. 주민자치 기능은 지역문제 토론, 마을환경 가꾸기, 자율방재활동 등이며, 문화여가 기능은 지역문화 행사, 작품전시회, 동아리 경연대회, 생활체육 등을 말한다. 지역복지 기능은 건강증진, 마을문고, 청소년 공부방 등이며, 주민편익 기능으로는 자치센터 회의장 개방, 알뜰매장, 생활정보 제공 등이다. 시민교육 기능은 평생교육, 교양강좌, 청소년 교실 등이며, 지역사회 진흥 기능은 내 집 앞 청소하기, 불우이웃돕기, 청소년 지도 등을 말한다.

이런 내용을 사전에 알고 있다고 해도 아직 감이 잡히지 않는 경우가 대부분이다. 주민자치(위원)회에 입회하려고 노크할 때 간략하게 요약된 안내문이 있는 경우에는 주민자치위원장이나 자치회장이 상당한 자치내공을 가지고 있다고 할 수 있다. 그런 곳은 자치활동의 체계도 잘 되어 있을 것이며, 자치활동 또한 즐겁고 신바람 나리라 생각한다. 만약 주민자치(위원)회 입회 안내문이 없다면 이제라도 만들어두어야 한다. 자치위원의 역할은 무엇이고 조직체계는 어떻게 구성되어 있으며, 참석범위와 불참하는 경우에는 어찌 되는지 등으로 입회자 입장에서 궁금한 내용을 간략하게 설명되어 있어야 자치단체로서의 면(面)이 선다고 할 수 있다. 다음의 자치위원 입회자 안내문은 저자가 주민자치 현장인 경기도 부천시 상2동에서 주민자치를 담당하는 행정팀장으로 근무할 때인 2014년부터 사용하고 있다. 안내문을 처음 만들면서 시행하기 전에 임원들에게 설명했더니 이메일이나 간단한 워드작성이 가능한 사람이어야 입회가 가능하다는 내용을 보더니 이의를 제기하는 사람이 있어 미리 준비한 답변을 내놓았다. 기존의 자치위원에게는 기득권을 주어 면제하지만 향후 입회자에게는 무조건 적용하겠다는 설명을 하자 수긍하였다. 이런 조항을 채택한 것은 두 가지 이유였다. 하나는 월례회의 서류를 회의할 때 처음 보자는 게 아니라 회의 전에 이메일로 보내줄 테니 미리 읽어보고 오라는 것이다. 그래야 회의시간도 절약되고 개인적으로 제안할 내용도 미리 생각해보라는 취지이다. 다른 하나는 이메일이나 워드작성이 가능하니까 나중에라도 분과회의를 활성화시킬 때 분과장으로 선출된 자치위원이 스스로 자기네 분과의 서류를 작성하게 할 의도였다. 당시만 해도 안건 마련을 행정팀장이 주도하였고 월례회의 서류도 행정팀장이 작성해준 시절이었으니 자치단체로서의 면목도 없었겠지만 언제까지 면목 없는 자치단체로 방치할 수만은 없었기에 주민자치 담당 공무원은 주민자치위원회를 자치단체로 육성시키는 것이 행정지원이지 각종 계획서 등의 문서작성을 대서해주는 것은 행정지원이 아니라는 것을 알았기 때문이다. 이것을 시작으로 상2동은 2015년 전국주민자치박람회 평생학습분야에서 장려상을 받았으며, 2016년에는 센터활성화분야, 2017년은 주민자치분야, 2018년 지역 활성화분야에서 장려상 내지는 우수상을 연달아 받게 되어 주민과 함께 즐거웠던 추억도 간직하게 되었다. 나중에 확인해 보니 4년 동안 4가지 분야를 다 통과한 곳은 박람회 역사상 처음이었다. 당시 이 안내문을 만들어서 동장과 위원장 그리고 간사와 같이 있을 때 부연설명도 곁들였다. "오늘 이후로는 주민자치위원회에 입회하기 위해서 지원서를 내든 추천서를 제출하든 상관없이 입회를 원한다면 무조건 이 안내문을 건네주면서 설명해주셔야 하며, 특히 하단에 있는 자치위원 마일리지제를 준수할 사람이어야 하기에 최소한 50% 이상의 참여가 있어야 합니다"라고 못을 박았다. 이후 몇 마디 더 이야기를 나누면서 일할 사람이 들어와야지 주민자치위원회에서 결정한 하라는 일은 안 하고 대접받으려고 오는 사람은 곤란한 것 아니냐, 동장이나 위원장과 아는 사이라고 해서 무조건 입회를 허락할 수는 없으며, 그런 때는 아예 위촉 건의하는 기안문도 작성하지 않는다는 등 건설적인 이야기를 덕담으로 나누면서도 자치단체를 자치할 수 있는 여건을 만드는 데 서로 힘을 모았다. 이후 입회 안내문은 여러 차례의 인사발령으로 다른 곳으로 갈 때마다 다듬어졌으며, 주민자치위원회에 큰 활력을 불어넣어주었다. 이제는 입회를 희망하는 사람에게 "6개월 지나면 저절로 알게 된다"는 얘기 대신에 안내문을 주면서 설명을 곁들여준다면 말하는 이의 품격도 올라가고 단체의 위상도 저절로 높아진다는 것을 명심하자. 단 지역 여건에 따라 가감하여 사용하기를 권한다.

자치위원 입회자 안내문(입회자 제공용)

○ 주민자치위원의 역할
- 마을의제(마을숙제 내지는 마을에서 해결할 사항) 추진
- 마을 만들기와 지역공동체 관련사항 추진

○ 주민자치위원회의 위상
- 우리 동에는 주민자치위원회를 포함하여 7개 단체가 있으며
- 6개 단체의 장(長)이 주민자치위원회 위원으로 구성되어 있음

○ 주민자치위원회의 구조
- 직　　제 : 위원장 〉 부위원장 〉 감사 〉 간사, 회계 〉 위원
- 회의종류 : 분과위(3개) 〉 소위원회(임원+분과장 참석) 〉 월례회의(전체 참석)
- 회의참석
  - 일반위원인 경우 : 분과위와 월례회의
  - 임원(분과장 포함)인 경우 : 분과위와 소위원회 그리고 월례회의

○ 자　　격　※ 해당 시군구 조례 참고
- 우리 동에 주민등록이 되어 있으면서 실제 거주하는 사람
- 우리 동에 살지는 않지만 사업장이 우리 동에 있는 사람
- 컴퓨터 활용 가능한 사람 : 이메일, 간단한 워드

○ 주민자치위원 활동
- 일반위원 : 최소 매월 2회 회의참석(임원 및 분과장은 3회 참석)

정례회의	매월 첫 주(목) 18:00	전체 주민자치위원
소위원회	정례회의 있는 주(화) 17:00	임원 및 분과장
자치운영 분과	마지막 주(화) 11:00	해당 분과원
문화교육 분과	마지막 주(수) 10:00	〃
환경복지 분과	마지막 주(금) 17:00	〃

- 일반위원 : 최소 매월 2회 회의참석(임원 및 분과장은 3회 참석)

○ 주민자치위원회 회비

• 매월 6만 원(회의 참석수당 3만 원 포함) 납부하며

• 그중 1만 원은 장학회비로 적립하여 매년 2월에 장학금 지급함

• 나머지 5만 원은 주민자치위원회 회비로 사용함

※ 월례회의 불참 시 벌금제 적용함

○ 주민자치위원 『마일리지제』 적용

• 적용대상 : 4가지(분과위, 월례회의 참석, 교육 및 행사 참여 여부)

• 적용내용 : 참석 2점, 일부참석 1점, 불참 0점

3. 주민자치의 『마일리지제』가 뭐예요

　　주민자치(위원)회에서 활동하는 내용은 대략 4가지이다. 월례회의에 올라갈 안건을 마련하는 분과회의 참석과 각 분과에서 올라온 안건을 소위원회 또는 임원회의 참석으로 검토와 조정을 거쳐 최종 결정하는 월례회의 참석 그리고 자치역량을 키우기 위한 주민자치 교육과 마을 축제나 주민총회 등의 행사참여가 그것이다. 제삼자가 볼 때는 자치위원이면 누구나 이 네 가지를 잘 지키리라 생각하지만 현실은 녹록하지 않다. 생업에 바쁘다고 빠지고 약속이 있으니 빠진다. 애초에 입회 안내문이 없는 곳은 이런 경우가 심한 편인데 이러한 폐단을 방지하고 주민과의 약속인 '주민의 삶의 질 향상'을 위하여 매진하자고 다짐하며 생긴 것이 마일리지제다.

　　일반적으로 시행하고 있는 마일리지로는 위의 네 가지 항목(분과회의, 월례회의, 교육, 행사 참석)에 자치위원 개인별로 참석하면 2점, 일부참석에는 1점 그리고 아예 불참하면 0점을 부여하여 매월 월례회의 자료에 공표한다. 일부참석이라는 것은 정해진 시간이 지나서 참석하거나 또는 제시간에 왔지만 중간에 자리를 뜨는 경우를 말한다. 경기도 부천시 상2동과 원미2동 등 일부에서 2014년부터 시행하고 있다. 인천광역시 미추홀구 주안5동과 전북 진안군 부귀면에서도 채택하고 있으며, 특히 부귀면의 경우 진안군에서 해외연수 보낼 때 마일리지 우수자를 선발하여 해외연수에 참여하는 기회를 주고 있어 자치역량 강화에 크게 기여하고 있다.

이에 반해 충남 천안시 성환읍 주민자치회의 경우에는 특별하다. 우선 항목이 많다. 전체 9가지다. 회의참석을 비롯해서 교육연수, 벤치마킹, 행사참여, 봉사활동, TF팀(추진위), 제안서 제출, 성환 홍보활동, 임원 활동이다. 각 활동항목마다 세부 참여내용이 있는데 읍인데도 불구하고 자치역량 강화를 위한 노력이 절실하다. 이렇게 노력하는 주민자치(위원)회는 누군가 열정을 가지고 있는 사람이 있다는 것을 알 수 있을 뿐만 아니라 그 리더에게 호응하고 응원을 보내는 주민이 많다는 것도 짐작할 수 있다. 처음 마일리지제를 채택하는 경우에는 가급적 항목이 적은 게 좋다. 어느 정도 정착이 된 후에는 성환읍처럼 세분화하는 것도 고려해보기 바란다.

나는 자치위원 입회 안내문으로 시작하여 자치역량을 강화하는 첫걸음으로 삼았다고 밝혔는데 그 안내문에는 안건을 공무원이 아닌 자치위원 스스로 마련한다는 분과회의 실시와 공무원에게 의지하지 않는 문서작성 그리고 마일리지제를 언급했다. 실은 그것이 공무원에게 의지하는 관치(官治)를 벗어나는 시발점인 것이다. 오늘도 주민자치(위원)회의 회의 통보를 공무원이 하고 있으며, 그것도 모자라서 회의자료와 각종 계획서 작성도 공무원이 해주는 곳이 있다면 일은 공무원이 하고 자치위원은 우아하게 또는 폼 나게 결재만 하고 있는 격이라면 차라리 간판을 내려야 한다. 시작은 관치로 출발할 수밖에 없는 실정이라도 시점을 정해야 한다. 언제까지만 공무원에게 의지하고 그 이후에는 자체적으로 하겠다는 각오가 있어야 한다.

마을에는 10개 내외의 자생단체가 있다. 다른 단체원들과 주민은 주민자치(위원)회를 어떻게 생각하고 있을까? "다른 단체와는 달리 '자치(自治)'라는 단어가 있어서 그 단체는 하나부터 열까지 스스로 다 할 거야" 이렇게 생각하고 있을 것만 같다. 그런 기대감을 저버린다면 아니 저버리고 있다는 것을 그들이 알게 된다면 망신도 그런 망신은 없을 것이다. "에이, 말로만 자치이지 자치단체도 아니네." 이런 말을 듣고 싶지 않다면 이제라도 새롭게 마음 다져서 아니 '제 정신' 차려서 비록 지금은 우리가 공무원에게 의지하는 관치의 시기이나 내년 7월부터는 의지함이 없이 자체적으로 주민의 기대에 맞게 행동하겠다는 의지가 있어야 한다. 몰라서 못했다고 얘기하지 말고 모르면 물어보고 옆에 물어볼 동네가 없다면 남의 동네 가서라도 배워야 한다. 그래야 주민이 좋아하며, 신뢰가 생겨서 응원도 받는다.

이제 마일리지제의 취지와 운영 등에 대한 궁금증은 풀렸으리라 본다. 본격적으로 시행하기 전에 거쳐야 할 순서가 있다. 전체 위원의 참여를 전제로 하기 때문에 의사결정 과정을 거쳐야 한다. 월례회의 안건으로 상정해서 채택인지 미채택 또는 보류 여부를 결정지어야 한다. 다음은 마일리지제의 안건 상정 사례와 채택 후 월례회의 자료에 공표할 서식이니 여건에 맞게 가감하여 사용할 것을 권한다.

경험담을 소개하면, 마일리지제를 안건으로 올렸을 때 자치위원들의 반응을 보면 대체로 찬성하고 있으나 일부에서는 격렬하게 반대한다. 이유로는 크게 2가지이다. 하나는 자치위원을 열심히 하는 게 아니라 대충하고 싶었는데 이젠 그렇게 할 수 없다는 낙담감이고 또 하나는 혹시 이걸로 연말에 재위촉을 결정할 때 쓰려는 것 아니냐는 날카로운 의구심을 가진 이들의 반발이다. 앞서 소개한 '자치위원 입회 안내문'이 올바른 주민자치(위원)회를 만드는 첫걸음이라면 마일리지제는 두 번째 장치라고 할 수 있다. 그만큼 중요하다. 현재 전국 읍면동 주민자치(위원)회 가운데 마일리지제를 운영하고 있는 곳은 자치체계가 튼튼하다는 것을 말해준다. 그런 곳은 존경받는 곳이자 존경받아 마땅하다. 자치위원장과 자치회장이라면 이 안건은 무조건 통과되도록 사활을 걸어야 한다. 설령 이번에 채택이 안 되었다고 해도 포기하지 말고 6개월 정도 지나서 어느 정도 분위기가 성숙해졌다고 판단되면 또 다시 상정해서 통과시켜야 한다. 마일리지제가 통과 되어 정착이 되면 그때는 자치위원들도 좋아한다. 진즉 자치위원장 또는 자치회장 말을 들었어야 하는데 미안했었다고. 혹시 마일리지제를 채택하기 전에 반발이나 저항이 무서워서 주저한다면 마일리지제를 채택하고 있는 주민자치(위원)회를 벤치마킹 할 것을 권한다. 위의 사례 말고도 경기도 남양주시에 있는 호평동을 비롯한 몇 군데에서도 이미 시행하고 있다. 결국은 마일리지제를 채택한 곳은 체계가 잘 잡혀 있는 곳이고 아직도 안 하고 있는 곳은 자치활동이 활발한 곳이 아니다. 후진 곳이냐 아니면 선진지역이냐가 마일리지제로 드러난다고도 할 수 있다.

가. 마일리지제 월례회의 안건 상정 사례

안건 1.	자치위원 마일리지제 시행(안)	분과명 : 자치운영분과

○ 시행사유

- 자치위원이 주민의 삶의 질 향상을 위하여 참 봉사에 임하고 있으나 자료관리 미흡함
- 아울러 각종 표창 건의 시 합리적인 표창추천 자료로도 활용코자 함

○ 시행시기 : 2021년 1월부터

○ 적용대상 : 4종(분과회의, 월례회의, 교육, 행사)

○ 적용방법 : 참석 2점, 일부참석 1점, 불참 0점

○ 관리방법 : 매월 회의자료에 공표 ※ 착오 기재사항 등 정정기회 제공

○ 소위원회(임원회의) 심의결과

- 소위원회에서는 자치역량 강화를 위하여 자치위원 마일리지제를 시행하는 것이 바람직하다는 의견을 모았으니 원안 가결을 요청함

○ 결정사항

- 1안 : 원안채택
- 2안 :

나. 자치위원 마일리지 공표자료(2021년) : 공지사항만 기재함

구분		계	오○○	설○○	박○○	정○○	이○○	김○○	이○○	유○○	강○○	도○○	조○○	김○○	신○○	이○○	임○○	이○○	비고
계		110	10	7	8	8	5	7	5	3	3	3	7	10	9	7	10	8	
1월	분과	0																	
	월례	26	2	2	2	2	2	2	2	0	0	0	2	2	2	2	2	2	
	교육	0																	

월	구분	계																
	행사	0																
2월	분과	0																
	월례	22	2	2	2	2	0	2	0	0	0	0	2	2	2	2	2	2
	교육	8	2										2	2		2		워크숍
	행사	26	2	1	2	2	2	1	1	1	2	2	1	2	2	1	2	2
3월	분과	0																
	월례	28	2	2	2	2	1	2	2	2	1	1	2	2	1	2	2	2
	교육	0																
	행사	0																
4월	분과	0																
	월례	0																
	교육	0																
	행사	0																
5월	분과	0																
	월례	0																
	교육	0																
	행사	0																
6월	분과	0																
	월례	0																
	교육	0																
	행사	0																
7월	분과	0																
	월례	0																
	교육	0																
	행사	0																
8월	분과	0																
	월례	0																
	교육	0																
	행사	0																
9월	분과	0																
	월례	0																
	교육	0																
	행사	0																
	분과	0																

10월	월례	
	교육	0
	행사	0
11월	분과	0
	월례	0
	교육	0
	행사	0
12월	분과	0
	월례	0
	교육	0
	행사	0

4. '분과회의'는 들어봤는데, 우리는 안 하네요

　아직도 자치위원 스스로 안건 마련하는 분과회의를 안 하고 있다는 고백이다. 알고 있는 바와 같이 주민자치(위원)회에서는 '회의 3단계'를 거친다. 자치위원 스스로 월례회의에 상정할 안건을 마련하는 회의를 분과회의라 한다. 분과회의에서 안건 마련을 하여 소위원회 또는 임원회의에 올린다. 소위원회 또는 임원회의에서는 분과회의에서 올라온 안건을 검토하여 보류나 기각 또는 월례회의 상정안건 확정 등의 의사결정을 거쳐 최종 월례회의 안건으로 올릴 것만을 선정하여 월례회의 상정안건으로 최종 결정하게 되는 것이다. 이때 임원은 분과회의와 소위원회(임원회의) 그리고 월례회 등 3가지 회의에 다 참석할 수 있으나 임원이 아닌 자치위원은 분과회의와 월례회의에만 참여가 가능하다. 분과회의에 참여하여 안건 마련을 자치위원 스스로 해야 하는데 분과회의를 안 하는 것은 임원들이 안건을 좌지우지한다는 얘기다. 이는 임원 아닌 자치위원의 역할이 없다는 것으로 거수기이거나 들러리를 강요하는 격이다. 그러려고 자치위원이 된 것일까.

　나중에라도 자주 듣게 되는 말이 있다. 자치단체라면 단체명 앞에 붙어 있는 '자치(自治)'라는 단어의 값을 해야 한다고. 아직도 분과회의를 안 하고 있는 곳이 적을까 많을까. 대략 절반은 하고 절반은 안 한다고 보는 게 맞는 것 같다. 하지 않고 있는 곳은 왜 안 할까. 어떻게 하는지 모르는 경우가 대부분이고 할 생각도 없는 곳은 일부분이다. 의외로 하는 방법은 간단하다. 자치위원의 경우 생업에 종사하지만 자기 분야에서는 전문가이고 베테랑이다. 그들이 부족한 것은 문서작성 능력뿐이다. 고등학교와 대학교를 졸업한 지 오래되었으며, 생업에 종사하느라 문서작성에서 멀어져서 문서작성은 익숙하지도 않아 어렵게만 생각하니 아예 문서라는 단어만 들어가면 골치가 아프다고 할 정도다. 그렇다고 포기할 수는 없지 않은가. 마침 읍면동에는 주민자치 담당 공무원이 있다. 보통의 경우 주민자치 담당 공무원은 같은 공무원 가운데에서도 능력 있는 공무원을 배정한다. 공무원의 일상을 보면 아침에 출근해서 저녁에 퇴근할 때까지 하루 종일 문서와의 전쟁을 치른다. 그 문서작성의 귀신(?)이 옆에 있는데 왜 도움받을 생각을 안 하나. 생업에서 자기 분야의 베테랑이요 열정 넘치는 자치위원인데 그깟 문서작성에 기죽으면 안 된다. 생업에 베테랑이 되기까지 얼마나 많은 노력을 쏟아왔는지 한번 그 과정을 되돌아보면 문서작성은 정말 별것도 아니다.

분과회의에서는 무엇을 논의해야 할까. 자유롭게 토의하기보다는 우선 과제를 선정하는 게 좋다. 나는 지정과제와 자유과제라고 표현한다. 임원진에서 각 분과마다의 업무분장 사항과 우리 지역의 특성 그리고 연도별 월간 주요일정 자료를 사전에 제공하면 좋다. 지정과제는 연도별 월간 주요일정을 참고하면 된다. 논의할 시기는 2개월을 넘기지 않아야 한다. 지금이 5월이면, 6월과 7월 주요일정까지만 다루어야 실천가능하고 효율적이다. 자유과제는 말 그대로 해당 분과의 업무분장

범위 내에서 분과원 한 사람마다 자유롭게 의견을 말해야 한다. 신참 자치위원인 경우 아직 업무 파악이 안 되어 있다 해서 침묵으로 지내는 경우가 있는데 분과장이 신참 자치위원의 성명을 거명하면서 발언기회를 먼저 줘야 한다. 설령 주제와는 거리가 있는 얘기라도 경청한 후에 지금의 주제와는 조금 다르지만 나중에라도 참고하겠다고 부연설명을 하면 된다. 이렇게 신참 자치위원에게도 자주 발언기회를 주면 상대방은 괴롭다고 생각하는 게 아니라 아무 것도 모르는 신참에게도 발언기회를 주니까 고마워하고 인정받는다고 느끼게 되어 자치활동에 나름의 역할을 하게 된다.

업무분장은 각 분과마다의 업무분장 사항이 나열되어 있어야 하며, 논의할 사항은 남의 분과가 아니라 제 분과에 대하여 논의해야 한다. 만약 남의 분과에 해당되지만 그 분과에서 놓칠 것 같다고 생각되어도 남의 분과에 대해서 언급하는 것은 바람직하지 않다. 정 걱정된다면 월례회의에서 해당 분과위에서 미처 생각하지 못해 놓쳤다고 판단한 것을 얘기하면 된다. 기타 안건으로 다뤄도 되며, 다음 달에 해당 분과회의에서 다룰 수 있게만 하면 된다.

여기에서 주목할 것은 남의 분과에서 지적(?)을 받게 되는 것은 정상이 아니라는 것에 착안한다면 분과장 선출은 신중해야 한다는 것이다. 뒷부분에서 더욱 자세하게 설명하겠지만 분과장은 폼으로 하는 게 아니다. 일부에서는 분과장도 감투라 하여 능력 없는 자치위원이 오래 살았네, 내가 이 동네 유지인데, 내가 갑부라 돈도 잘 쓸 테니까 분과장이라도 하자고 자치위원들을 감언이설로 설득하여 분과장 자리를 차지하는 경우가 있다. 이는 주민자치(위원)회를 자생단체가 아닌 친목단체로 여기는 고약한 사례다. 그런 곳에서는 자치가 꽃 피는 게 아니라 자치의 싹도 안 난다. 망하겠다고 작정하였다면 그렇게 하면 되겠지만 생업에 종사하면서 그 귀한 시간을 주민의 삶의 질 향상을 위하여 나선 자치위원이라면 인정에 이끌려서는 안 된다. 자치위원은 공무수행사인이기에 그렇기도 하나 공익을 추구하는 단체는 공과 사를 구분해야 한다. 마음이 흔들릴 때는 항상 기억해야 할 말이 있다.

"이렇게 하면 과연 마을 주민들이 좋아할까?"

처음 분과회의를 할 때는 난감하다. 해본 적이 없기 때문인데 우선 무엇을 어떻게 해야 하는지, 무엇을 참고하면 좋은지 등이다. 분과장이야 말한 대로 능력 있는 사람을 선출하면 되지만 안건 마련은 쉽지가 않다. 앞에서 살펴본 내용을 응용해서 다음과 같은 서식을 마련해주면 분과회의를 진행할 때 도움이 된다. 물론 이 서식을 고집할 이유는 없다. 참고하여 지역 여건에 맞게 가감하는 것이 바람직하다는 것을 미리 밝혀둔다. 아래 서식 가운데 〈분과 회의서식〉은 해당 분과에 참석한 자치위원마다 1장씩 배부한다. 분과장은 회의를 진행하면서 안건마다 어느 위원이 무엇을 제안하였으며, 찬성과 반대(부결)의 결과를 간략하게 기록해야 한다. 회의서식만 나눠주면 회의를 진행하기에 다소 벅차니 사전에 주민자치위원장 또는 자치회장은 다음의 우리 동네 특성(지역여건)과 분과별 업무분장표와 주민자치(위원)회의 월간 주요 행사일정을 미리 확정해서 분과장에게 제공해줘야 한다. 이를 참고자료라 할 수 있는데 이것이 준비되어야 분과회의를 할 수 있다. 이것으로도 자치위원장이나 자치회장의 능력을 알 수 있다.

분과장은 회의를 진행할 때 가급적 신참 자치위원에게 발언권을 주어야 하며, 분과위원은 말하는 이의 내용을 끝까지 경청한 후에 의견을 얘기해야 하는 것이지 중간에 말을 자르는 행위는 자제해야 한다. 이것이 인재육성법이다. 신참이 중참 되고 중참이 고참 되는 것은 세월 잡아먹으면 저절로 되는 거라거나 가위, 바위, 보로 결정되는 것이 아니다. 신참부터 기회를 주어 배우고 익히게 하는 것, 때로는 실수도 용인되어야 하며, 실패사례는 오래도록 남겨져서 실패율 제로화에 기여할 수 있는 여건을 마련해줘야 한다.

〈분과 회의서식〉

○○○○동 주민자치(위원)회 『자치운영』분과

수　　신 : 0000동 소위원회(임원회의)
제　　목 : 2021년 1월 자치운영 분과 결정사항 제출

■ 개요
  ○ 일　시 : 2021. 1. (　) :　~　:
  ○ 장　소 :
  ○ 참석인원 :　명(불참 :　명)
  ○ 서 명 부

구분	계	장○○ (분과장)	정○○	조○○	정○○	최○○ (위원장)	모○○ (간사)	비고
(서명난)								

■ 토의사항
  • 안건 마련을 위한 분과위 실시
  • 문서작성 등을 담당할 유급간사(1일 최소 4시간) 채용
    ➡ 더 이상 치사하게 공무원에게 의지하지 않는 자치위원회의 의지 실천
  • 참 봉사를 위한 마일리지제 시행

■ 결정사항 : 소위원회 제출안건 등(안건/ 공지사항)
  • 안건 마련을 위한 분과위 실시
  • 문서작성 등을 담당할 유급간사(1일 최소 4시간) 채용
    – 소요예산(연간) : 8,371천원
    – 산출기초 : 8,720원×4시간×20일×12월 =8,371,200원
    ※ 매월 697,600원 소요됨

0000동 주민자치(위원)회 자치운영 분과장(서명)

자치운영분과 총무 홍길동(서명)   자치운영분과장 홍갑순(서명)

결재일자 : 2021. 05.   .

〈참고자료1〉 분과위에서 상정할 안건을 마련하는 요령 : 화산동의 경우

※ 우리 동네 특성(지역여건)

1.『용주사, 융건릉』등 문화재가 있다.	▶ 동네 이야기가 있는 장소
2. 현충탑, 화성효행길(삼남길) 등이 있다.	▶ 동네 이야기가 있는 장소
3.『근로자종합복지관』이 있다.	▶ 주민 문화여가 장소
4.『축제』가 있다. (정조효문화제 등)	▶ 지역공동체의 장, 지역경제 활성화 활용
5. 융건릉 주변 먹거리식당이 많다. (푸르미르호텔, 그린피아관광호텔)	▶ 지역경제 활성화 활용
6. 경로당이 많다.(206개소)	▶ 경로효친 확산, 노인 프로그램 등 제공
7. 빌라 (160여동) 및 단독주택이 많다. (생활민원 등이 지속적 발생)	▶ 지속적인 자원봉사 활동
8. 공장 및 제조장이 많다. (지역발전 등 저해)	▶ 주민 화합, 자긍심 고취 필요
9. 아파트단지가 많다.(9개 단지) (신현대, 우남블루존, 남수원현대, 동문 등)	▶ 지역인재 참여 여건 확보
10. 이웃돕기 창구가 있다. (빨래방 운영)	▶ 우리 동네 어려운 이웃, 우리가 돕는다.
11. 학교가 있다. (화산초, 안녕초, 안용중)	▶ 학생자원 활용 / 장학생 육성 등 활용
12. 지역 연계자원이 많다.	▶ 도서관, 문화재, 현충탑, 벽화 등

※ 분과위 구성

분과명	회의일시	분과장	분과원(직 생략)
자치운영			
교육문화			
환경복지			
생활체육			

○ 소위원회 : 매월 둘째 주, 목요일 16:00

 – 참석자 : 위원장, 부위원장, 간사, 분과장(고문 제외)

○ 월례회의 : 매월 셋째 주, 목요일 18:00

〈참고자료2〉 분과별 업무 분장표

분과	추진사항		대상
	상시사업	수시사업	
자치 운영	• 주민자치센터 운영 및 모든 프로그램 활동에 관한 기획 · 실행 · 총괄 • 주민자치 각 분과의 사업구상 및 계획검토 • 각 분과별 사업계획 지속관리 및 총괄 • 주민화합행사 및 지역문화예술행사 지원 • 역사문화교실 운영 • 효 역사문화축제 • 정월대보름맞이 안녕기원제 • 작품전시 및 발표회	• 회의록 작성 및 상정안건 관리 • 지역자원 연계 • 공모사업 추진	
문화 교육	• 전시회, 평생교육, 교양강좌, 꽃꽂이, 청소년교실, 청소년공부방 등 운영. • 용주사, 융건릉 등 관내 문화재와 연계한 청소년 역사체험활동지원 • 자원봉사자와 연계한 마을가꾸기 사업 운영 • 마을 벽화그리기사업 • 역사문화교실 탐방 • 무궁화심기 • 삼남길 걷기대회 • 기타 문화교육에 관한 사항	• 회의록 작성 및 상정안건 관리 • 공모사업 추진	
환경 복지	• 건강증진, 지역문제, 자율방재활동, 마을 환경 가꾸기, 생활정보제공, 불우이웃돕기 등 • 봄맞이 마을 대청소 • 우리동네 가꾸기(관내 취약지구 및 불법 주정차구역 화단 가꾸기) • 독거노인 사랑의 야쿠르트사업 • 기타 환경복지에 관한 사항	• 회의록 작성 및 상정안건 관리 • 공모사업 추진	
생활 체육	• 생활체육프로그램운영 • 벤치마킹 및 단합대회 등 추진 • 지역문화행사 추진 등 • 관내사회단체연결 단합대회 등 • 기타 생활체육에 관한 사항	• 회의록 작성 및 상정안건 관리 • 공모사업 추진	

〈참고자료3〉 2021년 주민자치(위원)회 주요행사 일정

월별	행사 내용	비고
1월	○ 2021년 주민자치(위원)회 예산안 확정 ○ 주민자치센터 설치 및 운영조례 배부 : 1인당 1부	
2월	○ 정월 대보름맞이 「안녕 기원제」 행사 ○ 주민자치 특강 : 「대한민국 주민자치 실전서」 저자 초청	
3월	○ 주민자치 워크숍(역량교육) ○「자치문고」 운영 : 자치위원, 주민자치 담당 공무원만 도서대여	
4월	○ 무궁화심기 행사 ○「글쓰기 교실」 운영 : 4월 ∼ 지속 ○ 벤치마킹 : 경기도 남양주시 진접읍 또는 평내동	
5월	○ 우리 동네 가꾸기 사업 ○ 사랑의 야쿠르트 수혜 독거노인 가정방문	
6월	○「자치위원 자치시험」 실시 ○「대한민국 주민자치 실전서」 저자, 전국특강 참석	
7월	○「주민자율문고」 독후감 공모전	
8월	○ 전국주민자치박람회 공모신청서 제출 ○ 워크숍 : 강의 및 현장 방문 　(부산 감천문화마을, 대구 김광석의 길, 군산 철길마을 등 검토)	
9월	○ 화산동 효 역사문화축제 ○ 2022년 주민자치(위원)회 주민자치센터 운영계획 및 　예산안 확정	
10월	○ 효행길 함께 걷기 ○ 사랑의 야쿠르트 수혜 독거노인 가정방문 ○ 전국주민자치박람회 견학	
11월	○ 주민자치센터 작품전시회 및 일일찻집 ○ 2021. 주민자치센터 프로그램 운영평가(강사 포함) ○ 2021. 주민자치센터 운영평가 자료제출	
12월	○「자치문고」 독서왕 및 자치시험 우수자 표창 ○「마일리지」 우수 자치위원 선발 ○ 주민자치센터 송년회	
기타 행사	○ 삼남길 주변 환경정화활동(매월 마지막 주 일요일)	

5. 자치단체인데 문서를 공무원이 만들어주네요

　자주 듣는 말이다. 주민자치(위원)회에 입회한 후 몇 달 지나면 환경에 적응되어 주민자치 담당 공무원과도 몇 마디 말도 주고받는다. 주민자치 담당이자 직원관리를 하는 행정팀장으로 현직에 있을 때의 사례다. 하루는 책상에 서류를 펼쳐놓고 주민자치위원회의 월례회의 서류를 작성하고 있었는데 입회한 지 3개월 정도 지난 자치위원이 안면 있다고 내 곁에 와서는 "뭐 하시는데 그리 바쁘시냐" 묻기에 주민자치위원회 월례회의 서류를 작성하고 있다고 말하였더니 도리어 나를 쳐다보았다. 표정을 보니 자치단체의 회의서류를 왜 공무원이 작성하고 있냐는 눈빛이었다.

　신참 자치위원에게 구구절절이 얘기해주기에는 시간과 여건이 허락하지 않아서 간략하게만 얘기했다. 동네에 자생단체가 10여 개 정도 있는데 그중 주민자치위원회는 가장 큰 단체로 단체 가운데에서도 형님 역할을 하고 있지만 아직 자생력이 부족하여 주민자치 담당 공무원이 각종 문서를 작성해주곤 한다고. 그래도 이해가 안 되는지 알겠다는 대답만 하고 돌아갔다. 처음 행정팀장을 하던 2011년이었다. 몇 달 지난 후에는 안 하던 분과회의를 정식으로 하자는 내 제안에 자치위원들도 한번 해보자는 화답을 내놓았다. 3개의 분과를 만들어서 분과장 3명을 지정(?)했다. 지난 번 나를 방문하여 뭐 하시는데 그리 바쁘시냐고 물었던 자치위원을 분과장으로 앉혔다. 회의서류와 분과의 계획서 작성 등을 몇 번 물어보다가 본인이 작성한 서류를 가져와서는 검토를 요청했다. 나중에는 스스로 어느 정도 작성할 수 있게 되면서 지금까지 행정팀장이 주민자치위원회 업무와 관련해서 해오던 여러 가지 일들을 하나씩 월례회의에서 기타 안건으로 다루어 자치위원 스스로 실천하게 되었다. 회의 있다고 자치위원에게 문자 보내기, 회의할 때 회의서류와 명패를 책상에 놓기부터 시작해서 자치위원 스스로 월례회의에 상정할 안건 만드는 분과회의 매월 하기 등으로 하나씩 관치에서 자치로 전환이 이루어지게 되었다. 옆에서 지켜본 나로서는 흐뭇했으며, 보람도 느낄 수 있었다.

"안 해서 그렇지 하면 잘하는구나!"

주민자치위원회를 육성시키는 역할을 수행하는 사람으로서 자치위원이 대견스럽게 느껴질 때 이런 말이 아니고 다른 말로 어떻게 표현해야 하는지는 모르겠다.

자치역량이 늘어나는 것을 느끼던 차에 2012년 전국주민자치박람회에 경기도 부천시 심곡3동은 처음으로 공모신청서를 제출하였으며, 서류심사인 1차 심사를 무난히 통과하였으나 인터뷰 심사인 2차에서는 탈락하였다. 그래도 처음으로 신청서를 제출한 공모이고 구청 전체로는 유일한 실적이어서 기분은 별로 나쁘지 않았던 추억이 있다. 나로서도 박람회와는 처음으로 인연을 맺게 되었다.

안 해서 그렇지 하면 잘하는데, 왜 문서작성을 공무원이 할까. 이 문제를 풀려면 공무원과 자치위원의 입장에 다가가야 한다. 우선 주민자치 담당 공무원의 자세와 열정이다. 주민자치 담당이라는 것은 읍면동의 직원 업무분장표에 누군가는 주민자치(위원)회 행정지원 또는 육성이라는 업무명칭을 부여받게 된다. 주민자치에 대한 업무 이해도와는 상관이 없다. 업무 이해도가 있으면 다행이나 없는 경우가 대부분인데 공교롭게도 배정받은 업무가 한둘이 아니다. 읍면동장의 경험과 노하우가 빛나는 경우에는 자치와 연관성 있는 업무 위주로 업무분장이 되어 활발한 자치단체로 육성시킬 수 있다. 그런 경우가 드물어 연관성 없는 업무를 다섯 가지 내외를 배정받으니 한 사람이 그 수만큼의 담당으로 일하게 되어 주민자치에 대한 지속적인 행정지원이 어렵다는 것이다. 실상이 이런 까닭에 주민자치 담당은 오늘도 주민자치 담당이라고 불리고 있지만 겉돌게 된다. 처리할 현안업무가 많고 계속 생겨서 주민자치 담당으로서 가져야 할 자질이 무엇이고 어떻게 행정지원을 해주어야 하는지 알 방법이 없다. 주민자치 관련되는 책을 구입해 볼까 하다가도 책 한 권 잘못 고르면 더 알게 되어 행정지원을 해주는 것에는 좋겠으나 그러면 현안업무는 지연되어 상사로부터 질책받기 십상인 것이다. 주민자치에 방점을 찍자니 현안업무가 울고, 현안업무를 챙겨야 하니 주민자치가 우는 셈이니 어쩌겠는가. 연관성 없는 업무분장이 죄인이지 많은 업무를 배정받은 주민자치 담당이 죄인은 아니라는 얘기다.

자치위원의 입장에서 볼 때, 생업에는 베테랑이요 전문가이지만 유독 문서작성 할 때는 자신 없다고 말한다. 계속 주민자치 담당이 해줬으니까 관행대로 하면 안 되겠냐고. 그러면 자치가 아니라 계속 관치로 남아있어야 한다고 말하면서 물어보는 말이 있다. "우리 동네 주민한테 물어볼까요? 주민자치위원회에서 작성해야 할 문서인데, 공무원이 대신 작성해주는 게 잘하는 짓인지?" 이 말에 정색을 하며 배우겠다고 한다. 먼저 배워야 할 자치위원은 간사와 분과장이다. 한 명 또는 두 명에게 작성된 문서의 사례별 샘플을 보여주면서 설명을 보태면 하는 말이 있다. "듣고 보니 별 거 아니네!"

이런 공감대를 이끌어내면 속도감이 생긴다. 분과회의 서류 작성하기는 이미 마스터 했으며, 회의록 작성하기부터 시작해서 육하원칙을 응용한 간단한 기안문 작성과 세 페이지 분량 정도의 간략한 업무계획서와 결과보고서까지는 순풍에 돛단 격이다. 배우는 중간에 주거니 받거니 하는 농담 반, 진담 반도 곁들여진다.

"이렇게 배우면 공무원이 할 일을 우리가 대신해주는 것 아닌가"

슬쩍 옆구리 찌르면, 망설이지 말고 응수해준다.

"자치하기 싫으면 자치위원 안 해도 되는데…"

"아예 사직원 드릴까?"

서로 얘기하다가 바라보면서 웃었던 적도 있었다.

분과업무와 관련되는 문서작성은 해결되었지만 각 분과업무를 취합하여 주민자치(위원)회의 전체 문서로 작성해야 하는 문제가 발생한다. 주민자치위원회의 간사 또는 주민자치회의 사무국장이 작성하면 되지만 작성능력이 없다면 난감하다. 간사나 사무국장을 뽑을 때 염두에 두고 능력 있는 자치위원을 뽑아야 하는데 안목 없는 위원장이나 자치회장을 둔 경우이기에 대충 뽑은 탓이다. 마침 프로그램을 운영하면서 수강료를 받는다. 받은 수강료는 강사수당을 우선으로 충당하지만 대부분 어느 정도 남는다. 그걸 활용하여 유급간사를 채택하자고 제안했더니 태클이 걸려온다.

"그러면 자체사업비가 부족해진다."

"연말에 정산할 때 잔액이 확 줄어들어 내년 사업에 영향이 생긴다."

심지어 나오는 말이 가관이다.

"예전에는 담당이 다 알아서 해줬는데 해주기 싫으니까 그러는 게 아니냐."

이럴 때도 시간차 없이 순발력 넘치는 대답이 필요하다.

"간사님 집에서 쓰는 가계부 옆집에서 써주나요, 윗집에서 써주나요?"

"갑자기 남의 집 가계부는 왜 이야기를 하시냐. 우리 집 거니까 우리가 쓰지."

"그러니까 우리 주민자치위원회 문서는 위원회에서 만들어야 한다는 말이지요?"

정리는 이렇게 하면 된다. 결국 유급간사는 채택하되 처음 시작하는 거니까 하루 4시간씩만 근무하는 조건이었으며, 행정팀장이 유급간사에게 문서작성 등의 스킬을 전수해주는 것으로 매듭지었다. 유급간사에게는 문서의 기본부터 익히게 했으며, 3개월 지나서부터는 연간 프로그램 운영계획과 연간 주민자치센터 운영계획 작성까지 습득하게 하여 공무원에게 의지하지 않는 위원회의 기틀을 마련해줄 수 있었다.

분과장이 분과문서를 어느 정도 소화하고 유급간사가 계획서와 결과보고서를 작성할 수 있게 하는 기간이 짧으면 6개월이고 길면 1년이다. 그 기간에는 주민자치 담당은 관심과 배려의 끈을 놓으면 안 된다. 안

하던 분과회의를 하는 경우 최소 분과회의에 3개월은 들어가야 하듯이 분과장과 유급간사에게는 문서작성법을 가르쳐주고는 먼저 작성한 후에 이젠 검토 받을 필요가 없다는 말을 들을 때까지 행정팀장에게 검토를 요청해야 한다고 설득했다. 마지막으로 유급간사에게 가르쳐준 것이 보도자료 작성이다. 육하원칙에 충실하되 내 입장에서 쓴 것을 신문에 실려서 제삼자가 읽는 게 보도자료이니 최종적으로 제삼자 입장에서 다듬어 쓰면 된다고 알려줘야 한다. 업무의 처음은 계획서이며, 중간 보고서를 거쳐 최종 결과 보고서로 종결되는 게 일반적이지만 그것은 아마추어나 하는 것이고 프로는 보도자료 제출로 최종 종결한다고. 처음 몇 개월은 서툴지만 검토를 몇 번 받으면서 평소 신문을 대충 읽었던 버릇을 고치고 특정 기사에 집중하는 버릇이 생기면서 조금씩 나아지는 것을 옆에서 보게 된다. 실은 이것이 주민자치 담당의 행정지원이다. 오늘도 이런 대책 없이 회의서류나 계획서 등을 대신 써주는 주민자치 담당에게 흔히 듣던 말을 건넨다. 고기 잡는 법을 가르쳐주라고. 그 말은 언제, 누구에게나 유효하다.

착착 관치에서 자치로의 전환이 무르익어갈 때 자치위원장이 구청에 각동의 자치위원장이 참석하는 협의회 월례회의에 다녀와서는 기분이 안 좋은지 한마디 했다.

"팀장님 말 듣고 열심히 모범적으로 자치를 하고 있다고 생각했는데 오늘 다른 동 자치위원장들이 나한테 한마디씩 하더라."

"왜 문서작성을 공무원이 안 하고 위원회에서 하냐고."

또 예전 버릇이 나온다. 달랠 겸 부드럽게 말을 건넸다.

"그래도 지금이 더 떳떳하지 않으시냐."

한 달 정도 지나서 위원장이 환한 표정으로 사무실을 방문했다. 이번 달 구청 회의에서 구청장님에게 우리가 자치를 잘한다고 칭찬받았다며 표정이 환하게 된 이유를 듣게 된 나도 웃음으로 화답했다.

이렇게 자치는 관심과 배려로 성장한다.

6. 읍 · 면 · 동장한테 왜 결재를 받나요

주민자치(위원)회의 문서를 보면, 아직 갈 길이 멀다는 것을 느끼곤 한다. 기본이 안 되어 있기 때문이다. 심한 경우 하기만 했지 보도자료는 고사하고 계획서나 결과보고서도 없는 곳도 있다. 왜 이럴까. 누구나 들어오고 아무나 주민자치위원장으로 선출하고 있는 게 아니냐는 의구심이 들곤 한다. 옆에 있는 주민자치 담당 공무원도 슬쩍 눈을 감는다. 알려주려니 알려줄 사람이 없고 하나부터 열까지 다 알려주어야 하는데 배정받은 업무의 가짓수가 많아서 현안업무 처리에 끙끙댄다. 마침 영국에서 불어온 열풍인 일과 삶의 균형이라는 워라밸(Work-life balance)은 얼마나 좋은가. 근무시간에는 찾아오는 민원인 상대하랴 현안업무 처리하느라 바빠서 주민자치(위원)회를 챙겨줄 여유가 없지만 근무시간의 마감을 알리는 오후 6시 이후에는 워라밸을 실천할 가정으로 복귀할 시간이니 말이다. 간혹 퇴근시간 이후에 남아서 잔무를 처리할 때는 주민자치 업무가 아니다. 배정받은 업무의 다른 업무가 현안업무로 등장하였기에 그 처리를 위해 근무할 뿐이다. 이러니 주민자치가 아무리 지방분권이고 지방소멸을 막을 수 있는 유일한 대안이라고 떠들어도 쇠귀에 경 읽기가 된 지 오래다. 워라밸을 실천하겠다는데 막상 할 말도 없다.

그렇게 가짓수 많은 업무를 감당하면서도 주민자치 담당이라면 최소한 자존심은 있어야 한다. (담당 공무원의 업무분장과 시군구의 역할에 대해서는 따로 언급함) 그 바쁜 와중에도 주민의 삶의 질 향상을 위하여 무보수로 자원봉사를 하고 있는 자치위원들에게 희망을 주어야 하지 않을까. 공무원이 잘 하는 문서작성을 자치위원은 생업에 종사하느라 어려워하고 싫어하지만 단계별로 알려주면 나중에 보람으로 돌아온다. 문서는 기안으로 시작하여 결재로 마무리가 된다. 결재과정은 결재라인과 협조라인에 대한 이해가 우선이다. 주민자치(위원)회에서의 결재과정은 두 가지다. 해당 분과장이 기안하면서 서명을 먼저 한 후에 협조칸에 있는 간사의 협조를 얻은 후 부위원장과 위원장의 결재를 받으면 결재가 완료된다. 다른 분과장의 협조가 필요한 경우엔 협조칸에 해당 분과장의 서명을 먼저 받고 부위원장과 위원장의 결재를 받는다. 분과장이 기안하는 게 아니라 간사나 사무국장이 기안하는 경우에는 분과장 대신 간사나 사무국장을 명시한 후 서명한다. 이후의 절차는 분과장이 기안하는 경우와 같다.

여기에서 유의할 점은 결재를 진행할 때마다 읍·면·동장의 결재를 받아서는 안 된다는 것이다. 읍·면·동장은 주민자치위원장의 상사(상관)가 아니다. 읍·면·동장의 결재가 필요한 경우는 해당 시군구의 주민자치센터 설치 및 운영 조례 등 주민자치와 관련된 조례나 시행규칙에 '협의하여 정한다'라는 규정이 있는 경우에 한해서만 받아야 한다. 그것도 결재가 아니라 '협조'이므로 협조칸에 해당 단어를 기재한 후 받으면 된다. (예, 읍장이거나 면장 또는 동장이라는 단어) 간혹 아직도 주민자치회로 전환이 안 된 지역에서는 읍·면·동장이 자치위원에게 위촉장을 주었기 때문에 자치위원 위에 주민자치위원장이 있고 그 위에 읍·면·동장이 있는 것으로 오해하고 있는 경우가 많으나 공무원과 자치위원은 상하관계가 아니라는 것을 정확히 알고 있어야 한다. 예를 들면, 수강료 지출과 관련해서 읍·면·동장의 협조를 받아야 한다는 규정이 조례에 있다면 당연히 협조를 받아야 하지만 월례회의 서류를 매번 협조를 받을 필요는 없다는 것이다. 간혹 독특한 읍·면·동장이 있어 주민자치(위원)회를 지원하는 담당 공무원에게 주민자치(위원)회의 각종 서류는 무조건 본인에게 결재를 받아야 한다고 말하는 이도 있는데 이는 '조례 위반'이자 징계사유에 해당한다. 읍·면·동에 있는 다른 자생단체야 간사나 사무국장이 없으며 관련 법 또한 다르기에 해당 단체담당 공무원이 월례회의 서류를 작성할 수 있겠으나 주민자치(위원)회는 관련법에, 조례에 역할이나 기능이 구분되어 있다.

결재절차에 대한 이해를 돕고자 다음 서식의 결재순서를 참고하기 바라며, 부위원장이 결재과정에 있는 것은 위원장을 언제 대행하게 될지 예측하기 어렵기 때문에 위원장이 알고 있을 내용을 미리 알고 있어서 나중에라도 대행하는 경우 지장 없게 하기 위한 장치다. 부위원장도 선출할 때는 능력을 검증해야 하는 이유다.

〈분과장이 기안하는 경우〉

문서번호	○○○○동 -	결재	자치운영 분과장	부위원장	위원장
보고일자	2021. 03. 07.				
공개여부	대국민공개	협조	간사 :		

①분과장(기안자) ②간사(협조자) ③부위원장(결재자) ④위원장(최종 결재자)

〈간사 또는 사무국장이 기안하는 경우〉

문서번호	○○○○동 –	결재	간사	부위원장	위원장
보고일자	2021. 03. 07.				
공개여부	대국민공개	협조	동장 : A분과장 : B분과장 :		

①간사(기안자)　②B분과장(협조자)　③A분과장(협조자)　④동장(협조자)
⑤부위원장(결재자)　⑥위원장(최종 결재자)

　결재를 진행하는 첫 단계인 기안할 때, 주민자치 관련 조례의 내용을 기안자가 사전에 숙지하고 있어야 혼선이 발생하지 않는다. 읍면동장에게 협조를 구할 사항인지 아니면 주민자치(위원)회 자체적으로만 결재를 진행해야 하는 것인지는 기안자가 판단해야 한다. 혼선을 방지하기 위하거나 결재라인에 있는 자치리더는 최소한 자치활동 관련하여 주민자치(위원)회에서 자체적으로 종결되는 것과 읍면동장에게 협조를 받아야 하는 사무명칭에 대한 조견표(요약자료)를 작성해두면 좋다. 제시된 자료는 경기도 화성시 주민자치센터 설치 및 운영 조례를 참고하여 만든 조견표이며, 2020년에 일부 개정되어 자치위원 위촉과 해촉을 동장이 아니라 시장이 한다는 것이 특색이니 이해에 착오 없어야 하겠다.

　부연하면 화성시에는 주민자치위원회와 주민자치회가 같이 있어서 적용되는 조례도 두 가지이나 공통점은 주민자치위원회 관련 조례이건 주민자치회 시범실시 조례이건 불문하고 시장이 위촉과 해촉을 한다는 것이니 다른 지역보다는 앞서나간다고 할 수도 있겠다. 이외에도 다른 시군구에서 화성시 조례를 검토해보면 특이한 것이 몇 가지 보인다. 첫째, 위원장의 연임을 '연임할 수 있다'가 아니라 한 차례(1회) 할 수 있다는 명문조항이 그것이다. 다른 지역에서는 '연임할 수 있다'는 규정 때문에 몇 번까지 가능한 것이냐는 문의에 우왕좌왕하거나 궁색한 답변을 내놓을 것 같다. 둘째, 자치위원 해촉 시 당연규정과 의결규정을 마련하여 자치역량의 기회를 주고 있다는 것이다. 이러한 규정과 절차 없이 읍면동장의 권한으로 해촉이 가능한 지역이 있다는 것은 해당 지역의 지자체장의 자치분권에 대한 인식이 얼마나 낮은지 보여주는 것만 같다. 선출직인 어공(어쩌다 공무원)이 부실하면 늘공(언제나 공무원으로 시험 치르고 들어온 공무원을 말함)이라도 분발해야 하는데 어찌된 일인지 알 수 없다. 주민자치 담당부서인 과장과 팀장 그리고 담당자의 분발이 요구된다. 셋째, 한번 주민자치위원으로 있다가 해촉된 경우에는 2년이 지나야 다시 입회할 수 있다는 경과조항으로 다른 지역에서도 조례를 다시 정비하는 경우 반드시 참고하는 게 좋겠다.

이런 자료가 있는 곳은 기본(基本)이 튼튼한 곳이며, 위원장이나 자치회장의 선출도 능력 위주로 뽑는다. 자료 하나만 봐도 기본이 있는지 여부를 알 수 있다.

화성시 주민자치센터 설치 및 운영 조례 요약자료(일부개정 2020. 6. 3)

연번	사무명	주민자치(위원)회	읍·면·동장	비고
1	자치센터 시설 및 프로그램 운영	위원회의 심의를 거쳐	읍면동장이 함	
2	수강료 징수	위원회에서 함		
	수강료 산정	위원회가 정함	읍면동장과 협의하여	
3	수강료 지출	자치센터의 운영에 필요한 경비로 사용		
4	자치센터의 연간 운영계획	위원회의 심의를 거쳐	읍면동장은 9월까지 시장에게 보고해야 함	
5	자치센터 운영 결과 보고	위원회의 심의를 거쳐	읍면동장은 반기별로 반기 후 20일 이내에 시장에게 보고	
6	자치위원 위촉		시장	
7	위원장 임기 및 연임		2년, 1회 연임 가능	
8	자치위원 해촉		시장 ※ 당연규정과 의결규정 있음	
9	회의록 작성	위원회의 간사		

강의 전에 하는 말이 있다. 물건 구입에 대하여 묻곤 한다. 정가는 만 원인데 칠천 원에도 팔고 일만 삼천 원에도 판다면 얼마를 내고 싶으냐. 당연히 칠천 원이라고 말한다. 하나 더 물어본다. 이번 강의는 2시간을 하기로 하고 정해진 강의수당을 받기로 했는데 1시간 30분을 해도 강사수당은 같으며, 30분을 초과한 2시간 30분을 해도 강사수당은 똑같다. 듣는 여러분은 어느 것을 선택하겠느냐고. 이번엔 답변이 금방 안 나온다. 말은 하고 싶은데 옆 사람 표정을 보는 이도 생긴다. 대부분의 강의는 내가 듣고 싶어서 듣는 것이 아니라 보통은 의무적으로 듣기 때문인데 2시간짜리 강의라고 한다면 2시간을 꽉 채우는 게 아니라 1시간 30분이나 40분 정도하고 일찍 끝내는 것으로 알고 있다. 이론적으로는 같은 돈을 지불하고 30분 이상 초과하여 강의를 들을 수 있다면 좋다고 하는 게 상식인데도 강의시간만은 이론과는 다르다. 첫 질문에는 이성적인 판단을 하면서도 두 번째 질문에는 왜 합리적인 결정을 내리지 못하는 걸까.

주민자치센터 설치 및 운영 조례에는 무엇이 들어있기에 꼭 읽어야 하냐고 할까. 앞서 제시한 화성시 주민자치 관련 조례를 보자. 주민자치센터와 주민자치위원회의 운영원칙(제3조), 주민자치센터의 기능(제5조), 주민자치센터의 시설 및 프로그램 운영(제7조), 주민자치센터의 사용료와 수강료(제10조), 주민참여(제12조), 보고사항(제14조), 주민자치위원회의 기능(제16조), 자치위원의 자격(제17조), 주민자치위원회의 구성 등(제18조), 주민자치위원장의 직무 등(제20조), 자치위원의 해촉(제22조), 회의운영(제23조), 회의록(제24조), 활동지원(제26조), 시행규칙 등(제27조)으로 자치위원과 밀접한 관련이 있는 사항들이다. 그런데도 꼭 읽어봐야 하냐고 물어본다면 곤란하지 않을까. 읽어봐야 자치위원의 역할이나 주민자치위원회의 기능 등에 대하여 알 수 있는 것이지 보지도 않는다면 어떻게 알 수 있다는 말일까. 그럼 왜 들어오려고 했을까. 자치위원이 뭐하는 사람인지도 모르면서 자치위원을 하겠다는 모양새라 답답하다. 위원장이나 간사는 그래도 일 년에 몇 번 정도는 조례를 읽는 편이지만 일반 자치위원은 한 번은 보는지 궁금하다.

전국의 면장님에게는 죄송한 표현이지만 알아야 면장(面長)을 한다는 말이 있다. 알지 못하면 면장도 못한다는 얘기일 수도 있지만 면장도 알아야 면장을 한다는 말이 있듯이 자치위원도 조례를 읽어야 자치위원을 할 수 있는 것이다. 누가 추천해줘서 들어왔지 조례를 읽어봐야 한다면 안 왔을 거라고 말하려는 사람은 더 늦기 전에, 더 시간 낭비하기 전에 스스로 그만 두기를 바란다. 그 시간으로 가정에 투자한다면 식탁에 반찬 한 가지라도 더 나오고 배우자도 좋아한다. 자격과 위촉 그리고 해촉이 조례에 담겨져 있어 자치위원에게 조례는 호적과도 같은 역할을 한다. 자치위원 개인에게는 이것이 주민자치에 대한 첫걸음이다.

주민자치센터 설치 및 운영 조례는 어떻게 만날 수 있을까. 컴퓨터로 다가가거나 컴퓨터에서 출력된 종이문서로 만날 수 있다. 위원회의 간사나 위원장이 지혜가 있다면 자치위원이 집에 컴퓨터가 있건 말건 또는 컴퓨터 사용이 가능한지를 불문하고 매년 자치위원에게 한 차례씩 조례와 시행규칙을 나눠주고 있을 것 같다. 조례와 함께 문서를 철하여 자주 보라고 파일도 1장씩 같이 주고 있는 경우에는 배려도 깊은 자치리더이다. 만약 간사나 위원장이 컴퓨터로 다 할 수 있는 세상인데 나눠줄 필요가 없다고 한다면 주민자치 담당 공무원이 대신 해줘야 한다. 그것이 주민자치 담당으로서의 행정지원이다. 간혹 컴퓨터만 켜면 시 홈페이지에서 자료 열람과 출력이 가능하며, 지금도 주민자치위원회의 각종 문서를 대신 작성해주는 것만 해도 벅찬데 그것까지 해주는 것은 너무 지나친 친절이 아니냐며 항변한다면 바른 자세가 아니다. 문서를 언제까지 작성해줄 것인가. 자치위원이 조례를 공부해야 자치가 무엇인지, 공무원이 자치단체의 문서를 작성하는 게 자치가 아니라는 것을 알 수 있지 않을까. 대신 하지 말고 성장할 수 있게 해주는 것이 주민자치 담당의 역할이라는 것을 잊지 말자. 조례를 출력해줘야 한다는 것은 컴퓨터가 켜져 있으면 금방 보겠으나 전원이 꺼져 있다면 갑자기 조례를 보고 싶을 때 전원을 키고 컴퓨터를 부팅하며 화면이 펼쳐지는 그 과정이 짧다고는 하지만 당사자에게는 긴 시간이기에 "다음에 보지, 뭐" 하면서 안 보게 된다. 심지어 이 동작을 반복하게 되면 계속 안 보게 된다는 것이다. 행여 조례를 줘도 볼 사람 몇 명 없어서 줄 필요가 없다는 얘기는 하지 말자. 담당은 주기만 하면 된다. 나머지는 자치위원의 몫이다. 주지도 않으면서 혼자만의 상상으로 판단하는 게 아니다. 줘도 다 보지는 않겠으나 그래도 몇 명은 본다. 그 몇 명부터 시작하면 조금씩 보는 숫자가 늘어난다. 나중에는 조례를 읽어본 자치위원이 늘어나서 자치활동에 활력이 생긴다. 조례에 보니까 이런 내용이 있다며 말하는 이가 늘어나야 공무원에게 의지하던 관치의 버릇도 사라질 수 있다는 것을 인식해야 한다.

자치역량의 성장은 당신의 배려에서 나온다.

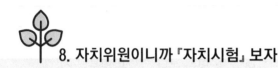

8. 자치위원이니까 『자치시험』 보자

언제인가 나눴던 대화다.

"이 나이에 무슨 시험이냐"

"그래도 행정팀장이 우리가 자치할 수 있게 애쓰는 게 보이니까 우리가 시험을 치르는 걸로 화답하는 게 도리일 것 같다"

"아, 애들도 아닌데 무슨 시험을…"

"지난번에 조례도 나눠드렸으니 테스트도 할 겸 합시다"

2015년부터 전국주민자치박람회 4개 분야를 각 1회씩 연속 본선 진출한 경기도 부천시 상2동과 2016년에 전국주민자치박람회 주민자치 분야 우수상을 수상한 부천시 원미2동에 근무할 때의 대화내용이다. 팽팽히 맞서던 안건이 결국 부결됐다. 후에 부천시 소사동으로 발령받아 또 안건으로 제시해서 부결되었으나 당시 위원장에게 워크숍 가서 퀴즈문제라고 하여 시험을 치르게 하면 된다는 아이디어를 알려줬다. 간신히 퀴즈문제라고 둘러대고 시험을 치렀는데 그중 유독 어느 여성 위원 한 명만이 인정 못하겠다고 불만을 토로한 적이 있다.

사실 퇴직 전에는 매번 주민자치센터 설치 및 운영 조례는 일 년에 한 번씩 출력해서 자치위원에게 배부했다. 이후에는 새로 입회하는 신참 자치위원에게만 배부하면서 시간 날 때 자주 봐야한다는 말도 잊지 않았다. 조례를 배부하니까 초기에는 극히 소수의 위원만 읽어보지만 읽어본 자치위원이 간간이 상정안건에 대하여 조례에는 이렇게 되어 있다며 이의를 달게 되어 조례를 대충 읽어본 위원장이 긴장하곤 했다.

주민자치센터 설치 및 운영 조례는 배부만 하면 될까. 경험으로만 따져도 배부만 하면 읽어보는 이는 극히 소수이다. 배부한 결과물을 측정할 방법이 있다면 좋을 것 같아 아이디어를 짜냈더니 의외로 간단했다. "이 나이에 무슨"에서 힌트를 얻었다. 애들만 시험보라는 법 없으며, 이제 환갑잔치도 안 하는 시대인 100세 시대인데 오히려 지금이 시험보기 딱 좋은 때라는 것이다. 말마따나 80세와 90세를 넘어서까지 자치위원 하고 시험 볼 것은 아닐 것이다.

그래도 시험이기에 가급적 객관식으로 출제하는 게 좋다. 아울러 최고득점자 1명 내지는 3명만 성명과 점수를 공개하면 더욱 좋다. 자치위원들이 시험을 거부하는 이유 중에 하나도 "혹시 내 성적이 공개되는 것 아니냐"일 것이기 때문이다. 시험 우수자에 대하여는 자체회비로 문화상품권을 제공하면 된다. 1등은 3만 원, 2등은 2만 원, 3등은 1만 원으로 총 6만 원이면 족하다. 자체사업으로 6만 원이라면 너무 훌륭하다. 사업이라면 최소한 몇 십만 원 또는 백만 원 이상은 되어야 하는 것 아니냐는 것은 말 그대로 기우이다. 오히려 6만 원짜리 사업이지만 60만 원 아니 600만 원 이상의 효과가 있다.

출제범위는 조례와 시행규칙 가운데 자치위원이라면 꼭 알아야 할 내용이 우선이다. 지역의 유래와 전통에 대한 소개도 추가한다. 유래와 전통은 공정성을 확보하기 위하여 해당 시군구의 홈페이지를 방문해서 참고한다. 주민자치센터에서 운영하고 있는 프로그램 현황과 주민자치 (위원)회의 여러 가지 추진사업에 대한 주요 활동내용이 들어가면 시험문제로는 충분하다. 이때 유의할 것이 있다. 학생들도 시험을 한해만 보는 게 아니라는 사실이다. 어른도 매년 봐야 좋다.

출제자 선정은 주민자치에 대한 이해도와 공정성이 있는 사람을 선정해야 한다. 객관적인 입장에 있는 읍·면·동장이나 그 아래 직급자인 팀장이 출제하면 좋다. 간혹 주민자치위원장이나 자치회장이 출제자도 아니면서 슬쩍 시험 보는 대상에서 빠지려고 하는데 바람직한 모습이 아니다. 자치위원과 같이 시험을 보면 점수가 낮은 경우 면목이 없을 것 같아 빠지려는 것인데 출제범위를 보면 주민자치 활동만 시험 보는 게 아니므로 굳이 빠지려고 할 필요는 없다.

자치위원 자치시험의 기록은 경기도 부천시 소사동의 경우 퀴즈문제라 하여 실시한 탓에 공식적이라고 보기에는 무리다. 전북 진안군 부귀면이 2019년 5월 1일 전국 최초(전북도민일보, 2019.05.02)를 기록했다. 인천광역시 미추홀구 주안5동이 2020년 6월 11일 실시하여 뒤를 이었다. 강의 갈 때마다 자치시험에 대하여 말하곤 하지만 아직도 "이 나이에 무슨 시험이냐" 하는 자치위원이 많은 것 같아 안타깝다. 다음의 자료는 자치위원 자치시험을 전체 자치위원에게 의견을 물은 사례 등이니 참고가 될 것 같다.

『자치위원 자치시험』실시에 따른 월례회의 안건 상정 사례

『자치위원 자치시험』실시(안)

○ 시행사유
- 마을발전을 위하여 참 봉사를 실천하는 사람이 자치위원으로
- 평소 책과 신문을 가까이 하면서 지식 함양에 힘쓰고 있으나
- 주민자치 분야 책 구입으로 자치위원의 자치능력을 향상시키며, 최소한 우리시 조례나 위원회 추진사항에 대하여 자치위원이 관심을 갖도록 하고자 함

○ 시행시기 : 연 1회(5월 시행)

○ 시험내용 : 예상문제 내에서 출제　　※ 예상문제 사전 배부 : 40문항

○ 출제방식 : 객관식 20문항

○ 출 제 자 :《대한민국 주민자치 실전서》저자 박경덕

○ 성적공개 : 최우수자 1명만 공개함

○ 시험범위 ➡ 해당 시군구 및 읍면동 내용
- ○○시 주민자치센터 설치 및 운영조례
- ○○시 주민자치센터 설치 및 운영조례 시행규칙
- 우리 동 프로그램 운영 및 추진사항 등

※ 최우수 자치위원 1명 문화상품권(5만 원 상당, 회비지출) 지급
➡ 임원(위원장, 부위원장, 감사, 간사)은 시상 제외

○ 소위원회(임원회의) 의견
- 1년에 한 번이라도 주민자치센터 설치 및 운영조례나 시행규칙을 보는 것이 자치위원의 도리이자 주민자치에 대한 예의라 생각하기에 원안통

과를 요청함

○ 결정사항
 • 1안 : 원안채택
 • 2안 :

자치역량 강화를 위한『자치위원 자치시험』

자치위원 자치시험

본 시험은 참 봉사의 선봉에서 실천하는 자치위원 스스로 추진사항을 점검하여 실천함과 아울러 지식은 동행할 때 값진 것이라는 인식을 가지려고 하는 사항임

1. 우리 시의 주민자치 관련 조례명은 무엇입니까? (　)

① 부천시 주민자치센터 설치 및 운영조례
② 부천시 주민자치센터 운영 및 설치조례
③ 경기도 주민자치센터 설치 및 운영조례
④ 경기도 주민자치센터 운영 및 설치조례

2. 주민이 이용할 수 있도록 동에 설치된 각종 문화 · 복지 · 편익시설과 프로그램을 총칭하는 단어는? (　)

① 주민자치위원회　② 주민자치센터　③ 행정복지센터　④ 평생학습센터

3. 주민자치센터와 주민자치위원회가 운영하면서 지켜야 할 원칙이 아닌 것은? (　)

① 주민의 복리증진과 지역공동체 형성 추진
② 주민 참여의 보장 및 자치활동 조장

③ 자생단체가 아닌 친목단체를 추구

④ 정치적 이용목적의 배제

4. 주민자치의 6대 기능이 아닌 것은? (   )

① 주민자치기능 ② 문화여가기능

③ 시민교육기능 ④ 공무원에게 의지기능

5. 매년 주민자치센터 운영계획을 시에 제출하는 기한은? (   )

① 9월 30일까지 ② 10월 30일까지 ③ 11월 30일까지 ④ 12월 30일까지

6. 주민자치위원의 자격 등에 대한 설명 중 틀린 것은? (   )

① 고문은 4명 이내로 둘 수 있다.

② 명함이 없어서 입회하겠다는 사람

③ 해당 동 관할구역 안에 거주 또는 사업장이 존재하는 사람

④ 여성위원은 전체 위원의 3분의 1 이상이 되도록 노력해야 한다.

7. 회의의 3단계가 아닌 것은? (   )

① 분과위 ② 소위원회(임원회의) ③ 친목회의 ④ 월례회의(정기회의)

8. 시 관련조례에 따르면 회의시마다 회의록을 누가 작성해야 하는지? (   )

① 신입 위원 ② 위원장 ③ 부위원장 ④ 간사

9. 우리 시 주민자치 관련조례 상으로 문화취미교실인 경우 받을 수 있는
   1개월분 수강료는? (   )

① 18,000원 이하 ② 20,000원 이하 ③ 25,000원 이하 ④ 35,000원 이하

10. 우리 시 주민자치 관련조례 상으로 수강료를 50% 감면 받을 수 없는 사

람은? (   )

① 국민기초생활보장수급자   ② 다문화가족
③ 등록 장애인   ④ 만 65세 이상자

11. 우리 시 주민자치 관련조례 상으로 '수강인원이 10명 미만인 경우 폐지 등 운영에 효율을 기해야 한다'였으나 2017년 6월 12일 일부개정 공포된 개정내용은? (   )

① 10명 이하   ② 15명 이상   ③ 15명 이하   ④ 20명 이상

12. 우리 시 주민자치를 총괄하는 부서는? (   )

① 평생교육과   ② 도시재생과   ③ 행정지원과   ④ 참여소통과

13. 동의 주민자치위원을 위·해촉 할 수 있는 권한을 가진 사람은? (   )

① 동장   ② 행정팀장(총무팀장)   ③ 주민자치위원장   ④ 시장

14. 주민자치센터 프로그램 강사를 선정할 수 있는 사람은? (   )

① 행정팀장(총무팀장)   ② 동장   ③ 주민자치위원장   ④ 주민

15. 우리 시의 주민자치센터에서 1시간 수업에 대한 강사수당은? (   )

① 15,000원   ② 20,000원   ③ 25,000원   ④ 30,000원

16. 수강료의 사용용도 중 틀린 것은? (   )

① 강사수당 및 자원봉사자 실비수당
② 작품전시회 및 발표회 등 주민자치센터 관련 행사비용
③ 주민자치센터의 운영 및 홍보에 필요한 비용
④ 주민자치위원회 결정만 나면 제한이 없다.

17. 수강료의 집행 및 관리에 대한 틀린 설명은? (   )

① 동장의 결재는 사전 또는 사후에라도 받을 필요 없다.

② 수강료는 주민자치위원회 명의의 단독계좌로 관리하여야 한다.

③ 현금출납부는 수입·지출내역을 일일 결산한다.

④ 지출할 때는 지출결의서를 작성하며, 동장의 결재를 받아야 한다.

18. 주민자치위원의 위촉절차 중 틀린 것은? (   )

① 추천서 또는 지원서를 받아야 한다.

② 추천되거나 지원서를 제출한 사람이면 동장은 무조건 위촉해야 한다.

③ 동장은 위촉할 때에는 위촉장을 교부한다.

④ 주민자치위원은 아무나가 아니라 봉사정신이 투철한 주민에 한해서 추천
　할 수 있다.

19. 주민자치위원의 재위촉에 대한 기술 중 맞는 것은? (   )

① 위촉 후에는 본인이 사직하기 전에는 해촉할 수 없다.

② 위원장이 해촉을 요청하면 동장은 무조건 해촉해야 한다.

③ 동장은 종전 임기 내의 활동실적을 고려하여 위촉여부를 결정할 수 있다.

④ 위촉 이후 관할구역 내에 사업장도 없으면서 주소지를 옮겼다고 해도 해
　촉해서는 안 된다.

20. 진정한 주민자치를 위한 실천사항으로 맞는 것은? (   )

① 주민자치위원이 회의를 하는 것이므로 회의실 좌석배치는 공무원이 해야
　한다.

② 회의서류는 그간 공무원이 작성했으므로 계속 공무원이 작성해야 한다.

③ 각종 서류는 공무원이 작성하고 자치위원은 결재만 하는 것이 맞다.

④ 안건 결정을 자치위원이 하므로 안건 마련도 자치위원이 해야 한다.

강의할 때마다 하는 말이 있다. 자치문고를 운영하면 자치역량이 커지니까 꼭 운영하라고 주문한다. 외부강사를 불러봐야 일 년에 몇 번을 부를 수 있을까. 많아야 한두 번이고 잘해야 한 번이다. 특히 강사가 책을 낸 '저자강사'라면 여기저기에서 강의요청이 들어오므로 희망하는 날짜에 강의를 들을 수 있다고 보기에는 무리다. 강의 중에는 자치문고 운영하자는 말에 고개를 끄덕이지만 나중에 확인해보면 대부분 실천을 안 하는 것 같아 답답함을 자주 느낀다.

저자강사를 예로 들어보자. 《대한민국 주민자치 실전서》라는 책은 427페이지 분량이다. 보통은 강의를 2시간 하지만 처음 요청할 때는 2시간이라 하면서 막상 강의를 할 때는 20분 정도 단축해주기를 희망한다. 특히 워크숍일 때 더욱 그러한데 자치위원들이 외부에 와서 일정이 빡빡하여 너무 피곤해하니 조금 줄여달라는 게 이유다. 요청한 지자체에서 하는 경우에는 자치위원들이 성인이라 교육의 '교' 자만 나오면 싫어하거나 징그러워한다는 답변을 들을 때는 "이 지역 자치위원들은 어려서부터 여러 가지 교육을 다양하게 그리고 많이 들었나 보다"는 생각을 하게 된다. 하지만 2시간 가지고 427페이지의 내용을 다 얘기한다는 것은 불가능하다. 그러니 자치문고를 운영하라는 것인데 하면 좋다는 것도 알면서 왜 안 하려는 것인가.

자치문고를 매년 운영할 때는 약간의 비용을 부담해야 한다. 첫해에는 가급적 5단짜리 개방형 책장을 구입해야 하며, 일 년에 한 번씩 10권 정도 구입할 도서목록도 준비해야 한다. 이렇게 구입한 첫해의 지출로는 대략 30만 원 내외이다. 다음 해부터는 10권 정도의 책만 연례행사로 구입하면 좋다. 구입할 도서의 분야별 범위로는 교보문고나 영풍문고 등의 홈페이지에서 제목을 기준으로 검색할 때 주민자치, 지역공동체, 마을공동체, 도시재생, 평생학습, 자원봉사, 글쓰기로 우선 한정하는 게 좋다. 특히 마을공동체로 검색자료가 충분하지 않으면 아예 검색창에 마을만 넣어도 된다. 굳이 글쓰기를 넣은 이유로는 주민자치(위원)회에서 스스로 문서작성을 해야 하고 기념사와 축사 또는 외부에 칼럼 등을 기고할 때 요긴하며, 분과장이나 분과총무 또는 간사에게는 말이 아닌 글의 무게를 느끼게 해줄 뿐만 아니라 장차 부담해야 할 기획서(또는 계획서) 작성에 도움이 되기 때문이다. 검색해서 책 제목은 있지만 품절되었다는 책도 만나게 되는데 이때는 인터넷 중고서점에서 구입하거나 중고 책방거리를 순회하는 수밖에 없다. 책을 가까이 하는 사람은 인터넷 검색하여 나한테 필요하다는 책이라는 판단이 되면 거의 구입하는 습관이 있다. 요즘 같은 시기에는 독서인구도 줄어서 예전처럼 몇 십만 부가 팔리는 베스트셀러는 거의 없고 수만 부만 팔려도 베스트셀러 대열에 끼곤 하는 것을 알고 있으며, 보통은 1쇄로 끝나는 게 대부분의 책의 운명이다. 어느 책이 1쇄를 넘어 3쇄를 찍게 되면 그 저자를 소개할 때 '3쇄를 찍은 저자'로 소개하기도 한다는 게 요즘 독서문화라는 것을 알고 있기 때문이다. 책장과 책 구입으로 첫해의 진도를 마무리했으면 이제 자치위원은 읽기만 하면 된다. 운영원칙은 자치위원 1인당 1권씩 1주일 대여로 해야 책의 회전률을 감당할 수 있다. 안 보던 책을 보라고 하니까 보는 사람이 없어 민망할지도 모르겠다. 자치문고가 정착하기 위해서는 자치리더라는 간사와 위원장의 솔선수범이 필요하다는 것은 누구나 알 수 있다고 본다. 노파심에 한마디 한다. 책을 읽기 싫어하는 위원장이나 간사라면 주민자치(위원)회의 무궁한 발전을 위해 일찍 사직하는 게 좋다. 왜냐고 묻는다면 주민에게 물어보시라는 답변을 드린다.

"주민 여러분, 주민의 삶의 질 향상을 위하여 일한다는 우리 주민자치위원장님이 책 읽기를 죽어라 싫어하는데 칭찬받을 일인가요?" 이렇게 물어본다면 돌아오는 답변은 이런 게 아닐까. "그 양반 그만두라고 하세요!"

책 읽기를 싫어하는 위원장이나 자치회장에게 건네곤 하는 말이 있다. 40대와 50대 초반의 젊은 자치위원은 일 년에 12권 이상씩 책을 보는 게 좋지만 50대 중반 이상의 위원장이나 간사는 4권 이상만 보면 된다고. 이미 축적된 경험이나 노하우가 많기에 한 권으로 젊은이가 읽은 3권 이상의 분량과 같다는 말을 곁들인다. 내 경험으로는 위원장이나 자치회장의 관심과 배려 그리고 실천이 있어야만 자치문고가 제대로 정착할 수 있다. 위원장부터 제 스스로 읽기를 싫어하면서 은근히 우리 자치위원들은 책 읽는 것을 싫어한다며 핑계를 대면 그 자치단체는 희망이 없다. 그냥 대충대충 자치 흉내만 내고 동네에서 위원장을 하면 유지로 인정받으니까 그것으로 만족하겠다는 심보는 없어져야 한다. 앞에서 언급된 바와 같이 위원장은 선장이요 기장이다. 구성원보다 더 많은 지혜가 요구되는 자리인데 그런 노력을 싫어하는 것은 주민에 대한 예의도 아니고 주민자치에 대한 예의도 아니다.

첫해에 자치문고 운영을 시작하면서 유의할 사항이 몇 가지 있다. 첫째, 문고이니까 도서 대여대장을 비치해서 연말에 운영결과를 공유하는 것이다. 결국 2021년도에 자치문고를 운영할 때는 자치문고 운영 계획서를 작성해야 하며, 연말에는 2021년 자치문고 운영결과 보고서를 작성해야 한다는 말이다. 이런 계획서와 결과보고서가 있는 것이 기본이 튼튼한 주민자치(위원)회이다. 연말에 시군구마다 실시하는 주민자치센터 운영 평가와 전국주민자치박람회에 공모신청하는 경우에도 효과를 볼 수 있다. 박람회에서 2차 심사인 인터뷰 심사에 "아이디어는 어디서 얻느냐"는 질문을 받았다고 예상할 수 있다면 말이다. 둘째, 자치문고를 운영하면서 전체 자치위원에게 연말에는 자치문고에서 책을 빌려간 실적을 기준으로 독서왕 선발을 하여 시상도 한다는 것을 공지하라는 것이다. 시상대상은 1등부터 3등까지 하면 좋고 문화상품권으로 하면 지역경제 활성화에도 기여할 수 있다. 굳이 독서왕 선발하여 시상하라는 이유가 있다. 자치문고가 활성화 되면 나타나는 효과가 있는데 분과회의가 활성화 된다. 책을 안 보던 자치위원들이 책을 한 명, 두 명 보더니 안건도 한 건, 두 건 내기 시작한다. "내가 무슨 책을 보니까 이런 것도 있던데 한 번 응용해봤어요"라며 아이디어를 제안하니까 옆에 있던 자치위원들이 좋은 아이디어라고 하면서 덩달아 책을 보게 된다. 무슨 일이건 시작은 미미하지만 결과는 의외로 크다는 것을 자주 실감한다.

경기도 부천시에서 주민자치 업무와 직원관리를 담당하는 행정팀장으로 재직할 때 1층 민원실에는 주민문고 또는 주민자율문고라는 공간이 있는 주민센터가 제법 있었다. 처음에는 주민문고에 책을 구입하거나 기증받는 방안에만 골몰했었다. 책 기증 캠페인을 시작했더니 의외로 반응이 좋았다. 내친김에 주민문고 활성화를 위하여 주민문고 독후감 공모전도 개최하여 책 읽는 마을 분위기를 확산시켰다. 이것을 응용하여 만들어낸 것이 자치문고다. 주민에게는 마음의 양식을 수확하라며 주민문고라는 편익시설도 제공하는데 정작 우리 자치위원에게는 소홀했었다. 생업에 바쁘지만 그 와중에 주민의 삶의 질 향상을 위하여 주민자치위원회에 들어와서 참 봉사를 실천하는데 맨몸으로만 할 수는 없지 않을까. 그런 궁리 끝에 탄생했지만 자치문고가 활성화될수록 자치위원들의 자치역량은 점점 커져갔다. 이용하는 자치위원들도 처음에는 시큰둥하였으나 누군가 읽어보고는 그 책 괜찮다는 말에 읽어보고는 생업에도 응용이 되어 책 읽는 게 손해가 아니라는 것을 알게 되었다.

　자치문고는 기록상으로는 경기도 부천시 상2동에서 처음으로 시작했다. 2015년 5월이다. 이후 원미2동과 소사동이 뒤를 이었다. 2019년에는 전북에서 진안군 부귀면이 4월부터 운영하고 있으며, 충남은 천안시 성환읍과 서천군 마산면이, 충북은 청주시 용암1동이 참여하고 있다. 부천을 제외한 경기도에서는 고양시 일산1동이 2019년에, 주엽2동은 2020년 1월부터 운영하고 있다. 인천은 미추홀구 주안5동이 2019년 11월에 처음 시작하였으며, 전국에서 프로그램 숫자가 가장 많은 연수구 송도2동도 2020년 11월 6일에 강의할 때 이승원 자치회장도 꼭 하겠다고 다짐했다.

　이렇게 누군가는 불쏘시개 역할을 해야 한다. 나는 이런 역할을 주민자치 담당 공무원이나 자치위원장 또는 자치회장이 할 수 있다고 생각하는 사람이다. 이것은 나만 그런 게 아니라 주민도 동의하지 않을까.

　다음의 참고자료는 자치문고 도서구입안과 도서목록이다. 《팔지 마라 사게 하라》는 판매업에 종사하는 자치위원에게만 유익한 것이 아니고 다른 자치위원에게도 생활에서 자치 생각주머니(지혜)를 키워준다. 생각의 관점이 바뀌면 좋은 아이디어를 만난다는 말이 있듯이 생각의 자세를 바꿔주는 역할을 하여 지역경제 활성화를 포함하여 자치활동에 도움이 된다. 굳이 이 책을 구입하지 않고 이와 같은 의미의 다른 책을 구입해도 된다. 《컬덕 시대의 문화마케팅》은 품절되어 중고로만 구입할 수 있으나 축제와 큰 행사 등을 기획할 때 응원해주는 책이다. 《한국인만 모르는 다른 대한민국》은 보는 관점을 새롭게 만들어 준다. 《기사되는 보도자료 만들기》는 현역 기자가 쓴 책이라 시군구의 지자체 공무원도 참고하는 책이다. 읍면동에 있는 주민자치(위원)회에서 보도자료는 거의 담당 공무원이 쓰고 있는 실정이다. 자치위원들이 글쓰기는 왠지 어렵다며 담당에게 부탁하는 게 일반적인데 언제까지 제 살림을 남에게 의지해야 하는 것이냐는 생각을 해야 한다. 자기네 행사에 대한 보도자료인데 왜 공무원에게 의지해야 하냐는 말이다. 분량도 많지 않으니 잘 쓰건 못 쓰건 구애받지 말고 무조건 쓰자. 그래야 글도 는다. 《대통령의 글쓰기》는 분과나 위원회(자치센터)의 계획서나 결과보고서 등 각종 문서를 작성할 때 많은 도움을 준다. 위원장이나 자치회장의 경우 어느 행사에서 축사나 기념사를 할 때 글을 써야 하는데 이때 스스로 쓰는 사람이 몇 명이나 있을까. 오늘도 담당 공무원에게 부탁하고 있지 나 않은지 걱정이다. 본인이 말하려는 것을 왜 남에게 써달라고 할까. 최소한 본인이 말하고자 할 때는 스스로 쓰든지 쓰는 걸 생략하고 제 입으로 말해야 한다. 남에게 의지하면 끝이 없다. 《골목에서 시작된 기적》은 부산의 감천문화마을의 역사를 기록한 책으로 마을기업과 사회적 기업 등도 그곳에 있다. 황무지에서 시작하여 가고 싶은 곳으로 만든 긴 여정이 녹아 있다. 서점에서 판매하지 않으니 부산광역시 사하구청 창조도시기획단에 문의하여 구입하면 된다.(전화번호는 051-220-5911~5917) 《전국주민자치박람회 자료집》은 매번 박람회 행사장인 안내석에서 판매하였으나 2019년에는 아프리카 돼지열병으로 행사가 취소되어 박람회 주최측인 (사)열린사회시민연합에서 홈페이지에 공지하여 판매하였으며, 2020년에는 처음 우한폐렴으로 알려지다가 코로나 19로 명칭이 바뀐 코로나 사태가 장기간에 걸친 탓에 또 행사를 못하게 되었으니 작년과 같은 선례인 홈페이지 공지로 구입할 수 있을 것 같다. 박람회 자료집은 본선에 진출한 곳의 추진사업 내용을 알 수 있는 자료이기에 응용자료로 사용할 수 있을 뿐만 아니라 본선 진출한 곳의 자치역량을 촘촘히 파악하여 벤치마킹 지역으로의 선정으로까지 확장시킬 수 있다. 〈(월간) 주민자치〉는 주민자치의 정책 흐름을 알 수 있는 자료이며, 연간 구독이기에 연납해야 한다. 다른 월간지가 있다면 비교해서 구독하면 된다.

자치문고 도서구입(안)

문서번호	○○○동 -	결재	총무	부위원장	위원장
보고일자	2020. 05. 20.				
공개여부	대국민공개	협조	간사 : 자치예산분과장 :		

– 자치역량 강화를 위한 –
2020년 『자치문고』 도서구입(안)

○○광역시 ○○○구 ○○○동 주민자치위원회

- 자치역량 강화를 위한 -
2020년 『자치문고』 도서구입(안)

자치위원에게 주민자치에 대한 올바른 학습기회를 제공하여 '주민의 삶의 질 향상'에 기여함과 아울러 항상 책과 신문에 다가가는 습관을 들여 학습하는 기회를 마련코자 함

※ 자치문고 운영 : 2019년 11월부터 실시

■ 추진개요

○ 구입기간 : 2020. 5월 ~ 6월

○ 운영장소 : 자치위원회 사무실

○ 운영대상 : 자치위원 및 관계 공무원(동장, 팀장, 주민자치 담당)

○ 내 용
 • 대여범위 : 1인 1권, 1주일
 • 관리방법 : 도서대출부 기재 ▶ 서식 별첨
 • 관 리 자 : 주민자치위원회 총무

○ 소요예산 : 108,500원

○ 예산과목 : 프로그램비

※ 자치문고 도서 보유량

계	기존 보유권수	신규 구입권수	비고
48	41	7	

■ 세부 추진계획

○ 주민자치 관련 보관 도서 확인

- 확인기간 : 2020. 4월
- 확인장소 : 주민센터, 자치위원회 사무실
- 보관수량 : 41권
- 보관 도서목록 : 별첨 참조

○ 주민자치 관련 도서 구입
- 소요예산 : 108,500원
- 예산과목 : 프로그램비
- 대상도서 : 마을(지역)공동체, 평생학습, 도시재생, 자원봉사, 글쓰기 등
- 구입예상 도서 목록

(단위 : 원)

연번	도서명	저자	출판사	정가	비고
계				383,500	
1	나비의 꿈	박성혁	쌤앤파커스	12,000	
2	주식회사 장성군	양병무	21세기북스	12,000	
3	도시에서 마을을 꿈꾸다	장종환	상상박물관	12,000	前 동장(서울시), 홍대거리 조성
4	대한민국 주민자치 실전서	박경덕	올림	18,000	주민자치의 바이블
5	컬덕시대의 문화마케팅	김민주 외	미래의창	12,000	
6	생활자치 합시다	한국생활자치연구원	대영문화사	15,000	다양한 사례
7	마을을 상상하는 20가지 방법	박재동, 김이준수	서울특별시	14,500	
8	마을의 귀환	오마이뉴스 특별취재팀	오마이북	15,000	
9	이토록 멋진 마을	후지 요 시 마사하루	황소자리	15,000	
10	골목에서 시작된 기적	부산광역시 사하구청	비아이엠 플랜스	8,000	감천문화마을 역사
11	마을공화국의 꿈 홍동마을 이야기	충남발전연구원 · 홍동마을 사람들	한티재	15,000	

12	팔지 마라 사게 하라	장문정	쌤앤파커스	18,000	
13	주민의 자치	안광현, 김필두, 박철	소망	20,000	주민자치의 내력 등
14	마을의 재발견	김기흥	올림	15,000	
15	한국인만 모르는 다른 대한민국	임 마 누 엘 페스트라이쉬(이만열)	21세기북스	15,000	
16	기사되는 보도자료 만들기	이경희	루비박스	11,000	
17	대통령의 글쓰기	강원국	메디치	16,000	마음 움직이기
18	제18회 전국주민자치박람회 자료집	(사)열린사회 시민연합		20,000	2019년
19	월간 주민자치	(사)한국자치학회		120,000	연납

※ 구입요령
- 교보문고 또는 영풍문고 홈페이지에서 주문하되 없는 책은 인터넷 중고서점에서 구입함

○ 도서대여 실시
- 추진기간 : 2019. 11월 ~ 지속
- 협조사항 : 구입수량이 한정되어 1인 대여기간(7일) 준수로 회전률 확보

○ 보도자료 제출
- 제출시기 : 도서구입 완료 후
- 보도자료 : 별첨

■ 향후 추진계획
○ 도서구입 연례화
- 시   기 : 매년 1회
- 시   상 : 10만원 범위에서 구입 ➡ 별지 도서목록 참조

○ 연말 최다 독서왕 선발

- 선발인원 : 1명
- 사전공지 : 월례회의 자료 소개
- 시   상 : 5만 원 상당 문화상품권 증정 ▶ 보도자료 제출

○ 주민을 위한 주민문고 지속 운영방안 마련 : 도서기증운동 전개

■ **기대효과**
○ 자치사업 안건마련 기초자료 제공
○ 책 읽는 자치위원 육성으로 마을공동체 기반 마련
○ 자치위원이 말 대신 지혜를 갖추어 지역 활성화 기여

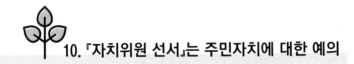

자치위원이 선서하는 장면은 무척이나 신선하다. 생업에 바쁜 와중
에도 주민의 삶의 질 향상을 위하여 자치위원이 되겠다고 할 때 지원만
하면 되는 줄 알았던 사람이 의외로 많다. 하지만 웬걸, 자치위원도 되
려면 경쟁률이 심하다는 것을 알고는 무슨 표정이었을까. 실제 선서하
는 이는 감회가 새로울 것 같다. 선서하는 표정에서 나는 이제 사회에
첫걸음을 내딛는 자녀를 보는 것만 같다.

이런 선한 영향력을 발휘하는 아이디어는 어디에서 나와야 할까. 제
대로 된 주민자치(위원)회라면 주민자치 담당 공무원이나 위원장 또는
간사의 머리에서 나오는 게 아니다. 위원회 안에 있는 각 분과에서 아
이디어가 나와야 한다. 분과에서 누군가 책과 신문에 다가가거나 노하
우와 경험이 축적된 지혜가 있는 자치위원이 있어야 나온다. 이미 자치
문고를 운영하고 있다면 응용으로 표출될 수도 있다.

안건이 제안되었을 때도 문제다. 받아들이는 이들의 마음과 시선이
고와야 가능하다. 새로우면서도 신선하여 선한 영향력을 확산시키는
데 효과 있는 제안을 "에이, 그건 학생들이나 하는 거지요" 하며 태클
을 거는 분위기라면 제대로 안건이 결정될 수도 없거니와 발전도 없다.

끝까지 반대하여 추진이 곤란하다면 마지막 방법으로 다수결로 정하면 된다. 손을 들어서 결정하지 말고 투표용지를 사용하면 좋다. 그래야 서로 얼굴을 붉히지 않게 된다. 만약 어느 자치위원이 책과 신문에서 얻은 아이디어가 아니라 컴퓨터 검색을 해서 얻은 것이라면 어떻게 생각해야 하나. 컴퓨터를 사용하는 자치위원을 뽑았기 때문이라는 생각이 들지 않을까. 그러니 자치위원도 잘 뽑아야 한다. 기존의 자치위원은 나가라는 얘기가 아니다. 동료 자치위원에게 배우거나 자녀에게 배우면 된다. 모르니까 배우는 게 아닌가. 배운 다음에는 남에게도 가르쳐주면 배움의 목적은 이루어지는 것이다.

위원회의 자치활동에 활력을 불어넣어주는 아이디어를 제공하는 자치위원에게 "당신 덕분에 회의가 재미있다"며 덕담 한마디 해주면 더욱 좋다. 다음엔 당신 차례니까. 아이디어가 나오고 의사결정을 거쳐 실행하면 일회로만 만족하려는지 모르겠다. 짐작하겠지만 매년 해야 한다는 것이다.

자치위원이 열정을 가지고 주민을 위한 참 봉사를 다짐하는 선서를 한 것은 - 컴퓨터로 검색한 결과로 보면 - 기록상으로는 대전광역시 서구 갈마1동이 최초이다. 2019년 6월 4일 갈마1동 주민자치회 출범을 알리는 발대식을 개최하면서 선서하였다. 두 번째는 전북 진안군 부귀면이 내부결속을 도모하고 자치역량을 모으자는 취지로 2020년 6월 26일 자치위원 선서식을 가졌다. 세 번째 기록을 보유하게 된 지역은 15개 동 전체가 주민자치회 출범식을 치르면서 선서한 경기도 광명시다. 이외에도 광주광역시 서구 금호1동 주민자치회(2019년 전국주민자치 박람회 대상 수상)는 2018년 6월 주민자치위원 사명선언문을 선포하였

다. 경기도 시흥시 신천동 주민자치회는 2018년 6월 자치위원 연임과
정에서 지난 자치활동을 뒤돌아보고 앞으로의 각오와 활동계획을 스스
로 점검할 수 있게 '자기 기술서'를 작성케 하였다. 기록에서 알 수 있듯
이 대체로 주민자치위원회에서 주민자치회로 전환할 때 활용하는 편이
다. 기존의 주민자치위원회는 다소 소극적이라고 평가받는 자치와 협
의기능만 있었다면, 전환되는 주민자치회는 적극적인 자치와 협의기능
그리고 수탁기능까지 역할이 확대됨에 따라 새로운 마음가짐이 필요
해서일 것이다. 부귀면 같이 주민자치회로의 전환하려는 것이 아닌데
도 불구하고 선서를 채택하는 경우는 드문 경우이나 열정적인 자치로
의 의지를 대내외에 공표하여 자치위원의 자세를 새로이 하여 주민에
게 더욱 다가가겠다는 약속이라고 하겠다.

　다음은 사회 각 분야에서 사용하고 있는 선서문으로 추후 주민자치
회 전환 시 또는 아직 주민자치회로 전환되지 않은 주민자치회이지만
자치위원의 단합과 마음가짐을 새로이 할 때와 신규 자치위원이 입회
할 때 기본자료로 활용이 가능하다. 부귀면의 '자치위원 선서 추진계획'
은 아직도 일부 주민자치(위원)회에서는 하기만 하면 되는 것이지 무슨
문서작성이 꼭 필요한 거냐고 하는 곳에서는 참고하면 좋겠다. 계속 악
습만 반복하지 말고 행사 전에는 무조건 행사계획서인 문서작성을 한
후에 행동이 있어야 하므로 이런 예시를 참고하여 문서작성을 꼭 하라
는 취지이다. 예시를 가감하여 더 좋은 계획서가 나오기를 기대한다.

응급 구조사 선서문

"우리 응급구조사는 모든 사람이 존엄, 가치를 지키며 행복한 삶을 누릴 수 있는 건강하고 안전한 사회를 만들기 위해 다음을 굳게 다짐한다."

하나,
응급환자와 보호자의 처치제공자, 옹호자로서 차가운 머리, 따뜻한 가슴으로 맡은 몫을 다한다.

하나,
언제 어느 곳에서나 응급환자에게 필요한 도움을 줄 수 있도록 응급처치 능력을 개발하고 맡은 바 업무에 성실히 임한다.

하나,
권위, 이익, 경험, 상식에서 벗어나 의학적 근거와 사회적 합의에 따른 윤리 규범에 의해 판단하고 행동한다.

하나,
응급환자의 발생을 줄일 수 있는 안전한 환경을 만들고 일반인 대상 응급처치교육에 앞장선다.

하나,
열린 마음으로 두루 소통하고 어울려 협력하여 응급의료서비스체계의 발전에 창조적으로 이바지한다.

나이팅게일 선서문

1. 나는 일생을 의롭게 살며 전문 간호직에 최선을 다할 것을 하느님과 여러분 앞에 선서합니다.

2. 나는 인간의 생명에 해로운 일은 어떤 상황에서도 하지 않겠나이다.

3. 나는 간호의 수준을 높이기 위하여 전심전력을 다하겠나이다.

4. 나는 간호하면서 알게 된 개인이나 가족의 사정은 비밀로 하겠나이다.

5. 나는 성심으로 의료인과 협조하겠나이다.

6. 나에게 간호를 받은 사람들의 안녕을 위하여 헌신하겠나이다.

대한민국 판사 선서문

본인은 법관으로서, 헌법과 법률에 의하여

양심에 따라 공정하게 심판하고, 법관윤리강령을 준수하며,

국민에게 봉사하는 마음가짐으로 직무를 성실히

수행할 것을 엄숙히 선서합니다.

검사 선서

나는 이 순간 국가와 국민의 부름을 받고
영광스러운 대한민국 검사의 직에 나섭니다.
공익의 대표자로서 정의와 인권을 바로 세우고
범죄로부터 내 이웃과 공동체를 지키라는
막중한 사명을 부여받은 것입니다.

나는 불의의 어둠을 걷어내는 용기 있는 검사,
힘없고 소외된 사람들을 돌보는 따뜻한 검사,
오로지 진실만을 따라가는 공평한 검사,

스스로에게 더 엄격한 바른 검사로서,

처음부터 끝까지 혼신의 힘을 다해
국민을 섬기고 국가에 봉사할 것을
나의 명예를 걸고 굳게 다짐합니다.

대한민국 대통령 취임선서문(就任宣誓文)

나는 헌법(憲法)을 준수(遵守)하고 국가(國家)를 보위(保衛)하며 조국(祖國)의 평화적(平和的) 통일(統一)과

국민(國民)의 자유(自由)와 복리(福利)의 증진(增進) 및 민족문화(民族文化)의 창달(暢達)에 노력(努力)하여

대통령(大統領)으로서의 직책(職責)을 성실(誠實)히 수행(遂行)할 것을 국민(國民)앞에 엄숙(嚴肅)히 선서(宣誓)합니다.

○○○○年 ○月 ○○日

大統領 ○○○

『자치위원 선서』 추진계획(안)

문서번호	부귀면 –	결재	자치운영 분과장	부위원장	위원장
보고일자	2020. 06. 19.				
공개여부	대국민공개	협조	간사 :		

– 관치를 멀리, 자치를 가까이 하는 –
『자치위원 선서』 추진계획(안)

전북 진안군 부귀면 주민자치위원회

- 관치를 멀리, 자치를 가까이 하는 -
『자치위원 선서』 추진계획(안)

'관치(官治)를 멀리, 자치(自治)를 가까이' 하는 자치위원의 자세를 새롭게 다지기 위하여 '자치위원 선서식'을 개최코자 함

■ 추진개요

○ 일　　시 : 2020.06.26.(금) 11:00

○ 장　　소 : 부귀면 주민자치센터 2층 회의실

○ 참석인원 : 전체 자치위원 25명

○ 추진내용

• 선서문 낭독 : 간사 박순원

• 전체 자치위원 : 선서문 보면서 오른손 들기

• 선서문 작성 : 《대한민국 주민자치 실전서》 저자 박경덕

■ 선서문 주요내용

○ 목　　표 : '주민의 삶의 질 향상'

○ 자　　세 : 공무원에게 의지하지 않으며 '관치를 멀리, 자치를 가까이' 하는 자세

○ 실천사항 3가지

• 개인의 이익 대신 공익을 추구

• 반칙과 특권을 멀리하며, 경청과 배려의 생활화

• 책과 신문에 다가가서 지혜 쌓기

■ 기대효과

○ 참 봉사의 초심을 늘 기억하는 공익 추구 자세

○ 자치위원 선서의 울림을 외부로의 확산

○ 말보다는 실천으로 지역공동체 조성

자치위원 선서문

나는 지역공동체의 목표인 '주민의 삶의 질 향상'을 달성하는 자치위원이 되겠습니다.

공무원에게 의지하지 않으며 '관치를 멀리, 자치를 가까이' 하는 자세를 가지겠으며, 이를 위하여 다음을 실천하겠습니다.

첫째, 개인의 이익 대신 공익을 추구하겠습니다.

둘째, 반칙과 특권을 멀리하며, 경청과 배려를 생활화하겠습니다.

셋째, 책과 신문에 다가가서 지혜를 쌓도록 하겠습니다.

늘 주민의 의견을 경청하여 주민생활에 즐거움을 주는 지역공동체 활성화에 기여할 것을 엄숙히 선서합니다.

2020년 6월 26일

대한민국 전라북도 진안군 부귀면 주민자치위원회 일동

11. 참 봉사의 실천 『신규 자치위원 세족식』

"아이디어는 좋은데 막상 하기에는 좀 그렇다" 이런 고민을 한 적이 있을 것 같다. 특히 가족도 아닌 타인 그것도 성인의 발을 씻겨주자는 세족식을 한다면 말이다. 그래도 하면 좋다. 해야만 한다. 그것이 공동체를 일구어나가는 첫걸음이다.

세족식(洗足式)의 기원은 예수께서 유월절(유대의 최대 명절) 예식 전에 제자들의 발을 씻기신 장면에서 유래된 의식으로 널리 알려져 있다. 일반적으로 종이 상전의 발을 씻겨 주는 것이 당연지사인데 세족식은 그런 일상을 거스르는 그리스도의 희생을 상징으로 보여주는 의미가 있다.

희생의 의미를 담은 세족식은 종교에서 시작하여 생활의 여러 방면으로 확산되었다. 대표적인 것으로는 학교에서 학생이 스승을, 스승이 제자의 발을 씻겨주다가 자녀의 부모를 학교에 불러 자녀가 부모에게, 부모가 자녀에게도 씻겨주어 훈훈한 사회기풍을 진작시키곤 한다. 이에 의미가 확장되어 간간이 직장에서도 실시하여 인생사 선배와 후배 간의 믿음과 배려의 정을 나누어 공동체의 틀을 다지는 계기로도 작용한다. 최근에는 '친언니 세족식'도 있다는 소식도 듣게 되어 당사자의

1장 『기본이 튼튼한』 주민자치(위원)회는 어떻게 만드나   101

웃음소리가 귓가에 들리는 듯해서 기분도 좋다.

이런 희생의 대명사인 세족식을 한 번 해보시라며 강의하면서 말하면 슬쩍 웃는 사람도 있고 "에이, 어떻게 남의 발을 씻겨주어요"라고 말하는 이도 있다. 서로 손을 잡으면서 악수도 하는데 왜 발은 안 만지려고 할까. 손으로 발을 만진다는 것 자체가 희생이기도 하지만 또 다른 배려와 경청이기도 하지 않을까. 마음 가는데 행동이 따른다는 말이 있다. 마음을 움직여야 행동도 따라온다는 얘기다. 주민자치는 명사나 형용사가 아니라 동사(動詞)여야 한다. 그 동사는 안 하겠다가 아니라 하겠다는 실천이어야 하지 않을까. 신규 자치위원의 발을 고참 자치위원이 씻겨주다 보면 느끼는 게 많다. 새로 들어오는 이에게는 엄숙함과 자치위원으로서의 무거움을 느끼게 되어 공과 사의 구분을 해야 하는 공무수행 사인으로서의 인식을 하게 되는 계기가 된다. 씻겨주는 고참의 입장에서는 솔선수범을 함으로써 고참의 무게를 새롭게 다듬을 수 있다.

전북 진안군 부귀면 주민자치위원회를 잠깐 소개한다. 부귀면은 인구 삼천 명이 채 안 되는 지역이다. 자치활동과 관련해서는 열악하기 짝이 없다. 군청에서는 주민자치와 관련한 공모사업이 없다. 전북도청에서도 없다. 그래도 주저앉지 않고 2020년에는 외부 공모사업에 2회나 응모했지만 다 떨어졌다. 그럼에도 불구하고 2019과 마찬가지로 2020년에도 전국주민자치박람회에 공모신청서를 제출했다. 2019년에는 전북에서 유일하게 서류심사인 1차 심사만 통과하고 인터뷰 심사인 2차에서 탈락했다. 결국 2020년에도 서류심사만 통과했다. 그래도 대단하지 않은가. 무슨 연유로 2019년과 2020년에도 서류심사를 통과했을까. 부귀면이 잘하는 게 몇 가지가 있다.

재정면으로는 군청에서 지원되는 것은 무료로 운영하는 프로그램이
기에 강사수당을 지원해준다. 이외에 공공요금, 운영물품 구입비와 회
의참석수당 등 연간 5,000만 원 내외를 지원하고 있다. 이런 실정이라
자체사업을 하려면 외부공모사업으로 일부를 충당해야 하지만 주민자
치위원회 명칭으로 도전하는 것은 여간 어려운 게 아니다. 결국 만만한
게 회비인데 회비 또한 화수분이 아니므로 한계가 있다. 그래도 매년
자체사업을 여러 개 하면서 회비로 충당하고 있다. 2019년 10월에는 겁
도 없이 회비로 마을신문 '부귀사람'을 만들었다. 2백만 원이 들었는데
2회까지 회비로 발간하였으며 군청에서도 25명의 자치위원들이 열심
히 지역공동체를 일궈가고 있다는 걸 알고는 3회부터 예산지원을 하고
있다. 울어야 젖을 주고 지성이면 감천이라는 것을 체험하였다. 마음을
하나로 모아서 주민에게 더욱 다가가고 있다.

　운영면으로는 면(面) 지역이라 삼천 명이 채 안 되는 인구에도 불구
하고 주민의 문화욕구를 충족시키기 위하여 야간 프로그램을 운영하고
있다. 야간 프로그램을 운영하다보니 시설관리까지 한다. 위원장 등 임
원 몇 명이 지문등록을 해서 자치센터의 출입 관리를 스스로 하고 있으
니 대단하지 않은가. 이는 나중에 주민자치회로 전환할 때 군청 또는
면사무소와의 위탁계약 1호로 예정하고 있어서 하루빨리 주민자치회로
의 전환을 기다리고 있다는 것이다. 관내 거석생태공원 안에 장미화단
만들기와 잡초 제거하기 및 주변 쓰레기 줍기 등을 실시하여 주민에게
즐거움을 주고 있는데 2018년부터 시작했다. 매년 4백만 원 정도의 인
건비를 받아서 자체사업에 알뜰하게 사용하는 효자사업이다. 물론 주
민자치회로 전환하게 되면 위탁계약 2호로 예정되어 있다. 이런 몸부

림 또는 간절함이 배어 있는 것 말고도 다른 주민자치(위원)회에 울림을 주고 있는 것이 있다. 아직 완전히 정착하지는 않고 있지만 스스로 안건 마련하는 분과회의 실시와 자치위원 1인당 주민자치 관련 도서를 1권씩 대여하는 '자치문고' 운영을 비롯하여 자치위원 9명이 1차로 참여한 '장기·인체조직 기증희망자 등록신청'과 '자치위원 자치시험' 실시는 전국 최초의 기록도 가지고 있으며, 신규 자치위원 선서 등이 의미 있는 자치활동으로 인정받고 있다.

타의 모범을 보이고 있는 부귀면이건만 세족식만큼은 아직 실시하지 못하고 있다. 지역이 농업 위주의 시골이다 보니까 보수적인 경향이 많아서 그런 게 아닌가 짐작하는데 앞서가는 주민자치위원회답게 계속 앞장서기를 바란다. '자치위원 세족식'을 먼저 실시해서 해마다 가정의 달인 5월에는 '가족 세족식'까지 범위를 확대해야 한다. '내 새끼(자녀) 일 년에 발 한 번 씻겨주고 내 부모도 발 씻겨주자'는데 이의를 달 사람이 있을까. 내친김에 사진 공모전도 곁들이면 더욱 좋다. 사진공개를 원칙으로 하여 공모전 개최로 우수사진을 문화상품권 등으로 시상하고 마을신문이나 지역신문에서 기사로 나와 있는 마을은 왠지 믿음이 간다. 그것이 주민자치의 참 멋이고 참 맛이 아닐까. 그렇게 전국으로 확산시켜야 한다. 전국의 어느 읍면동 주민자치(위원)회에서 이 글을 읽고 먼저 실시해도 좋겠다. 이런 것이 전국 확산사례다. 아울러 부귀면도 '전국 최초'의 타이틀을 2개나 가지고 있다고 굳이 남에게 양보할 필요는 없다고 본다. 생각주머니를 확장시켜서 자치위원의 집단지성을 발휘한다면 아직도 발견되지 않은 또 다른 진흙 속의 진주도 캘 수 있으리라 여긴다.

12. 주민자치(위원)회에 있어야 할 기본서류

    이런 제목에 "그것은 당연히 있어야 할 서류가 아닌가"라고 말하는 곳이 많으면 좋겠다. 실상은 너무 처참하다. 전임자도 안 만들었는데 내가 구태여 만들 필요 없다고 생각하는 위원장이나 간사를 자주 만난다. (주민자치회는 전환되었기에 대충은 갖추고 있다.)

    먼저 갖춰야 할 기본서류 목록을 살펴보자. 상정안건 관리대장을 비롯해서 문서등록대장, 교육관리대장, 공문 접수대장, 보도자료 대장, 회의록이 기본서류이다. 존재 여부에 따라서 위상이 달라진다. 있다면 기본이 갖춰진 것으로 평가를 받으며, 없다면 상대할 가치마저 없다는 평가를 받아도 할 말이 없게 된다.

    가장 중요한 것은 상정안건 관리대장을 들 수 있다. 매월 개최하는 월례회의에서 안건을 최종적으로 결정한다. 채택과 부결 그리고 보류로 의사표시를 한다. 그런 안건에 대한 가부간의 기록이 온전히 남아 있어야 한다. 이것이 주민자치(위원)회에서 추진하는 각종 사업 또는 활동의 정당성과 관련근거를 제공해준다. 채택된 안건을 바탕으로 사업계획을 작성할 수 있으며, 중간보고나 최종 결과보고서도 작성되는 것이다. 간혹 월례회의에서 안건으로 통과되었으면 됐지 무슨 계획서를 작성하고 중간보고를 하고 결과보고를 하느냐고 따지듯 말하는 분이 있다. 그런 것은 공무원들에게나 필요하지 주민자치(위원)회에는 필요 없다며. 듣는 이는 답답하지만 이해를 한다. 누군가 알려준 사람이 없어서 배우지 않았기 때문이라는 것을. 그래도 꼭 누군가가 가르쳐주기만을 기다리지 말자. 옆 동네의 주민자치(위원)회는 어떻게 하는지 아니면 벤치마킹 가서 자랑하는 설명만 듣지 말고 질문도 해야 한다. 더 궁금하면 당신네 문서도 보여 달라고 요청해야 한다. 비싼 돈 들여서 벤치마킹 가서 왜 본전도 못 뽑고 오나. (벤치마킹 리스트나 작성하는지 모르겠다.)

문서등록대장은 주민자치(위원)회에서 생산한 각종문서와 – 계획서, 중간보고서, 결과보고서, 구입과 지출결의서 등 일체 – 관공서 등 외부에서 온 문서까지 등록시켜야 한다. 업무편의를 위해 관공서에서 온 공문을 별도로 관리한다면 공문 접수대장이라도 있어야 한다. 주민자치(위원)회에서 습관적으로 잘하고 있는 게 하나 있다. 하기만 하면 됐지 무슨 계획서를 작성하느냐고 무시하기다. 했다는 사실만 있지 문서가 없다면 공무수행사인의 자격이 없다. 계획서 등 문서작성은 다음 기회에 논하기로 하고 문서등록대장이 없는 경우에는 구비해야 한다는 것을 기억해야 한다.

교육관리대장은 교육 순번을 정해야 할 필요가 많아서인지 대체로 구비되어 있는 편이다. 간혹 교육 실적이 관리가 제대로 안 되어 빠지는 경우가 있는데 대부분 관할 지역이 아닌 외부 기관에서 개인별로 교육받아 수료한 후 수료증이나 수료결과를 주민자치(위원)회에 문서로 보내지 않은 탓에 발생한다. 교육받은 자치위원이 교육만 받으면 됐지

하면서 교육 수료증을 보여주지도 않고 귀가하기에 그런 것이니 간사나 위원장이 제대로 챙겨줘야 하지만 수료증을 받은 자치위원도 단체 구성원이라는 것을 염두에 두어 수료증을 받을 때에는 알려줘야 한다는 것을 명심해야 한다.

단순한 교육관리이지만 한 가지 거슬리는 게 있다. 전국의 시군구에서는 주민자치 교육을 받을 자치위원 명단을 제출하라는 공문을 읍면동에 보내지만 나중에 교육 받은 자치위원 명단을 해당 지역에 제대로 보내주고 있을까. 안 보내주는 이유는 무얼까. 업무를 제대로 알고 있지 않기 때문이다. 교육 있어서 교육만 받으면 됐다고 생각한다. 교육 실적으로 무엇에 사용하는지 알고 싶지도 않고 구태여 알려고도 안 한다. 교육실적만 잘 관리되어 있으면 읍면동에서는 외부에서 벤치마킹 올 때 종류별 교육에 참여한 실적이 일목요연하게 설명될 수 있다. 전국주민자치박람회에 공모신청서를 제출할 때 교육 실적이 정리될 뿐만 아니라 증빙자료도 관련공문을 첨부한다면 심사위원의 신뢰도도 높일 수 있다. 이후로는 교육 이수자 명단을 통보해야 한다는 것을 기억하기 바란다.

아울러 시군구에서 교육 이수자 명단을 안 보내줄 때는 시군구마다 자치위원장의 모임인 협의회 월례회의에서 건의 또는 이의를 제기하여 시정을 요구해야 한다. 상호 미처 생각하지 못한 것을 건의나 의견교환으로 주민자치도 성장할 수 있는 것이지 침묵으로는 자치가 성장할 수 없다.

마지막으로 보도자료 대장이다. 보도자료는 앞에서도 대략 언급을 했으니 생략하겠으나 업무의 종결은 결과보고가 아니라 결과보고 후에 보도자료 제출로 마감이 된다는 것만 언급하기로 한다. 보도자료는 주민자치(위원)회에서 추진한 각종 행사나 사업에 대한 내용을 신문에 실리기 위해 제출하는 자료이다. 때론 사진을 같이 제출하기도 한다. 일년에 몇 번 정도의 보도자료를 제출하는가. 12건 이하면 전체 자치위원과 주민에 대하여 대단히 죄송한 마음을 가져야 하는 경우다. 양보해도 24건 이상이 정상이다. 12건 이하라고 한다면 일 년간 25명 내지 50명의 자치위원이 땀과 열정을 쏟으며 노력한 결과물을 제대로 외부에 표시하지 않고 묵혔다는 얘기다. 왜 열심히 일한 것을 신문에 실려야 할까. 우선 주민에게 노력한 것을 알려서 지역 활성화를 계속 도모한다는 신호를 보내야 한다. 애향심과 자부심을 불어넣어줄 수 있다. 치적 홍보는 덤이다. 다음으로는 타 지역으로도 확산이 되어 동반성장의 기회를 제공할 수도 있다. 보도자료를 쓰는 이유다. 보도자료 대장이 없는 곳은 이유가 있다. 자치위원장이 관심이 없거나 있어도 능력이 부족한 경우와 아직도 보도자료를 공무원이 써주고 있기 때문이다. 왜 공무원에게 보도자료를 의지하는지 알 수가 없다. 말하는 것은 그리도 잘하면서 글(문서작성)을 쓸 때는 왜 어렵다고 하는지. 벤치마킹 가서 보도자료 대장이 있는지 꼭 확인해볼 것을 권한다. 있으면 벤치마킹을 잘 간 것이고 없다면 갈 필요가 없는데도 간 셈이다.

13. 자치위원 자가 진단표와 유급간사 채용 심사표

　매년 12월은 심사가 어지럽다. 주민자치위원회의 경우에는 매년 12월에 자치위원에 대한 재위촉 여부를 결정해야 한다. 그래야 다음 해에는 해촉된 자치위원의 인원수만큼을 새롭게 선출할 수 있다.

　위촉은 기분 좋은 단어지만 해촉은 당하는 또는 물러나는 사람 입장에서는 유쾌한 기분은 아니다. 때에 따라서는 불쾌하기도 하고 섭섭한 마음도 갖게 된다. 생업에 전념하기 위해서 부득이하게 떠나는 경우라면 그 섭섭한 마음이야 감사패에 담아 다소 위로가 된다. 어느 정도 주민을 위하여 일한 열정과 그 흔적이 있기 때문이기도 하지만 쫓겨난 게 아니라 스스로 물러났기에 위안이 된다. 반면 스스로 물러나지 않고 당하는 해촉은 사정이 다르다. 사유야 여러 가지이겠으나 자치활동 참여도가 다른 자치위원보다 상당히 저조한 것이 대부분이다. 보통은 입회 초반에는 나름 열심히 자치활동에 임하거나 또는 열심히 하는 척이라도 했지만 자치활동은 단거리 경주가 아니라 장거리 경주인 탓에 오랫동안 열심히 하기가 힘들기 때문이다. 애초에 첫 단추를 잘못 꿴 것이 원인일 것이다. 생업에 전념하는 것만도 많은 신경을 써야 하거나 가입한 봉사단체가 하나나 둘 정도로 적어야 하지만 슬쩍 주민자치(위원)

회에 입회하면 약간의 혜택이나 이득을 받을 수 있다는 제 나름의 선견지명(?)을 발휘하여 우여곡절 끝에 무사히 입회에 성공하여 몇 개월은 50% 이상의 참여율로 간신히 때웠으나 분과회의를 비롯하여 월례회의와 자치행사 참여 그리고 자치교육까지 받으려니 불참이 잦아지게 되어 결국은 더 이상 미안해서 다니지 못하게 되는 경우가 많아 자치위원에게 노출되는 경우가 다반사다. 이는 남아 있는 자치위원이나 떠나는 이 모두에게 불행한 일이다. 당초 입회를 안 했으면 쓸데없는 시간투자를 안 해도 되었을 테고 오래도록 자치활동을 할 사람에게 돌아갈 기회를 상당기간 묵혀둔 결과를 초래한다. 일할 사람이 들어와야지 대접받을 사람이 들어온 탓에 시행착오라는 단어로만 치부하기에는 상처 또한 너무 깊다.

이렇게 남의 자리에 앉는 것 대신 제 자리 찾기 위하여 다음의 자치위원 자가 진단표를 활용한다면 부질없는 시간낭비를 막아서 좋고 주민자치(위원)회도 대접받을 사람이 아닌 일할 사람을 계속 확보하게 되어 중단 없는 '주민의 삶의 질 향상'을 도모할 수 있으리라 본다.

자치위원 자가 진단표

(　읍·면·동)

연번	진단분야	배점	진단항목		득점	비고
계		100				
1	연간 독서량	15	• 1권도 안 읽음		0	
			• 4권 정도 읽음		10	
			• 12권 이상 읽음		15	
2	신문 구독	5	• 아예 구독 안 함		0	
			• 인터넷으로 일부 구독함		3	
			• 인터넷과 종이신문 구독함		5	
3	주민자치 조례와 시행규칙	5	• 연간 한 번도 안 읽음		0	
			• 2~3회 보고 있음		3	
			• 3회 이상 보고 있음		5	
4	단체 중복가입 여부	5	• 3개 이상 단체 가입하고 있음		1	당연직은 제외 (1개로 봄)
			• 주민자치(위원)회 포함 2개		3	
			• 주민자치(위원)회만 가입함		5	
5	마일리지 참여도	25	• 분과회의	항상 불참	0	
				3개월에 1회 참석	1	
				2개월에 1회 참석	3	
				매월 참석과 발언	10	
			• 월례회의	간혹 불참	3	
				거의 100% 참석	5	
			• 자치행사	간혹 불참	3	
				거의 100% 참석	5	
			• 자치교육	간혹 불참	3	
				자주 참석	5	
6	운영 프로그램 내용 파악	5	• 프로그램 일부만 알고 있음		1	
			• 프로그램 전체를 알고 있으나 운영일시는 모름		3	
			• 프로그램과 운영일시를 앎		5	
7	분과사업 파악	10	• 일부만 알고 있음		5	
			• 전체 알고 있음		7	
			• 전체 알고 있으며, 설명 가능		10	

8	(자치)위원회 사업 파악	10	• 일부만 알고 있음	5	
			• 전체 알고 있음	7	
			• 전체 알고 있으며, 설명 가능	10	
9	이메일 사용	5	• 사용 못함	0	
			• 사용하나 저장 등 자료관리 못함	3	
			• 사용하며 저장 등 자료 관리함	5	
10	간단한 문서 작성 (컴퓨터에서)	15	• 작성 못함	0	
			• 자녀 등에게 배우고 있음	5	
			• 간단한 문서 작성함	10	
			• 계획 · 보고서, 자료관리 가능함	15	

진단결과 점수를 얼마나 받았는지 확인해보면 받은 점수가 어떤 평가를 받는 것인지 궁금할 것 같다. 100점 받기는 정말 어렵다. 나이도 있어서 기억에 한계가 있다. 특히 운영하는 프로그램별 정확한 장소는 알아도 시간은 암기하기가 어렵기 때문이다. 다 나이 탓이라고 위안하면서 점수대별로 확인해보자.

진단결과 85점에서 100점까지의 구간이라면 아주 우수한 상(上)의 성적이다. 대략 간사나 위원장(또는 자치회장)이 받았을 것이다. 간혹 의욕 있는 분과장도 있겠다. 61점에서 84점은 보통인 중(中)의 성적이다. 대부분의 자치위원과 이제 막 분과장이 된 경우에 해당할 것 같다. 중간이어서 안심하지는 말고 조금 더 분발해야 한다. 이 점수대의 자치위원이라면 대략 신참을 지나 중참 대열에 속한 레벨이므로 조만간 고참 대열에 진입하게 된다. 가위, 바위, 보로 고참이 된 거냐는 말을 들을 수는 없지 않을까. 부족한 항목에 대한 성찰과 실천이 요구된다. 다음 60점 이하인 하(下)의 성적을 받은 경우에는 심각하다. 어떻게 주민자치(위원)회의 입회를 통과했는지 그리고 왜 지금도 남아있는지 걱정된다. 단체에 입회하면 그만큼의 시간을 투자해야 하고 실천도 필요하다. 그런 노력이 무위(無爲)로 돌아갈 것만 같다. 더욱 분발해서 투자에 대한 보람을 거두어야 한다. 보람과 긍지 그리고 자부심은 주민의 삶의 질 향상을 위하여 노력을 아끼지 않는 자치위원의 몫이니까.

여기에 덧붙이고자 한다. 이런 진단분야를 볼 때 느끼는 게 있어야 한다. 예를 들어 사람의 몸으로 비유하면 머리(뇌)에 해당하는 자치위원장이나 간사를 뽑을 때 성실과 능력 그리고 학습하는 자세를 가진 사람을 선출해야 주민자치(위원)회라는 배의 안전하고 보람 있는 항해가 가능하다는 것이다. 학연이나 혈연 그리고 지연에 얽매여서 선출한다면 모든 게 말짱 도루묵이 된다. 그런 것을 이미 다 알고 있는데도 매년 속앓이 하는 곳을 자주 보고 듣게 된다. 심지어 갑질의 주인공으로 회자되기까지 하는 경우도 있다. 무슨 배짱으로 그렇게 하는가. 뽑을 때는 두 눈 부릅뜨고 역량을 기준으로 뽑아야 한다. 특히 간사는 각 분과에서 올라온 계획서나 결과보고서를 취합하면서 주민자치(위원)위원회의 최종 문서로 만들어야 하기 때문에 위원장의 고유 지명권이라 하여도 아무나 간사로 해서는 안 된다.

분과장은 허리에 해당한다. 허리가 부실하면 몸이 부자연스럽고 어딘지 환자처럼 보인다. 분과장의 역할은 무엇인가. 매년 제 분과의 분과 운영계획서를 작성해야 한다. 그것뿐인가. 분과에 해당하는 사업에 대하여 각종 계획서와 중간보고서 그리고 최종 결과보고서를 작성할 능력이 있어야 한다. 때로는 분과에서 확정한 상정안건을 전체 자치위원이 참석하는 월례회의에서 발표하여 설득과 조정할 능력도 요구된다. 이런 능력은 죄다 무시하고 누구와 친하니까, 지역에 오래 살았으니까, 한 번 해보는 게 소원이라니까 등의 사유로 분과장을 한다면 어찌 되겠는가. 어느 주민자치(위원)회가 전국주민자치박람회에서 4년간 네 번이나 본선진출하여 장려상이나 우수상을 받았지만 어느 해부터는 공모신청서도 못 내거나 제출해도 탈락하는 경우가 생겼다면 인적구성이 문제인 것이 대부분이다. 손과 발에 해당하는 일반 자치위원과 허리 역할을 하는 분과장 그리고 머리 역할을 수행하는 간사와 위원장은 "내가 이 자리에 앉아있는 게 맞는 것인가" 항시 자문자답을 해야 한다. 내 자리가 아니라고 판단이 되면 당연히 물러나야 한다. 그래야 발전이 있다. 어느 한 사람을 위한 자리가 아니라 전체 자치위원을 위한 자리이자 주민을 위한 자리인 까닭이다.

주민자치(위원)회의 기둥 역할을 하는 이가 유급간사다. 지역에 따라서는 사무국장이라고도 한다. 프로그램 운영까지 담당하는 곳도 있으나 경기도 남양주시 같은 경우에는 프로그램 운영은 사무국장 밑에 있는 행정실장이 담당하고 사무국장은 각 분과에서 올라온 안건이나 계획서를 다루면서 전체 위원회를 총괄하는 행사와 계획서 및 보고서 등의 문서작성 등을 담당한다. 이런 허리 이상의 역할을 수행하는 유급간사를 채용할 때는 '일 배우러 오는 사람'을 채용하는 게 아니라 '실력을 발휘할 사람'을 채용해야 한다는 것을 알고 있으면서도 제대로 실천하는 곳이 드물다. 또 혈연과 학연 그리고 지연을 끝까지 물고 늘어진다. 누구랑 친하니까, 배우면서 해도 되잖아, 누가 추천했으니까. 듣다 보면 분노가 치민다. 아직까지도 이 모양인가. 아무리 양보해도 기본실력은 있어야 한다. 최소한 컴퓨터로 문서작성이 가능해야 하며, 이메일 사용과 자료관리 하는 것은 필수다. 다음의 유급간사 채용 심사표를 참고하여 지역 여건에 맞게 가감해서 사용하면 좋겠다. 꼭 체크할 것은 자격이 되는지 그리고 회의나 행사에 참여할 수 있는지는 면접에서 확인해야 한다. 회의나 행사는 유급간사의 근무시간 외에도 자주 있기 때문이다.

유급간사 채용 심사표

(읍·면·동)

연번	진단분야	배점	진단항목		득점	비고
계		100				
1	거주지역	10	• 우리 지역 거주자임		10	
			• 우리 지역 거주자 아님		5	
2	거주기간	10	• 1년 미만		3	
			• 1 ~ 3년		5	
			• 3년 이상		10	
3	자치위원 여부	10	• 자치위원임		0	
			• 자치위원이 아님		10	
4	주민자치 이해도	5	• 프로그램 운영만 알고 있음		2	
			• 자치활동을 약간 알고 있음		3	
			• 시군구 홈페이지에서 주민자치 관련 조례를 읽어 봤음		5	
5	연간 독서량	10	• 1권도 안 읽음		0	
			• 4권 정도 읽음		5	
			• 12권 이상 읽음		10	
6	신문 구독	5	• 아예 구독 안 함		0	
			• 인터넷으로 일부 구독함		3	
			• 인터넷과 종이신문 구독함		5	
7	이메일 사용	10	• 사용 못함		0	
			• 사용하나 저장 등 자료관리 못함		3	
			• 사용하며 저장 등 자료 관리함		10	
8	컴퓨터 문서작성	20	• 간단한 문서만 작성함		10	
			• 워드, 엑셀, 파워포인트 가능		15	
			• 컴퓨터 관련 자격증도 있음		20	
9	마일리지 참여도	20	• 분과회의	항상 불참	0	
				2개월에 1회 참석	1	
				매월 참석 가능	5	
			• 월례회의	간혹 불참	1	
				거의 100% 참석	5	

• 자치행사	간혹 불참	1
	거의 100% 참석	5
• 자치교육	간혹 불참	3
	거의 100% 참석	5

유급간사 채용 심사에서 주의할 점이 있다. 주민자치에 대한 이해도가 배점이 적은 것은 문서작성 능력이 있다고 주민자치에 대한 이해도도 당연히 있는 것은 아니기 때문으로 차차 배워도 된다는 것이다. 독서량은 그 사람의 지식 내지 지혜를 알 수 있는 한 가지 방법이기도 하지만 책을 읽는다는 것은 "왜(WHY) 그럴까"가 생활화 되어 있어서 사고의 유연성이 있다는 것이다. 가장 고민해야 할 것은 자치위원이 유급간사에 지원했을 때 지원을 허락해야 하는지 여부다. 원칙적으로 보면 공사(公私)를 구분하듯 허락을 안 하는 게 좋다. 겪었던 일이다. 행정팀장으로 있으면서 처음으로 유급간사를 두는데 자치위원이 지원했다. 처음 시행하는 것이기도 하고 재정이 넉넉하지 않아 4시간 근무조건이었다. 어느 정도 컴퓨터를 알고 있어서 채용했다. 처음에는 근무시간을 잘 지키다가 자치위원 견학이나 행사 또는 회의가 있다고 참여하고는 오늘 4시간 넘게 자치활동을 했다고 퇴근하려고 하기에 그건 그거고 근무는 안 했으니 마저 하고 가라고 했더니 입이 나왔다. 융통성도 없냐고, 너무 빡빡한 것 아니냐고. 이후 그런 행사 등으로 참여하게 될 때마다 하루 4시간 근무조건을 슬슬 무력화시키려는 시도로 자주 싫은 소리를 하곤 했다. 몇 개월 지나서는 자치위원 역할에만 전념하겠다고 약속을 받고 결국 그 약속은 이행되었으나 그 이후로는 자치위원은 아예 신청을 받지 않았다. 지역에 따라서는 시간제를 택하는 경우도 있겠고 하루 8시간을 근무하는 종일제도 있다. 아직도 자치위원이 유급간사 역할을 하는 곳과 아닌 곳도 있겠지만 유급간사의 경우에는 자치위원의 지원 가능 여부는 신중하게 접근해야 한다.

유급간사를 두는 경우 명칭도 다양하다. 주민자치회는 간사 대신 사무국장이라는 직함을 쓰는데 이는 해당 지역의 조례에 따른 것이 대부분이다. 조례와 재정지원에 따른 간사 또는 사무국장에 대해서는 해당 시군구가 판단할 일이지만 주민자치위원회에서의 유급간사에 대한 명칭을 자원봉사자로 표기하는 경우에는 그 자원봉사자에 대한 예우가 다소 부실한 편이다. 하루 4시간 근무인데 은근슬쩍 8시간의 근무까지도 내비치면서 반대급부로 지급하는 금전은 대략 30만원 안팎인 경우도 있다. 하루 4시간 이상이고 주 5일 근무하면서 마을축제 등의 행사가 있는 주말에는 무언의 압박을 받아 무급으로 근무하는 경우도 자주 있다. 2021년 고용노동부 시급(時給)은 8,720원이다. 단순하게 계산해도 하루 4시간, 주 5일이면(8,720원×4시간×5일×4주) 월 급여는 697,600원이다. 40만 원 가량을 적게 주고 있는 것이다. 최소한 고용노동부의 시급은 지켜줘야 한다. 지역에 따라서는 고용노동부의 시급보다 조금 더 상향하는 생활임금제를 시행하는 곳도 있다. 자원봉사자라는 보기 좋은 명칭으로 고용노동부의 시급보다 더 적은 금전을 지급하면서 더 많은 희생을 강요하면 요행히 근무해주는 자원봉사자가 있을 때만 정상적인 운영이 가능하다. 만약 현재의 자원봉사자가 이사를 간다거나 더 많은 급여를 주는 곳으로 가게 되어 후임자를 구하지 못하게 된다면 어찌 할 것인가. 이젠 먹고살기 어려운 시대가 아니어서 간혹 순수한 자원봉사자가 아예 교통비조차 필요 없다고 하는 경우도 있겠으나 자주 있는 사례가 아니다.

마침 2020년 4월에 시행된 행정안전부의 2020년도 주민자치회 표준조례 개정 안내서에 따르면 기존에 자원봉사자에게 지급하던 실비와 수당 대신 수당은 삭제하고 실비만 지급한다고 규정하고 있다. 자원봉사활동 기본법에 규정된 자원봉사의 기본방향과 일치성을 제고할 목적이며, 자원봉사활동은 말 그대로 무보수성, 자발성, 공익성, 비영리성, 비종파성의 원칙으로 수행되어야 하기 때문이다. 자원봉사자라는 단어를 이제는 함부로 쓰면 안 되는 이유다. 그래도 쓰던 단어이자 명칭이기에 계속 사용한다면 순수한 자원봉사자에 대하여 찬물을 끼얹는 행위다. 현재 자원봉사자라는 명칭으로 근무하는 사람에게 사실과 진실로 만나서 정리를 해야 한다. 받았던 수당은 이제 못 주고 실비만 주게 되었는데 계속 자원봉사활동을 할 수 있는지 여부를. 아니면 고용노동부의 시급이나 생활임금을 적용하는 게 맞다. 내 아내면 잘 부탁한다고 말하면서 남의 아내이니까 자원봉사자라는 명칭을 붙여주고 혹사(?)시킨다면 주민의 삶의 질 향상을 위해 참 봉사를 하는 주민자치(위원)회라고 할 수 없다. 자원봉사자에 대한 '실비'는 법제처나 고용노동부에 질의하여 회신을 받아야 정확한 정의를 알 수 있겠으나 통상 실비라고 한다면 교통비와 식비를 말한다고 보면 된다.

기존처럼 자원봉사자에게 주던 수당은 없어지고 실비만 준다면 자원봉사를 하겠다는 지원자가 있냐고 항변할는지 모르겠다. 누구나 알고 있는 사례가 있다. 적십자에서 봉사활동을 하는 분들이 그들이다. 봉사활동도 멋지게 한다. 지회에서 마을로 봉사활동 할 때 수혜자 가정에까지 방문해서 직접 전해준다. 슬쩍 주민센터에 갖다주고 수혜자에게 전달을 부탁할 수도 있으련만 그렇게 하지를 않는다. 요즘 주민자치(위원)회에서 마을신문 또는 마을소식지를 만드는 곳이 늘고 있다. 그 마을신문 만드는 분들에게는 교통비를 줄지언정 수당은 없는 걸로 알고 있다. 3개월에 한 번씩 발간할 때 2개월마다 신문 만드는 작업을 한다. 지면계획 세우기, 기자별 역할분담하기, 인터뷰 따기, 자료 확인, 초고에서 퇴고까지 신문 나오기 전의 작업에 시간 가는 줄 모르고 참 봉사를 한다. 신문 나오면 이젠 배달까지 담당한다. 수당도 없는데 왜 할까. 물어보면 신문 만드는 게 즐거워서 한다고 말한다. 내가 즐거워서 하는데 수당이나 교통비 같은 것은 신경도 안 쓴다. 그런 참 봉사자가 하나씩 생기고 있다. 서로 연결이 안 되고 있어서 만남이 지연될 뿐이다.

첫술에 배부를 수는 없지만 '기본이 튼튼한 주민자치(위원)회는 어떻게 만드나'의 1장을 읽으면서 많은 것을 느꼈으리라 본다. 평소에 궁금했지만 물어볼 사람이 없었던 경우와 이런 것이 주민자치라는 것도 알았을 때 비로소 뿌연 안경이 환한 안경이 되는 느낌을 말이다.

복습하는 의미로 다시 말하면 주민자치는 스스로 고민하고 고뇌하면서 스스로 해결해나가는 과정이다. 옆에 누군가 있어 길잡이 역할을 해준다면 비록 안 가본 초행길이어도 크게 고생을 안 한다. 공동체라는 단어는 사전에만 있어야 하는 것은 아니다. 아예 실생활로 내려와야 한다. 혼자 점잖은 척, 유식한 척, 고매한 척 해서는 안 된다. 배움의 목적이 나 혼자 잘 먹고 잘 살기 위한 것이 아니라 함께 학습하여 남에게 주어 같이 잘 살자는 것이 목적이어야 한다. 그 긴 여정의 끝이 '주민의 삶의 질 향상'이다. 이런 지상명령 앞에서 학연, 혈연, 지역 같은 구태는 하루빨리 던져버려야 한다. 그런 결정은 어떻게 내릴 수 있나. 책과 신문에 다가가는 학습의 자세와 소수 엘리트 위주가 아닌 집단지성의 발휘로만 가능하다. 자치위원은 공무원을 뛰어넘는 경쟁률을 뚫고 주민자치(위원)회에 입회한 사람들이다. 게다가 생업에 종사하지만 각자의 분야에서는 베테랑이요 전문가다. 단지 부족한 것은 스스로 안건을 마련하고 스스로 문서작성이 가능해야 하는 단체이나 책과 문서작성에서 손을 놓은 기간이 오래되어 본의 아니게 공무원에게 의지하고 있을 뿐이다. 이제 어떻게 하면 공무원에게 의지하지도 않고 탓하지도 않는 자치위원이 되는지를 알았다. 알았으니 실천만 하면 된다. 현재는 공무원에게 의지하는 관치(官治)에서 의지하는 것을 끊는 자치(自治)로의 전환기인 과도기라 잠시 공무원에게 의지하고 있지만 1년 또는 2년 안에는 공무원으로부터 졸업해야 한다. 1장에서는 기본에 대한 여러 가지 스킬을 제시하였다. 100% 실천이 가능할지는 모르겠다. 거북이와 토끼의 경주나 천리 길도 한 걸음부터라는 말이 있듯이 우직하게 앞만 보고 간다면 목적지인 자치마을에 도달하는 것은 어렵지 않을 것이다.

2장에서는 주민과 함께하는 주민자치(위원)회 만들기를 다룬다. 어떻게 하면 주민과 함께할 수 있을까. 평소에도 주민과 함께하기에 어려운 내용은 없다. 곰곰이 생각해야 할 것으로는 "왜 그래야 하나"와 "왜 그런 생각은 안 했지" 등으로 생각의 폭을 넓히면 더 많이 보인다는 것을 공감하게 될 것 같다. 보고 싶은 것만 보던 습관을 바꿔보자.

2

『주민과 함께하는』
주민자치(위원)회 만들기

1. 연도별 주민자치센터 프로그램 운영계획 수립

　매년 기본적으로 작성할 계획서가 있다. 정상적인 주민자치(위원)회라면 2가지는 기본이다. 주민자치센터 운영계획과 주민자치센터 프로그램 운영계획이다. 주민자치센터 운영계획서를 주민자치담당 공무원이 작성해주고 있다면 주민자치센터 프로그램 운영계획도 담당 공무원이 대서(代書)해주고 있을 것 같다. 공무원이 작성해주어 편해서 좋다고 말한다면 더 이상 할 말은 없다. 그냥 그렇게 지내라는 말밖에는. 그래도 최근에는 의식 있는 주민자치위원장이나 자치회장이 늘고 있어 그간 공무원이 해주던 것을 하나씩 가져오고 있다. 특히 주민자치회로 전환된 곳에서는 자치의식이 싹터서 관치(官治)와 자치(自治)의 구분을 새롭게 하는 움직임이 일고 있다.

　주민자치센터 프로그램 운영계획서는 프로그램 운영을 담당하는 분과장이 작성하는 게 가장 바람직하다. 다소 실력이 미흡하여 간사에게 의지한다면 그 기간은 짧아야 한다. 계획을 수립하는 시기는 매년 작성해야 하므로 10월에는 확정되는 게 좋다. 내년도 계획을 확정짓는다는 것은 신설 프로그램 운영도 반영되어 있어야 하기에 미리 신설 프로그램을 희망하는 주민의 문화욕구에 대한 설문조사까지 마쳐야 한다는 것을 의미한다. 설문조사는 다시 언급하기로 하고 여기에서는 프로그램 운영에 집중하고자 한다.

프로그램 운영의 3가지 원칙이 있다. 보편적인 프로그램 운영하기, 민간부문 침범의 최소화, 수익자 부담의 원칙을 말한다. 프로그램을 운영할 때는 항상 지킬 수 있도록 노력해야 한다.

첫째, 보편적인 프로그램 운영하기

주민자치센터에서 운영하는 프로그램의 개수는 대략 10개 내외이다. 프로그램이 많은 지역으로는 경기도 남양주시에는 호평동, 평내동, 진접읍 등이 70개 내외로 다양한 프로그램으로 주민에게 다가가 문화욕구를 충족하고 있다. 인천광역시 연수구 송도2동은 100개가 넘으며, 전국에서 가장 많은 프로그램을 운영하고 있는 것으로 알려졌다. 10개 내외이건 100개가 넘건 간에 기초나 일반과정만 운영하면 되는 것이지 고급 내지는 심화반까지는 운영하면 안 된다는 것이다. 주민이 자치센터에 오는 이유는 3가지다. 동네에 있어서 가깝고 수강료가 저렴하며 강의내용도 알차고 좋다는 평가를 받고 있기 때문이다. 더욱이 배우려는 수강생이 해당 프로그램에 대하여 거의 문외한이라 선뜻 일반교습소로 직행하기가 쉽지 않다. 초짜라 무시당하는 것은 아닌지 잘 모르는 내용을 질문하면 다들 이해하는데 나만 이해를 못하는 게 아닌지 등의 우려가 있어서다. 그런 연유로 자치센터에서는 초급이나 중급까지만 진행하고 고급반은 일반교습소에서 배우게 해야 한다.

둘째, 민간부문 침범 최소화

주민센터 건너편에서 헬스장이 운영되고 있는데 주민자치(위원)회에서 다음 달부터 주민편의를 위하여 자치센터에서도 헬스장을 운영하겠다면 좋은 생각은 아니다. 외부의 헬스장은 사익을 추구하는 곳이고 자치센터는 공익을 추구하는 곳이다. 아무리 주민편의를 위한다고 해서 사익을 추구하는 민간부문과의 무한경쟁으로 민간부문을 침범한다면 공익을 추구하는 자치위원의 자세라고는 볼 수 없다. 읍이나 면 지역인데 헬스장이 없는 경우에는 운영해도 되지만 대도시의 동(洞)인 경우에는 민간부문과의 마찰은 최소화해야 마땅하다.

셋째, 수익자 부담의 원칙 준수

프로그램을 운영하면서 무료로 하지 말라는 것이다. 프로그램을 배우는 수강생은 배움 자체에서 혜택을 본다. 혜택을 보니까 반대급부로 수강료를 받아야 한다는 것이다. 이 경우 대부분의 동(洞) 지역은 수익자 부담의 원칙을 잘 지키고 있으나 유독 읍(邑)과 면(面) 지역의 많은 곳에서는 지금도 무료로 운영하고 있다. 이유는 의외로 간단하다. 유료로 하면 주민이 안 온다는 것이다. 유료로 해봐서 하는 말인지 아니면 지레짐작하여 하는 말인지 알 수 없지만 주민을 너무 무시하는 말이다. 요즘 세상에 무료이면 배우고 유료이면 안 배운다는 주장인데 그러면 많은 주민이 공짜만 좋아한다는 말인가. 주민이 그렇게 얌체고 영악할까. 그렇다면 읍과 면에 사는 주민은 공짜를 좋아하는 얌체고 영악한 사람들로 치부해도 좋다는 말로 들려서 답답하다. 한번 유료로 해보고 나서 그런 말을 했으면 좋겠다. 혹시 오랫동안 무료로 운영한 탓에 유료로 하기가 엄두도 나지 않는다면 대도시의 동(洞) 지역 말고 읍면인데도 불구하고 수강료를 받는 곳을 벤치마킹할 것을 권한다.

〈바람직한 프로그램 운영비율〉
전시 프로그램 : 공연 프로그램 : 인문학 프로그램 = 4.5 : 4.5 : 1

프로그램을 구분할 때 여러 가지 방법으로 구분하겠으나 내용별로 보면 전시 프로그램과 공연 프로그램 그리고 인문학 프로그램으로 구분할 때 각각의 비율은 어떻게 하면 좋을까. 4:4:2의 비율은 가장 이상적이라 하겠으나 현실성이 없다. 신설을 희망하는 프로그램에 대한 설문조사를 제대로 한다면 4.5:4.5:1이 아닐까 싶다.

강의나 컨설팅할 때 해당 주민자치(위원)회의 프로그램 수강생 모집 안내문을 먼저 본다. 대부분 10개 내외인데도 불구하고 벨리댄스, 에어로빅, 난타, 풍물, 기타, 민요, 노래, 가야금 등 공연 위주인 경우가 많으며, 간혹 서예, 민화, 수채화, 유화, 캘리그라피 등의 전시 프로그램을 곁들이는 곳은 있지만 글쓰기, 시조, 시창작 교실 등의 인문학은 찾아보기가 힘들다. "공연 프로그램이 많고 전시는 조금 있지만 인문학 프로그램은 아예 없는데, 왜 그래요?" 라고 물으면 답변이 없다. "하던 대로만 하고 있어서…" 겨우 나오는 대답이다. 말하는 이나 듣는 이나 모두 난감하다. 프로그램을 운영하면서 프로그램에 대한 진단도 없었고 어떻게 운영해야 하는지 고민도 안 한다. 목구멍 저 속에서는 말하지 못한 말이 있다. "저러려고 자치위원 하나?" 프로그램을 운영할 때 설문조사를 안 한 탓이 크다. 그냥 프로그램만 운영하고 있으면 되는 줄 안다. 왜 운영하는지. 분야가 고르게 있는지. 때로는 야간 프로그램과 주말 프로그램은 왜 없는지 등도 고민해야 한다. 아무리 읍이나 면 지역의 주민이라고 해도 공연 프로그램 운영만 좋아할까.

프로그램 운영계획서 작성과 프로그램 운영의 기본원칙을 이해하였다면 궁금한 것이 하나 있을 것이다. 소프트웨어는 어느 정도 마련하였지만 하드웨어는 어떻게 운영해야 하는 것이 정상일까. 대부분 자치센터가 주민센터에 공간을 일부 차지하였으니 수강생 출입과 관련해서 시설물 관리를 예전처럼 공무원에게 의지하는 게 좋지 않을까. 자치위원이 그래야 덜 고생하니까. 보통은 이렇게 운영한다. 자치센터는 자치위원이 관리하는 게 정상이고 원칙이라는 생각은 도통 안 한다. 아예 하려고 하지도 않는 것이 관행이다. "그거 좀 이상하지 않냐"고 물어보면 조용히 하란다. 불리할 때는 조용히 하고 유리할 때는 큰소리로 하는 게 생활습관이라고 하지만 자치활동에서는 계속 관치로 남아있겠다는 얘기로 들린다. 그게 편하다며. 그렇게 생각한다면, 더 편한 것을 알려주고 싶다. 자치위원 안 하면 더 생각할 것도 없고 고민할 것도 없다는 말을. 출입구가 한 개여서 수강생이나 외부인 통제가 어려운 경우라면 청사관리 주체인 공무원이 시설관리를 담당하는 게 원칙이지만 출입구가 2개 이상인 경우에는 자치센터의 시설관리는 주민자치(위원)회에서 하는 게 도리이며, 권리이자 의무다. 우리 집 가계부는 우리 집에서 작성하는 것이지 윗집 아저씨나 옆집 아주머니에게 써달라고 하지 않는 것처럼 이젠 생각하고 검토하고 고민해야 한다. 대체로 시골이라고 생각하는 전북 진안군 부귀면 주민자치위원회가 있다. 야간 프로그램도 몇 개 있다. 공무원에게 야간 프로그램 끝날 때까지 시설관리를 부탁한다는 것이 자치는 아닌 것 같다는 의견을 모은 후에 임원 몇 사람이 지문등록을 해서 아예 자치센터 시설관리를 한다. 야간 프로그램에 참여할 때마다 공무원은 없고 자치위원 몇 명이 시설관리 할 겸 프로그램도 배우고 있어 눈치 안 보면서 문화욕구를 맘껏 즐기고 있다. 삶의 질도 덩달아 높아가고 있다.

주민자치센터 운영계획 수립에서부터 공무원에게 의지하지 않으면서 프로그램 운영하는 공간인 자치센터 시설관리까지 자치위원 스스로 하는 주민자치(위원)회를 보면 대단하다는 생각을 한다. 예전부터 하던 대로 공무원에게 의지하면 편하고 고생도 안 하는데 이젠 공무원에게 의지하지 않고 스스로 하겠다는 곳이 자꾸만 늘어간다. 아예 시설관리도 할 테니까 수탁계약까지 하자며 성화다. 주민자치가 익어가는 마을에서는 사람냄새도 참 좋다.

2. 주민자치센터 프로그램 수강생 만족도 및 주민욕구 조사

주민자치 조례에 적혀있다면 좋으련만 찾아보기가 힘들다. 주민자치센터 프로그램 수강생 만족도 및 주민욕구 조사 말이다. 찾기가 힘드니 프로그램을 운영하면서도 일 년에 한 번도 안 하는 곳이 태반이다. 누군가 주인의식이 있기 전까지는 모르쇠로 일관한다. 슬쩍 들었던 풍월을 읊는 경우도 있다. 번문욕례(繁文縟禮)라고, 그래도 주민욕구 조사는 안 했지만 수강생을 대상으로 프로그램 만족도는 했으니 된 것 아니냐고 말하는 이는 그나마 다행이다.

이런 사달이 벌어지게 된 원인은 우선 전임자의 잘못이 크다. 전임자 시절에 그런 사례가 없었으니 후임자는 반면교사의 본보기가 없었다. 주민자치 담당 공무원이 옆에서 체크를 안 한 것이 제일 큰 원인이다. 누군가 알려주지 않았거나 전임 자치위원장이 배운 바도 없으며 인수인계도 안 한 것도 원인이겠다. 후임자의 책임 또한 가볍다고 할 수는 없다. 꼭 전임자에게 배우거나 인수인계가 있어야만 하느냐는 대목에서는 할 말이 없을 것 같으니 말이다. 어찌되었건 프로그램을 운영한다면 매년 프로그램 운영계획서가 있어야 하듯 수강생 만족도와 더불어 주민욕구 조사도 실시해야 한다. 수강생 만족도와 주민욕구 조사를 따로 할 수도 있지만 효과를 거두기 위해서는 같이 하는 게 좋다. 주민 욕구 조사에 프로그램 신설에 대한 종목과 참여도를 연계하여 사전에 파악하기 때문에 일거양득이 된다.

설문조사 계획서 작성은 누가 해야 하는지 또 물어볼까 걱정되어 미리 말한다. 프로그램을 담당하는 분과에서 당연히 작성해야 한다. 작성할 능력이 없다면 분과장을 잘못 뽑은 것이고 새로 뽑아야 한다. 설문지를 설계할 때 가급적이면 각각 10문항 이내로 분리해서 작성하는 것이 좋다. 주민자치센터 프로그램 수강생 만족도 조사 10문항과 주민욕구 조사 10문항을 설정하되 수강생 만족도 조사는 수강생에 한하여 설문하는 것이니 9개 문항은 프로그램 관련사항이어야 하며, 1개는 프로그램 및 주민자치센터에 대한 건의사항을 넣으면 좋다. 주민욕구 조사는 주민이 생활에 불편을 느끼는 사항을 파악하여 주민자치(위원)회에서 추진하는 각종 사업에 반영하는 것을 목표로 하나 프로그램 운영에 대한 참여도와 참여하고 싶지만 안 하는 사유 그리고 신설을 희망하는 프로그램을 파악하는 방법으로는 최고의 수단이라는 것을 인식하여 설문항목을 설정해야 한다. 수강생 만족도 조사는 수강생이 대상이라 배부와 취합이 용이하지만 주민욕구 조사는 배부와 취합이 어렵다.

경험으로는 배부할 때 민원실은 기본이지만 미용실을 적극 활용했다. 미용실은 대기자가 보통은 5분 이상 기다리거나 한담을 나누고 있어 미용실 원장에게 취지 설명과 함께 10부 내외의 설문서를 부탁하여 도움을 받곤 했다.

특히 신설을 희망하는 프로그램을 파악할 설문 문항을 만들 때는 '의도적인 프로그램명'을 꼭 넣기를 권한다. '의도적인'이라는 의미는 특정인을 염두에 두어서 파악하는 편파적인 프로그램이 아니라 지역여건에 맞추어 꼭 필요한 것으로 여기고 있는 프로그램을 말한다. 필자의 경우에는 의도적으로 '글쓰기 교실'과 '학교 밖 미술수업 리딩아트'를 자주 활용했다. 글쓰기 교실을 넣은 이유는 운영만 된다면 문서작성을 할 수 있는 자치위원을 사전에 육성하겠다는 것이고 글쓰기가 안정된 수강생으로 하여금 장차 있을 마을신문 기자로 활용할 수도 있다는 것이다.

이런 거창한 취지로 개설한 글쓰기 교실도 처음에 수강생 모으기는 참으로 어렵다. 벨리댄스나 요가교실의 경우 공고하자마자 이삼일 지나면 마감도 되나 글쓰기는 한 달이 지나도 마감이 안 된다. 수강인원이 적기 때문인데 들을 만한 사람에게 권해도 "내 돈 내고 자해행위는 할 수 없잖아요"라는 대답을 듣곤 했다. 적정 수강인원이 안 되어 개강 전에 폐강이냐 운영이냐는 결정이 필요했다. 주민자치위원회와 동장을 설득하여 최대 6개월까지는 - 보통은 3개월 단위인 분기로 수강생을 모집한다 - 적정인원 기준적용을 유예하기로 하고 추진했다. 10명도 안 되는 상태에서 개강 후 3개월 지나니까 글쓰기가 정말 성격에 안 맞는다고 포기하는 수강생이 3명 정도이고 나머지 6명은 계속 듣는다. 남은 6명이 글쓰기 매력에 푹 빠진 것인데 이들이 아는 사람을 한두 명씩 데려와 간신히 10명을 넘기면서 운영이 된다. 어렵게 시작한 글쓰기교실에 자치위원도 강권하여 참여시키면 6개월 정도 지나서 고맙다는 말을 듣곤 했다.

중간에 포기하지 않고 계속 다니는 글쓰기 수강생이 얻을 수 있는 효과는 두 가지다. 사적인 면과 공적인 면으로 나눌 수 있다. 사적인 면은 개인적인 성격을 가지는 것을 말하며, 6개월 정도 지나서 제법 글쓰기에 익숙해지면 외부의 독후감 공모전이나 글쓰기 대회에 남모르게 다니게 된다. 입상을 하게 되면 얼굴에 웃음이 떠나지 않는다. "나, 뽑혔어!" "나, 장원 먹었다!" 이 한마디에 그간의 성장통을 보상받는 순간을 맛보게 된다. 입상이 아니어도 글쓰기 수강생의 가정은 늘 화목하다. 안 보던 책을 또는 한동안 멀리했던 책을 가까이 하는 배우자의 모습에 "왜 안 하던 짓을 하냐"고 무뚝뚝하게 건네던 말이 "당신이 책보는 모습을 보니 보기가 좋다"며 반색한다. 부모가 책을 보니까 자녀도 책을 가까이 하게 된다. 잃어버린 문청(文靑)이 돌아오는 것은 덤이다.

공적인 면으로는 글쓰기 수강생에서 마을신문 기자나 자치위원으로의 변신이 기다리고 있다. 중앙지나 지방지의 신문기자만 기자냐는 기치 아래 동네 구석구석을 탐방하는 재미도 쏠쏠하거니와 사인이면서 공무를 수행하는 자치위원의 역할은 삶을 성숙하게 만든다.

프로그램 신설과 관련해서는 다문화 프로그램과 청소년 프로그램에 대해서는 항상 고민해야 한다. 다문화 가정을 포용해야 하는지의 고민은 과거의 문제이고 지금은 다문화 가정이 아니라 같은 주민이고 국민이다. 포용 여부를 말할 때는 이미 지났다. 하루빨리 한국 사회에 적응할 수 있도록 도와야 한다. 청소년 프로그램을 운영할 때 배우는 학생들이라 주중보다는 주말을 선호한다는 것인데 이는 청사개방과 맞물려 있어서 많은 고민과 배려가 있어야만 가능하다. 우리 세대가 아닌 다음 세대를 이끌어나갈 주인공이므로 배려를 아낄 필요는 없다. 토요일과 일요일 중 하루만이라도 청사를 개방해줘야 한다. 남의 자녀로 보지 말고 내 자녀로만 보면 못할 게 없다.

다음은 어느 지역의 2020년 주민자치센터 프로그램 수강생 만족도 및 주민욕구 설문조사계획이다. 참고하되 지역여건에 맞게 가감하면 훌륭한 작품으로 탄생하게 될 것이다.

주민자치센터 프로그램 만족도 및 주민욕구 설문조사 계획(안)

문서번호	○○○○ -	결재	문화교육 분과장	부위원장	위원장
보고일자	2020.04. .				
공개여부	대국민공개	협조	간사 :		

– 지역공동체 활성화를 위한 –
2020년 『주민자치센터 프로그램 수강생 만족도 및
주민욕구 설문조사』계획(안)

○○광역시 ○○○구 ○○○동 주민자치위원회

– 지역공동체 활성화를 위한 –
2020년 『주민자치센터 프로그램 수강생 만족도 및 주민욕구 설문조사』 계획(안)

> 주민자치센터 프로그램 수강생에 대한 만족도와 참여하지 않은 주민욕구를 설문조사로 파악하여 지속적인 주민의 문화여가 선용과 삶의 질 향상을 위한 주민이 만족하는 자치서비스를 제공코자 함

■ 설문조사 개요

○ 조사기간 : 2020.05.01 ~ 05.15(15일간)

○ 설문대상 : 프로그램 수강생 및 주민

○ 대상인원 : 400명(수강생 200명, 주민 200명)

○ 설문내용
  • 수 강 생 : 프로그램 이용 만족도 등
  • 주   민 : 신설 희망 프로그램 조사 및 주민 건의사항

○ 소요예산 : 비예산

○ 설문방법
  • 수 강 생 : 프로그램별 강사와 회장 협조
  • 주   민
  – 관내 주요 미장원 배부
  – 통장협의회 월례회의 시 배부

■ 세부 추진계획

○ 배부반 편성
  • 수 강 생 : 자치위원회 간사, ○○분과장
  • 주   민 : 주민자치담당 공무원

○ 설문서 배부내역

(단위 : 매)

연번	배부 대상		배부	회수	미회수	회수율
계			400			
1	정규 프로그램	생활영어	15			
2		라인댄스(A)	15			
3		라인댄스(B)	15			
4		요가	20			
5		아동벨리	10			
6		다이어트벨리(성인)	15			
7		캘리그라피	10			
8	동아리 프로그램	손뜨개	10			
9		역사랑 놀자	10			
10		생활과학	10			
11		바이올린	10			
12		우쿨렐레	10			
13		주산(수학)	10			
14	주민센터		40			
15	미용실(통장협의회)		200			

■ 향후계획

○ 각종 프로그램 운영 안내문 배부 및 정기 홍보

○ 주민자치센터 홈페이지 활용 등 홍보매체 다양화

○ 주민자치센터 신규 프로그램 희망 시 개설에 우선 반영

○ 주민(자치)센터 건의사항 적극 수렴 및 연간 주민자치센터 운영반영

■ 기대효과

○ 주민 건의사항 수렴으로 신뢰감 제공

○ 주민에게 다가가는 자치위원회상 확립

○ 양방향 소통 공간 마련으로 지역공동체 활성화 기여

○ 지역문제는 지역주민 주민 손으로 해결하는 분위기 확산

2020. 주민자치센터 프로그램 수강생 만족도 및 주민욕구 조사(수강생용)

△△△동 주민자치위원회는 주민의 문화여가 선용과 삶의 질 향상을 위하여 많은 노력을 하고 있습니다.

○ 이번에 주민 의견수렴으로 더욱 유익하고 즐거운 주민(자치)센터가 되도록 노력하겠으며, 아래 설문조사는 귀하의 의견이 반영되는 자료이오니 적극 협조하여 주시기 바랍니다.

○ 질문 항목별로 'O'표로 표시해주세요.

【공통사항】

1. 귀하의 성별은?
① 남자   ② 여자

2. 귀하의 연령은?
① 10대   ② 20대   ③ 30대   ④ 40대   ⑤ 50대   ⑥ 60대   ⑦ 70대 이상

3. 귀하의 거주지는?
① △△△동   ② △△△구   ③ △△광역시   ④ △△광역시 이외

4. 귀하의 △△△동 거주기간은 얼마나 됩니까? ※ △△△동 거주자만 기재
① 1년 미만   ② 3년 미만   ③ 5년 이상   ④ 10년 이상   ⑤ 20년 이상

【프로그램 만족도】

5. 귀하께서는 우리 동의 프로그램에 대하여 어떻게 알게 되었습니까?
① 수강생 모집 안내문   ② 지방지(신문)   ③ 지인 소개   ④ 기타

6. 우리 동 프로그램에 대해서 만족하십니까?
① 대체로 만족   ② 보통   ③ 불만(사유 :   )

7. 만족한 내용은 무엇입니까?
① 저렴한 수강료   ② 이웃과 함께 배워서   ③ 가까워서   ④ 강의내용이 좋아서

8. 만족하지 못한 내용은 무엇입니까?
① 이용시간 불일치   ②강의 질이 미흡   ③ 시설협소   ④ 교재구입 강요

9. 귀하가 새로 신설되기를 희망하는 프로그램은 무엇입니까?
① 글쓰기   ② 창의미술(학생)   ③ 진로체험(학생)   ④ 기타(   )

10. 프로그램 관련하여 주민자치위원회에 건의할 사항은 무엇입니까?
  : (자유 기재)

11. 기타 생활하시면서 우리 동 주민센터에 건의할 사항은 무엇입니까?
   : (자유 기재)

《끝까지 설문에 응해주셔서 대단히 감사합니다.》

2020. 주민자치센터 프로그램 수강생 만족도 및 주민욕구 조사(주민용)

△△△동 주민자치위원회는 주민의 문화여가 선용과 삶의 질 향상을 위하여 많은 노력을 하고 있습니다.

○ 이번에 주민 의견수렴으로 더욱 유익하고 즐거운 주민(자치)센터가 되도록 노력하겠으며, 아래 설문조사는 귀하의 의견이 반영되는 자료이오니 적극 협조하여 주시기 바랍니다.

○ 질문 항목별로 'O'표로 표시해주세요.

【공통사항】

1. 귀하의 성별은?
① 남자   ② 여자

2. 귀하의 연령은?
① 10대   ② 20대   ③ 30대   ④ 40대   ⑤ 50대   ⑥ 60대   ⑦ 70대 이상

3. 귀하의 거주지는?

① △△△동   ②△△△구   ③ △△광역시   ④ △△광역시 이외

4. 귀하의 △△△동 거주기간은 얼마나 됩니까? ※ △△△동 거주자만 기재

① 1년 미만   ② 3년 미만   ③ 5년 이상   ④ 10년 이상   ⑤ 20년 이상

【주민욕구 조사】

5. 새로 신설을 희망하는 프로그램이 있다면 무엇입니까?

① 글쓰기 창의미술(학생)   ②진로체험(학생)   ③ 기타(   )

6. 귀하께서는 주민자치센터 설치 · 운영으로 주민이 느끼는 가장 큰 효과는 무엇이라고 생각하십니까?

① 삶의 질 향상   ② 여가선용   ③ 지역공동체 강화   ④ 주민자치
⑤ 지역사회진흥

7. 귀하께서는 주민자치센터가 어떤 역할을 하여야 한다고 생각하십니까?

① 프로그램을 개설 · 운영하고 시설을 관리하는 역할
② 주민자치 능력배양을 위한 지역사회 지도력 개발
③ 지역발전을 위한 자원봉사와 지역공동체 형성을 위한 역할
④ 주민숙원사업이 우선적으로 해결하기 위한 역할

8. 주민자치센터 활성화를 위해 필요한 것은 무엇이라고 생각하십니까?

① 행정기관의 적극적인 지원
② 주민자치위원들의 자치역량 강화를 위한 교육 및 워크숍
③ 주민자치위원의 적극적인 노력과 봉사활동의 강화
④ 주민참여를 위한 법과 제도의 정비
⑤ 주민자치위원회의 전문적 · 참여적 인사로 구성

9. 올해 주민자치위원회의 활동이 전년도에 비해 활성화되었다고 생각하십니까?
① 매우 활성화   ② 보통   ③ 전년도에 비해 떨어짐   ④ 모르겠다

10. 우리 동의 가장 좋은 점은 무엇이라고 생각하십니까?
① 교통편리   ② 인심   ③ 범죄 없는 마을   ④ 자연환경   기타(   )

11. 우리 동의 가장 불편한 내용은 무엇입니까? ※ 자유기재

12. △△△동 주민자치위원회에 건의하고 싶은 것은 무엇입니까? ※ 자유기재

13. 주민센터에 건의하고 싶은 것은 무엇입니까? ※ 자유기재

《끝까지 설문에 응해주셔서 대단히 감사합니다.》

주민자치센터 프로그램 수강생 만족도 및 주민욕구 조사의 설문문항을 마무리하면 나중에 취합하고 결과보고서를 작성하면 된다. '하면 된다'는 말은 아주 간단하다. 그 간단한 것을 잘 하고 있을까. 오지랖이 넓다고 해도 할 수 없다. '그 간단한 것'은 계획서를 작성하고 설문조사하여 결과보고서를 작성했다고 다 된 것이 아니다. 최소한 설문조사를 하겠다는 보도자료나 설문결과를 보도자료로 제출까지 해야 한다는 것이다. 또 누가 해야 하냐고 물을 텐가. 담당 분과장이 하는 게 정상이고 못하면 배워서 하면 된다. 배울 능력이 없거나 배우고 싶지 않다면 그만 두는 게 상책이다. 자리를 차지하고 있으면서 여러 사람 괴롭히지 말자.

주민자치에 종사하고 있는 공무원이나 자치위원은 업무와 관련해서 항상 기억해야 할 것이 있다. 계획서 작성 이후에는 중간 보고서를 작성하고 최종 결과보고서를 작성한다는 것은 당연한 일이다. 여기까지만 알고 있으면 하수(下手)고 보도자료까지 챙기는 이는 상수(上手)라는 사실을 알고 있자. 한 사람이 작성하는 보도자료는 최소 25명에서 최대 50명까지의 자치위원이 땀 흘린 결과물을 많은 이들에게 알려서 확산되어야 한다. 그것이 동반성장이다. 동반성장은 자치위원이 흘린 땀에서 탄생되어 보도자료로 환생된다면 그보다 좋은 일은 없다. 간혹 한가지 행사에 예고기사와 중간과정 기사 그리고 결과 기사 등 세 가지를 며칠의 간격을 두어 제출하면 취합부서나 기자들이 신선감이 떨어진다는 이유로 싫어하는 것 아니냐는 질문을 받는다. 대답은 '그건 기자들 입장'이지 우리 입장은 아니라는 것이다. 설령 한 가지 행사에서 예고기사만 보낸다고 치자. 꼭 전체 신문사에서 실어준다는 보장을 할 수 있는 사람이 없다. 보도자료를 기사로 선택하는 것은 신문사의 성향이나 담당기자의 취향에 달려있기 때문에 더욱 그렇다. 어느 기자가 실어줄지 모르니 간단하거나 기간이 짧은 행사인 경우에는 결과 위주의 보도자료를 제출하면 되지만 제법 기간이 어느 정도 소요되거나 같은 사업이라도 여러 단계를 거쳐서 진행하는 내용이라면 시간차를 둬서 3회까지 제출해야 자치위원이 노력한 수고에 대한 최소한의 보상이라는 것을 알고 있어야 한다.

프로그램 신설과 관련해서는 강사섭외가 필수이나 지역 내 문화재단이나 평생학습센터의 도움을 받는다면 크게 어렵지 않다.

3. 프로그램 수강생과 강사와의 간담회

간담회는 즐겁다. 모처럼 알고 있던 사람들을 만난다는 생각에 더욱 그렇다. 읍면동장이나 프로그램을 매개로 활동하는 강사 또는 프로그램을 대표하는 회장이나 총무 입장에선 무척 반가운 일이다.

프로그램 간담회는 반가운 얼굴을 보는 것만으로도 족하겠으나 실무를 담당하는 입장에서는 좀 더 긴 안목이 필요하다. 프로그램이 주민자치 활동에 차지하는 비율이나 비중이 크기 때문에 하수가 아닌 상수라면 프로그램 운영으로는 작품전시회, 공연을 포함한 마을축제, 취약계층 문화욕구 충족에 따른 재능나눔 공연단 운영 등을 통하여 주민에게 다가가서 즐거움을 줄 뿐만 아니라 연말 주민자치센터 운영평가에도 효과가 있다. 프로그램 활용으로 수강생의 대표인 회장과 총무를 비롯하여 자치활동에 필요한 숨은 인재를 발굴할 수 있다는 점이다.

흔히들 인사(人事)가 만사(萬事)라고 하면서 정작 인재발굴에는 공을 들이지 않는다. 읍면동에 있는 여러 자생단체에서 활동하거나 활동했던 전직(前職)으로만 충원하려고 하는 경향이 있다. 우선 말하기가 쉽고 자치활동에 대한 이해도가 일반주민에 비해 높다는 이유를 드는데 그런 인재등용을 '회전문 인사'라고 말한다. 심한 경우 '그 나물에 그

밥'이라는 말을 듣기 십상이다. '끼리끼리 해먹는다'는 혹평도 감수해야한다. 그 혹평의 언저리에는 신선함이 없기 때문에 새로운 발전을 기대하기가 힘들다는 의미가 내포되어 있다. 설령 자치활동에 익숙한 또는 숙련된 사람이 들어와야 일의 능률이 오른다고 강변하는 경우에는 '그럼 평생 너희들끼리만 해먹을 거냐'는 비판에는 무슨 말로 답변을 해야할지 궁금하다. 어느 단체나 조직에도 신참과 중참 그리고 고참이 있는법이다. 세월의 흐름과 열정의 차이로 단계를 밟아 올라가는 게 정상이고 고참의 역할 또한 다르지 않다. 고참은 마르고 닳도록 고참을 해야하는 게 아니듯 신참 또한 열정과 학습으로 중참 대열에 하루라도 빨리진입해야 한다. 그것이 조직의 생리이자 순리다. 이러한 의미에 방점을 찍는 것이 인재발굴이다. 우연히 발굴하는 인재도 있지만 보통은 인재발굴에 상당한 시간이 소요된다. 경험으로는 프로그램별 회장과 총무마다 차 한 잔은 꼭 했었다. 물어보는 내용도 대충은 비슷하다. 여가시간에는 주로 무엇을 하냐고 물으면서 속으로는 자치위원으로 영입할대상인지를 염두에 둔다. 나름 문서작성이 가능하고 아이디어도 있을법해도 활동하는 단체가 많거나 공동체 활동에 다소 어울리지 않는다고 판단하면 영입을 포기하지만 공동체 활동에 어느 정도 시간투자가가능한 경우라면 자치위원의 활동내용을 알려주어 참여를 유도하곤 했다. 대부분 그러한 경우라면 올바르게 성장하여 마을신문 기자로도 활동하고 자치위원으로 활동하면서 지역 내 자치일꾼으로 실력을 유감없이 발휘하는 모습을 옆에서 목격하곤 했다. 그들은 비록 오늘은 수강생이지만 개개인마다 살아온 내력이 다르고 활동한 영역이 달랐다. 각 분야에서는 베테랑 내지는 전문가에 속한 이들도 많았다. 그 경험과 노하우를 펼칠 장(場)을 마련해주는 것이야말로 주민자치가 지향할 가치다. 이것을 집단지성이라고 말한다. 마지막으로 간담회를 통해서 주민 건의사항도 수렴하게 된다면 주민에게 필요한 각종 제안으로 자치사업의 아이디어를 얻는다는 이점이 있다. 프로그램의 운영과 활용 그리고 건의사항 수렴이라는 세 가지를 얻는 것이 수강생과 강사와의 간담회다. 흔히 말하는 '1타 3피'(?)는 쉽게 얻어지는 것이 아니라 긴 안목이 있어야만 가능하다.

이런 긴 안목이 필요한 간담회라도 실무를 담당하는 주민자치(위원)회 간사나 주민자치 담당 공무원 입장에서는 단순한 일회성 행사로만 여기지 않는 자세가 필요함은 물론이고 준비와 마무리를 잘해야 한다. 수강생이나 강사 모두 프로그램과 관련 있어 같이 간담회를 하려는 경향이 있는데 동의할 생각이 없다. 수강생의 마음과 강사의 마음은 언제나 일치하는 것이 아니다. 서로 관점이 다르고 같이 합석할 때에는 말을 편하게 할 수가 없다. 강사에게 뭔가를 건의하려고 하는데 건의 장소에 해당 강사가 있으니 차마 속내를 드러낼 수가 없다. 시간과 공간을 공유하니까 효율성이 있을 것 같다고 생각하는 것은 아마추어의 자세다. 상호존중을 위하고 양질의 간담회를 원한다면 따로 해야 한다. 프로는 다양한 의견을 듣는다는 것을 기억하자.

프로그램 운영이나 자치센터와 주민센터에 대한 건의사항도 청취하였다면 기록으로 정리하여 관리하자. 각종 건의사항에 대한 구분으로 자체추진 사항과 상급기관 건의사항으로 분류한 후에도 최종 처리결과를 통보해줘야 마무리가 되었다고 할 수 있다. 간혹 주민자치 담당 공무원의 업무량 과다로 통보가 안 되어 불필요한 오해를 사는 경우가 있다. 다소 시간이 소요되더라도 마무리를 깔끔하게 하는 것이 프로의 자세다.

프로그램 운영은 잘한다. 하지 말라고 해도 하는 게 프로그램 운영이다. 거의 사활을 거는 것처럼 보인다. 주민자치(위원)회에서 추진하는 각종 사업 가운데 100% 추진하는 게 프로그램 운영일 정도다. 이렇게 열정으로 가득한 프로그램 운영이건만 정작 프로그램을 활용한 작품전시회는 주민자치(위원)회마다 전부 할까.

프로그램을 운영하면 왜 운영하는지 이유가 있어야 한다. 주민의 문화욕구를 충족시킬 수 있으며, 수익자 부담의 원칙에 따라 납부하는 수강료는 주민자치(위원)회의 재원으로 편입되어 여러 가지 사업에 유용하게 사용된다. 특히, 배우는 수강생에게는 평생학습의 즐거움을 체험할 수 있을 뿐만 아니라 심화단계에 이르러서는 배워서 즐거움을 넘어 남에게 주기까지 하여 공동체 정신을 발휘하는 리더로 성장하여 주민의 삶의 질 향상에 크게 기여하는 것을 자주 볼 수 있다.

프로그램을 운영하는 주된 이유는 주민에게 자치서비스를 제공함으로써 반대급부로 수강료를 받을 수 있다는 것이 가장 큰 매력이다. 받은 수강료로는 강사수당을 우선 지급하지만 여분이 발생하면 주민을 위한 또 다른 주민자치 사업을 추진할 재원이 마련된다는 데에 있다.

프로그램이 활성화될수록 주민 참여도와 주민의 삶이 나아지니 추진하는 입장에서는 신바람이 난다. 보람과 긍지와 자부심이 찾아온다. 이런 매력 덩어리를 마을에서 발견하고 느낄 수 있으니 자치위원이 되기 위한 경쟁률이 높은 것은 당연지사다.

프로그램을 운영하면서 어느 곳은 작품전시회를 하고 어느 곳은 안 하는 곳이 있다면 왜 그럴까. 간사나 주민자치위원장이라는 자치리더의 역량 차이 때문인가. 아니면 전체 자치위원의 마인드 탓인가. 인적 요인이 아니라면 혹시 비용이 많이 들 것 같아서인지도 모르겠다. 만약 그렇다면 비용계산을 해보기나 했는지 묻고 싶다. 대략 감(感)으로 잡아보니까 수백만 원은 족히 들 것 같아서 포기했다면 앞으로는 감으로 잡아보는 걸 포기할 것을 권한다. 자치위원은 감으로 얘기할 수 있지만 자치리더는 구체적인 근거로 해야 한다. 선장이자 기장인 리더가 대략 또는 대충 같은 안일한 단어로 자치활동을 한다면 25명 내지 50명의 자치위원이 투자할 시간과 열정을 무위(無爲)로 만들 우려가 다분한 이유다.

프로그램 작품전시회를 매년 개최하는 주민자치(위원)는 왜 할까. 허접한 자치리더(?)와는 거리가 먼 총명한 자치위원장은 늘 주민에게 다가가려고 한다. 희노애락(喜怒哀樂)을 함께 하듯 주민에게 끼와 열정을 발휘할 계기를 제공하여 지역공동체를 만들려고 하는 것이다. 주민이 평생학습에 관심 있다면 갈 곳은 두 군데다. 개인교습이 아닌 이상 민간교습소를 가든지 아니면 자치센터에 가야 한다. 민간교습소에 가려니 '초짜여서 왕따 당하는 건 아닌지' '비용이 많이 드는 건 아닌지' '너무 멀어서 교통이 불편한 건 아닌지' 등의 고민 끝에 가장 만만하게

(?) 여겨지는 자치센터를 오게 되는 것이다. 가까워서 좋고, 수강료가 저렴하며 강사의 강의내용도 제법 괜찮다고 온다. 이런 수강생을 수강료 납부 대상으로만 대접한다면 수강생이자 주민에 대한 예의는 아니다. 비록 오늘은 수강생이지만 당신의 끼와 열정을 마음껏 발휘할 수 있는 장(場)을 늘 마련해주겠다는 무언의 신호를 끊임없이 보내줘야 한다. 그런 신뢰와 배려가 훗날 애향심으로까지 성장한다.

작품전시회를 할 때는 적은 비용으로 최대 효과를 거두어야 한다는 것은 늘 염두에 두어야 한다. 재정이 빠듯한 이유도 있지만 프로그램 운영으로 얻은 수강료도 세금처럼 무겁게 다뤄야 한다. 자치센터에 마땅한 전시시설이나 공간이 없다고 단념하지 말자. 보통 회의실은 있으니까 회의실 벽면이나 천장을 활용하면 된다. 좀 더 공간을 확장하려면 복도의 벽면과 천장도 전시공간으로는 훌륭하다. 전시의 대명사격인 액자를 걸어둘 최소한의 연속적인 공간만 있으면 족하다. 전시에 필요한 물품으로는 전시레일, 액자고리, 발, 액자, 족자가 기본적으로 있어야 한다. 발은 여름에 이웃간 왕래할 때 문 앞에 가늘고 긴 대를 줄로 엮어서 여러 개 나란히 늘어뜨려 집안 생활을 가리는 데 쓴 것을 말한다. 지역 여건에 따라서는 햇빛에 말리는 도구로도 사용한다.

동네 주민에게 수강생의 솜씨를 자랑하는 작품전시회에는 많은 사람이 와야 기분이 좋다. 보통 작품전시회는 취약계층 돕기를 위한 일일 찻집도 같이 하는 이유다. 이런 이유로 전시회에서는 솜씨자랑만 하는 게 아니라 작품을 판매까지 한다. 저렴한 가격이 기본이지만 간간이 비싼 가격을 매기는 경우에는 전시만 목적인 경우다. 팔리지 않게 하겠다는 취지인데 이것은 특별히 남에게 줄 선물용이라는 것을 말한다. 지역

아동센터나 복지관 등에 기증하겠다는 의미다. 결국 판매로 얻은 수입은 취약계층 돕기에 쓰이고 판매되지 않은 작품은 기증용으로 활용하면 일석삼조 이상의 효과를 거둘 수 있는 것이 작품전시회다. 안 하려고 주저할 이유가 없다.

한 가지 덧붙일 것은 작품전시회도 행사라 개회식을 갖는 경우가 있다. 주민자치위원장이나 자치회장이 개회사를 할 텐데 개회사는 누가 작성해야 옳은 것이냐 하는 문제다. 매번 담당 공무원이 써주었으니까 당연히 써주어야 할까. 마르고 닳도록 의지할 생각일랑 이젠 접자. 당연히 말할 사람이 개회사를 직접 작성해야 한다. 작성하기 싫으면 말하려는 바를 직접 말하면 된다. 마이크 잡는 사람과 개회사 작성자가 다르다면 언행일치가 어려워 개회사의 취지가 반감된다. 이래저래 책과 신문에 다가가야 하는 이유다.

다음은 코로나19로 인하여 최소한의 인원만을 염두에 두어 작성한 작품전시회 및 일일찻집 운영(안)이다. 참고자료로 활용하되 지역여건에 맞게 가감한다면 훌륭한 행사로 자리매김할 수 있을 것 같다.

『주민자치센터 프로그램 작품전시회 및 일일찻집』 운영(안)

문서번호	○○○동 -	결재	총무	부위원장	위원장
보고일자	2020. 05.				
공개여부	대국민공개	협조	간사 : ○○분과장 :		

- 지역공동체 활성화를 위한 -
2020년 『주민자치센터 프로그램 작품전시회 및 일일찻집』 운영(안)

○○광역시 ○○○구 ○○○동 주민자치위원회

- 지역공동체 활성화를 위한 -
2020년 『주민자치센터 프로그램 작품전시회 및 일일찻집』운영(안)

주민자치센터 프로그램 활성화를 도모하기 위하여
○ 참여하는 수강생에게는 능력을 발휘할 수 있는 기회와 인정감을
○ 주민에게는 평생학습의 기회 제공으로 지역공동체 활성화에 기여코
  자 함

■ 추진개요

○ 전시일시 : 2020.06.10(수) ~ 06.16(화), 7일간【10:00~17:00】

○ 장   소 : 주민자치센터 2층 회의실

○ 참   여 : 캘리그라피(사군자, 서예), 손뜨개(생활소품, 인형)

○ 내   용
  • 다과, 떡
  • 작품전시 및 판매
  • 주민자치센터 프로그램 안내창구 운영 : 안내문 비치

○ 소요예산 : 829천원

○ 예산과목 : 프로그램비

■ 세부 추진계획

○ 전시장소(회의실) : 전시 가능여부 확인

○ 전시용품 구입목록 작성 : 산출기초 확인

○ 전시 참여 프로그램별 작품 수량 검토

○ 작품목록 및 판매가격표 작성

○ 홍보대상

- 공 무 원 : ○○○구청장, ○○○○○과(3명), 21개동(동장, 팀장)
- 자치위원 : 20개동(위원장, 간사), ○○○동 자치위원
- 자생단체 : ○○○동 자생단체 임원
  ➡ 재향군인여성회, 지역자율방재단, 자유총연맹, 재향군인회, 방위협
  의회, 바르게살기위원회, 새마을부녀회, 새마을협의회, 통장자율회
- 프로그램 : 정규 프로그램(7개), 동아리 프로그램(6개)
- 주요시설 : ○○○종합사회복지관, ○○노인문화센터, ○○○어린이
  도서관, ○○○마을센터, ○○종합시장, 다문화시설
- 후원관계 : ○○○○웨딩홀부페, 새마을금고
- 자매결연단체 등

○ 수익금 활용방안

- 판매수익금은 다문화가족 지원 등으로 활용
- 미판매 작품은 주민자치위원회 적극 협조한 기관과 단체 기증

○ 홍보문구(안) 작성 : 별지 참조

■ 지출계획

(단위 : 원)

연번	항 목	산출기초	계	비고
계			829	
1	전시레일(천장)	5,000원(2M)×20개	100	
2	액자고리	3,000원×40개	120	
3	액자	10,000원×10개	100	
4	족자	22,000원× 5개	110	
5	발	5,000원×10개	50	
6	화선지	9,000원× 3개	27	
7	털실	14,400원× 7개	100	
8	다과	200,000원×1식	200	

9	테이블보	1,200원×10개	12	
10	방명록	10,000원× 1권	10	

※ 효진필방 : 미술, 공예품 판매점

ㅇ 소 재 지 : 인천 남동구 문화로 87(구월동 1371-19)

ㅇ 연 락 처 : (032) 432-2413

■ 향후 추진계획

ㅇ 인문학 프로그램(글쓰기) 개설로 주민의 인문학 욕구 충족 도모

ㅇ 『주민자치센터 프로그램 수강생 작품전시회 및 일일찻집』 연례행사

ㅇ 프로그램별 외부행사 적극 참여 권장

■ 기대효과

ㅇ 작품전시회 참여에 따른 인정감 부여

ㅇ 평생학습권 기회제공으로 즐거운 마을살이 제공

ㅇ 학습을 통한 지역공동체 활성화 기여

■ 초대장(안)

초대의 글

주민자치센터 프로그램 수강생들이
그간 갈고 닦은 실력을 주민에게 선을 보이게 되었습니다.

처음 배우기 시작했을 때는 마냥 서툴기만 해서
마음이 상하곤 했으나 이제 제법 배움이 영글어가고 있습니다.

아직은 부족하지만 나름 작품으로 인정받고 싶은 속마음을
살짝 보이게 되었습니다.

오셔서 오랜만에 반가운 이웃과 정담(情談)도 나누는
좋은 시간이 되기를 희망합니다.

『주민자치센터 프로그램 수강생 작품전시회 및 일일찻집』
 ㅇ 개 회 식 : 2020.06.10(수) 11:00
 ㅇ 장   소 : ○○○동 주민자치센터 2층 회의실
 ㅇ 내   용 : 작품전시와 판매 그리고 이웃과의 만남

2020년 6월

○○○구 ○○○동 주민자치위원장 ○○○ 올림

■ 작품목록 : 캘리그라피(사군자, 서예)

연번	분야	작품명	작가명	가격	비고
계					
1					
2					
3					
4					
5					
6					
7					
8					
9					
10					

■ 작품목록 : 손뜨개(생활소품, 인형)

연번	분야	작품명	작가명	가격	비고
계					
1					
2					
3					
4					
5					
6					
7					
8					
9					
10					

■ 가 격 표 : 100,000원 / 50,000원 / 20,000원 / 10,000원 / 5,000원

작품명		작품명	
작가명		작가명	
금액		금액	

작품명		작품명	
작가명		작가명	
금액		금액	

작품명		작품명	
작가명		작가명	
금액		금액	

작품명		작품명	
작가명		작가명	
금액		금액	

작품명		작품명	
작가명		작가명	
금액		금액	

작품명		작품명	
작가명		작가명	
금액		금액	

5. 재능 나눔 공연단 구성 및 운영

프로그램을 운영한다는 것은 늘 설렌다. 주민과의 만남이 있다는 것을 전제하는 말이라 더욱 그렇다. 새해를 맞이해서 들어오는 1학년을 맞이하는 초등학교 선생님이 된 기분이 들 정도다. 아가들 빨리 키워서 (?) 솜씨자랑도 할 수 있게 만들어주고 싶기도 한다. 주민자치센터에서 프로그램 운영은 연중으로 하지만 대개는 3개월마다 수강생을 접수받는다. 아직도 많은 읍·면에서는 수강료 없는 퍼주기라 프로그램 운영의 맛과 멋을 잘 모르겠지만 수강료를 받는 곳에서는 새내기를 맞이하는 재미도 있지만 수강료는 무척 요긴하게 쓰인다. 운영만 잘하면 강사수당을 주고 남는 돈은 자체사업으로 쓰기엔 제격이라 아주 든든한 자금력이다. 어찌되었건 새내기의 취향에 따라 전시 프로그램과 인문학 프로그램을 제외하면 공연 프로그램만 남게 되는데 '공연'을 택한 수강생들은 나도 무대에 올라갈 수 있다는 설렘도 느끼게 되어 남다른 매력에 푹 빠진다. 이런 맛에 처음엔 왕초보라도 수업 중에는 눈이 빛나고 집에서는 복습하느라 시간도 잘 간다.

어느 정도 안정된 프로그램을 운영하는 자치센터에서는 새내기 수강생을 육성하여 동네 축제에 나가도 될 정도의 실력이 되면 재능 나눔 공연단에 끼워주곤 한다. 기타교실을 비롯해서 민요와 댄스 그리고 난타와 풍물 등이 대부분을 차지한다. 공연대상으로는 지역에 따라 차이가 있겠으나 보통은 취약계층이거나 어르신이 많은 시설이 대상이다. 요양병원과 경로당이 주요 고객이고 간혹 지역아동센터도 방문한다. 이런 찾아가는 공연으로 실력을 다지면서 동네 축제는 단골 멤버가 되어 경연대회에까지 진출한다. 시·군·구의 입상으로 시도 대항에 진출하며 다시 전국대회로까지 진출한다. 시·군·구의 경력만으로도 외부공연은 가능하지만 그 이상의 입상경력을 밑천 삼아 외부초청 공연까지 간다면 상당한 실력을 인정받은 셈이다. 부천의 상2동 주민센터에서 주민자치를 담당하는 행정팀장으로 있을 때이다. 풍물교실이 효자였다. 2014년 6월 27일 부천시 주민자치센터 우수동아리 경연대회에서 최우수상을 수상했다. 최우수상을 받은 상2동 풍물교실인 '다울림'은 경기도 주민자치센터 우수동아리 경연대회에 부천시 대표로 참가했다. 9월 30일 군포시 문화예술회관에서 개최한 2014년 경기도 우수동아리 경연대회에서는 "상2동 다울림팀이 우수 동아리 경연대회를 접수합니다"라는 플랜카드를 준비했다. 공연이 끝났다. 성적발표 순간에 장려상 대상에서 빠지더니 우수상에서도 빠졌다. 속으로는 플랜카드는 최우수상을 접수한다는 커다란 포부였지만 내심으로는 최소한 장려나 우수는 되겠지 했는데 둘 다 거명되지 않았으니 불안하고 초초했다. 설마 하나 남은 최우수가 우린가 하는 기대감도 있었지만 거의 불가능에 가까운 게 아닌가 하는 생각이 들기도 했었다. 뜸 들이며 사회자가 거명한 팀은 우리였다. "상2동 다울림" 이라는 말을 들은 순간 눈에서는 뭔가 모를 액체가 고였다. 최우수로 선정된 것이다. "우리가 최우수를 먹었다" 이 말이 입 밖으로 나와야 하는데 나오질 않았다. 서로 손잡았으며, 공연에 참가한 수강생 몇몇은 서로 얼싸안았다. 그때의 짜릿한 기분은 지금도 눈에 아른거린다. 남자 수강생 1명에 전부 40대부터 70대까지의 여성으로 구성된 풍물교실이건만 그들이 왜 그리도 아름답게 느껴졌는지. 강사의 열정어린 지도로 수업시간 이후에도 연습하던 모습과 외부공연 요청이 들어왔다고 말해주면 좋아하던 얼굴들. 많은 순간들이 찰나에 눈앞에서 보이는가 싶더니 사라졌다. 이후 10월 10일부터 구(舊) 전남도청 앞 특설무대에서 개최된 제7회 전국 주민자치센터 문화프로그램 경연대회에 경기도 대표로 나갔다. 최종 본선에는 진출을 못하였지만 자치센터 프로그램의 진가를 보여주기에는 충분했다. 잘 키운 딸 하나가 열 명의 아들 부럽지 않다는 말이 무슨 뜻인지는 모르지만 딸을 프로그램으로 대입하면 알 것도 같다. 잘 되는 집안에는 열정이 있는 누군가가 있다. 상2동 다울림의 경우에는 개개인이 전부 열정이 있는 사람이었다. 이런 열정이 있는 사람은 프로그램 수강생인 경우도 있지만 프로그램을 운영하는 주민자치(위원)회에도 있어야 하고 주민자치(위원)회를 행정 지원하는 주민자치 담당 공무원이나 팀장 아니면 읍·면·동장인 관계 공무원 중에서도 있어야 한다. 근무시간에만 운영해야 한다거나 주중에만 운영하는 것을 철칙으로 해서는 이런 사례가 나올 수 없기 때문이다.

다음 계획서는 어느 면(面) 지역의 주민자치위원회에서 기획한 내용이다. 프로그램을 운영만 하고 있지 아직 '재능 나눔 공연단'을 운영하지 않은 곳에서는 가감해서 사용하면 좋겠다.

『재능 나눔 공연단』 운영계획(안)

문서번호	○○면 -	결재	문화교육 분과장	부위원장	위원장
보고일자	2019. . .				
공개여부	대국민공개	협조	간사 :		

> **– 지역공동체 활성화를 위한 –**
> **2019년 『재능 나눔 공연단』 운영계획(안)**

○○구 ○○면 주민자치위원회

– 지역공동체 활성화를 위한 –
2019년 『재능 나눔 공연단』 운영계획(안)

> 주민자치센터 프로그램을 활용하여 재능 나눔 공연단 구성으로 우리 면 (面) 소재 경로당 및 마을축제 등에 재능 나눔의 장(場)을 마련코자 함

■ 추진개요

○ 추진기간 : 2019. 6월 ~ 지속

○ 장   소 : 14개소
  • 고정장소 : 경로당 13, 지역아동센터 1
  • 이동장소 : 마을축제 행사장 등 현장참여

○ 참여인원 : 4개 프로그램 54명

○ 내   용
  • 주민자치센터 공연 가능 프로그램 참여
  • 참여자의 자원봉사 활동시간 인정 : 자원봉사 포털 등록관리

○ 소요예산 : 비예산이나 내년도부터 예산 반영함

○ 예산과목 : 자원봉사활동(2020년)

○ 주   최 : ○○면 주민자치위원회(위원장 ○○○)

○ 운영방법 : 신청단체 접수 및 순회공연

■ 세부 추진계획

○ 재능나눔 공연단 임원 구성
  • 구성기간 : 2019. 5월말까지
  • 공연단장 : ○○○ 문화교육 분과장
  • 프로그램 : 54명

계	민요	노래	풍물	난타	비고
54	10	12	16	16	

○ 재능나눔 공연단 발대식

- 일   시 : 2019.06.20.(목) 14:00

- 장   소 : 주민자치센터 회의실

- 참여인원 : 113명

  - 공 연 단 : 54명

  - 자치센터 : 전체 자치위원 25명

  - 주민센터 : 4명(면장, 부면장, 서무담당, 주민자치담당)

  - 자생단체장 등 : 30명

- 준비사항

  - 현수막 제작 및 게첩

  - 소요예산 : 33,000원

○○면 『재능 나눔 공연단』 발대식

자치센터 프로그램 참여 : 민요, 노래, 풍물, 난타

2019.06.20(목) 14:00

○○군 ○○면 주민자치위원회

■ 재능 나눔 공연단 신청서 접수

○ 신청자격 : 경로당 등 소외계층 시설

○ 신청방법 : 신청서를 팩스 또는 이메일로 발송

- 팩   스 : (○○○) ○○○-○○○○

- 이 메 일 : ~ @hanmail.net

○ 신 청 서 : 별지참조

■ 운영계획

○ 시설별 월 1회 방문

○ 참여 프로그램별 월 1회 공연 원칙

○ 마을축제 참여는 희망 교실 위주

※ 신청서 접수 마감 후 운영일정 확정

■ 향후 추진계획

○ 공연 실시 후 공연 설문실시로 내년도 공연단 운영에 반영

○ 공연단 개인별로 봉사활동 시간 인정 조치

○ 매년 재능 나눔 공연단 운영계획과 운영결과 보고서 작성

■ 기대효과

○ 우리 동네 소외계층은 우리가 돌보는 인보정신 확립

○ 프로그램 참여로 봉사활동 보장 및 인정감 부여

○ 주민에게 다가가는 참 봉사 실천 분위기 확산

○○면 찾아가는 『재능 나눔 공연』 신청서

■ 시설현황

시설명		대표자	(성　명) (핸드폰)
소재지		연락처	(사무실) (팩　스)
시설인원수		규모(㎡)	

■ 공연분야

분야별	공연일(월 1회)	인원수	신청여부	비고
풍물	첫째 주 수요일 (오후 2시)	25		

■ 신청방법

ㅇ 신청여부는 원하는 공연분야에 ○표 하세요.

ㅇ 같은 공연일자에 신청시설이 많은 경우 봉사단체 사정에 따라 공연일은 변경될 수 있습니다.

ㅇ 이메일 :   ○ 팩 스 :

위와 같이 ○○면 재능 나눔 공연을 신청합니다.

2019. . .

신청단체 대표자 :   (서명)

○○면 찾아가는 「재능 나눔 공연」 자원봉사자 명단

ㅇ 일   시 : 2019. . (요일)   : ~   :

ㅇ 장   소 :

ㅇ 공연분야 :

연번	성명	생년월일	휴대폰번호	서명	비고

※ 자원봉사자의 서명은 자필로 기재하여야 합니다.

위와 같이 봉사활동을 확인합니다.

2019. . .

확인자(시설명) :   (인)

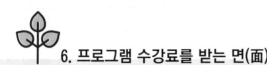

6. 프로그램 수강료를 받는 면(面)

간혹 반가운 소식을 듣는다. 주민자치(위원)회에서 프로그램을 운영하면서도 퍼주기의 대명사인 무료 프로그램을 운영하다가 이젠 수강료를 받고 있다고. 받은 수강료로 주민자치 사업에 요긴하게 쓰고 있는데 오히려 주민들이 더 좋아한다는 말을 들을 땐 앞으로는 주민자치가 더욱 활성화될 것 같다는 덕담도 건네지만 무료에서 유료로 전환되기까지 그 험난한 의견수렴에서 결정으로의 긴 여정을 무사히 마친 그들의 노고가 참으로 아름답다는 생각에까지 이르게 된다.

읍과 면이 없는 대도시의 시나 구의 동(洞)에서는 프로그램을 수강하려면 수강료를 내야 한다. 강의를 듣는 혜택을 보기 위해서 수강료를 낸다는 것은 지극히 당연하게 생각한다. 그것이 '수익자 부담의 원칙'이라는 거창한 단어를 들먹일 필요도 없이 상식이자 자연스런 일인데 유독 읍면이, 동(洞)과 같이 있는 시나 읍면만이 있는 군에서는 대부분 무료로 운영하고 있다. 채용된 강사의 급여는 시나 군에서 주니 해당 지역 읍면동에서는 수강료를 받을 필요가 없고 민원도 발생하지 않아 서로 좋은 게 아니냐고 침묵으로 일관한다. 혜택 받는 사람은 있어도 비용을 부담하는 수강생은 없으니 그 비용부담은 누가 할까. 수강생이 아니라 전체 주민이 부담해야 한다. 수강하지 못한 사람은 생업에 종사하거나 직장에 다니는 사람이 대부분이다. 강의를 듣고 싶어도 생계(?) 때문에 듣지 못하는데 수강생의 수강료를 독박 당하듯 부담해야 하니 이 무슨 희극인지 모른다. 시군구의 선출직 단체장이 제 월급으로 강사수당을 준다면 그런 퍼주기 강의는 애초부터 생기지도 않았겠지만 다행히 전체 주민이 부담하는 혈세로 강사수당을 때우니 단체장은 남의 돈으로 인심 쓰는 셈이다. 아예 봉이 김선달이 환생한 격이다. 시기나 질투하지 말라고 말하는 단체장도 있을 법하다. 이때 필요한 말은 이렇다. "퍼주다 지방소멸 당하면 다 당신 탓이라는 것을 알라"

퍼줘야 직성이 풀린다는 일부 지자체의 장보다는 퍼주면 당장이야 인기는 좋지만 종장에는 결말이 안 좋다는 것을 아는 주민자치위원장이나 자치회장의 등장은 신선하다. 가급적 싫은 얘기를 안 들으려는 것이 인지상정인데 굳이 욕먹을 것을 스스로 청하는 것은 퍼주기는 능사가 아니라는 것을 알기 때문이다. 프로그램 수강료를 무료에서 유료로 전환하면 당장 민원이 발생한다. "전임 자치위원장들은 무료로 했는데 왜 유독 당신이 위원장 되면서 주민에게 돈을 내라고 하는 거냐" "수강료 받아서 동네가 발전했다는 소리는 들어보지도 못했다" "주민에게 돈 내라는 사람이 자치위원장이냐" 오만 소리를 다 들어야 한다. 심지어 좋은 게 좋은 거 아니냐며 민원발생은 곤란하다는 읍면동장의 은근한 압박까지도 극복해야 한다. 이런 모든 수모와 관행을 깨야만 무료에서 유료로 전환될 수 있기에 유료로 만든 주민자치위원장이나 자치회장은 '대단한 사람'이라는 말로는 부족하다. '작은 거인'이나 '애국자'라는 표현이 더 어울린다.

퍼주기 대신 욕먹기를 택한 지역이 등장한 것은 최근이다. 정확한 통계자료는 없지만 2016년에 《대한민국 주민자치 실전서》를 출간하게 된 것이 계기가 되어 전국으로 강의 다니면서 알게 된 것을 정리한다. 충남 서천군 서면 주민자치회는 처음엔 프로그램을 운영하면서 무료였다. 이후 몇 개 프로그램만 시범으로 유료로 전환하다가 2018년 1월부터 11개 전체 프로그램으로 유료화 시켰다. 1인당 월 1만 원씩 징수한다. 같은 서천군 마산면 주민자치회도 전부 무료였으나 2019년 1월부터 시범적으로 기존의 요가교실만 1인당 월 2만 원씩 징수한다. 충북에는 청주시가 대표적인 사례다. 상당구 금천동 주민자치위원회가 2019년 3월부터 반기별 1인당 1만 원씩 징수하고 있으며, 용암2동도 뒤를 이어 2020년 1월부터 반기별 1인당 1만 원씩 징수하고 있다. 청주시 서원구에서는 성화개신죽림동 주민자치위원회가 2019년 1월부터 매월 1인당 3천 원씩 징수한다. 세종특별자치시에서는 장군면 주민자치회가 2019년 7월부터 전체 프로그램을 대상으로 매월 1만 원씩 징수한다. 특히 장군면 자치회장은 70대의 노신사다. 체격도 보통이나 어쩌면 약간 왜소한 느낌마저 준다. 70대의 노신사가 그런 뚝심을 발휘했다고 생각하면 대단하다는 말이 먼저 떠오른다. 더구나 세종특별자치시라고 하나 동(洞)도 아닌 면(面) 지역이 아닌가. 우연의 일치인지 공교로운 것인지는 모르겠으나 사례지역이 충청권이라는 점이 특이하다.

굳이 사례를 든 이유는 잘 알 것이라고 믿지만 아직도 프로그램을 무료로 운영하는 곳에서는 전국주민자치박람회에서 대상이나 최우수상을 받은 곳을 벤치마킹하기 전에 이곳부터 하라는 취지다. 욕먹을 때 배불렀냐고, 무슨 마음먹고 욕먹기를 자청했으며 면장과 동장이 싫어했을 텐데 어떻게 극복했냐고, 비장의 노하우 좀 알려달라며 노골적으로 물어봐야 한다.

다행인 것은 주민도 달라졌다는 것이다. 예전엔 보릿고개라 해서 먹고 살기 힘든 시절이 있었다. 하루 세끼를 해결하기도 힘들어 수강료 납부도 힘들어서 자녀를 학원 보내기도 힘들었다. 이젠 마이카 시대를 넘어 흑백 TV에서 컬러 TV로, 못 가던 해외여행도 수시로 가는 세상이다. 게다가 문화센터 등에서 제공하는 각종 프로그램 강좌도 수강료가 너무 저렴하면 강의 품질이 떨어지는 것 아닐까 의심받는 시대다. 혹여 무료강좌라고 하면 많이 몰릴 것 같지만 되레 수강생이 안 모인다. 내가 강의를 듣는 혜택을 받는데 그 대가로 수강료를 받지 않는다면 보나마나 부실강의이거나 초짜 강사의 스펙 쌓기에 동원되는 들러리 수강생 역할만 하는 것 아니냐는 판단이다. '무료'는 실력 없는 자들이 즐겨 사용하는 처세술로 감성팔이의 극치다. 공짜로 상품을 준다고 어르신을 현혹하여 모아 놓고 정작 자녀들 몰래 어르신을 상대로 덤터기를 씌우는 모리배가 연상되는 것은 차라리 나 혼자만의 생각이었으면 좋겠다. 제 돈 가지고 무료로 하면 아까우니까 남의 돈 가지고 무료로 하는 짓에 더 이상 현혹되면 안 된다. 그것은 하수(下手)가 즐겨 쓰는 대표적인 수법이다. 상수(上手)는 받을 건 다 받고 그 이상을 돌려준다. 지식과 지혜를. 하수의 쩨쩨함을 택할 것인지 아니면 상수의 당당함을 택할지는 오롯이 스스로 결정할 일이다.

자치리더라는 말이 있다. 주민자치위원회라면 간사와 주민자치위원장이고, 주민자치회라면 사무국장과 자치회장을 말한다. 의식 있으면서 분과에서 생산하는 여러 가지 문서를 대체로 작성할 수 있는 분과장도 포함된다. 이들이 진정한 자치리더라면 공짜를 거부해야 한다. 공짜 좋아하면 인생도 공짜가 된다. 한 번 온 인생에서 왔으면 흔적을 남기고 가야지 흔적 없는 공짜인생을 살다가 간다면 억울할 것 같다. 쩨쩨하게 하지 말고 당당하게 자치위원을 하자. 무료라는 것은 누군가에게 도움을 받았거나 의지한다는 의미와 통한다. 무료 배포자의 영향권 안에 있다면 나중에라도 제대로 결정하기 어렵다. 공사를 구분해야 하는 자치위원이 어느 한쪽에 기울어진다면 결정하는 순간에 제대로 결정할 수가 없다. 그래야 자치가 '한 뼘' 더 자란다. 스스로 쏟아부은 열정과 노력으로 자치가 성장할 때 보람과 자부심 그리고 자존감이 찾아온다.

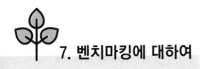

7. 벤치마킹에 대하여

벤치마킹은 즐겁다. 아니 설레기까지 한다. 이번에 가면 무엇을 얻을 수 있을까. 이런저런 생각에 전날에는 잠도 설친다. 벤치마킹은 1박 2일이거나 당일코스인 경우가 대부분이나 빠지지 않는 약방의 감초 격인 명소 탐방이 있다. 아직 안 가본 곳을 가면 더욱 기분이 좋지만 간적 있는 곳이어도 새롭게 느껴지기도 하고 몇 해 또는 계절이 바뀐 탓에 또 다른 기대감도 갖게 된다.

이런 설레는 행사이건만 방문하는 이나 맞이하는 이는 서로 준비할 사항들은 다 챙겼는지 간혹 궁금하다. 그냥 방문하거나 맞이하는 것은 주민자치에 대한 예의는 아니리라. 우선 방문하는 경우에는 최소한의 행사요지는 있어야 한다. 행사의 시간계획과 그에 따른 방문대상이나 시설에 대하여 간략하게 요약된 자료로 보통은 A4용지를 횡으로 반절하여 양면으로 기재한다. 방문하는 주민자치(위원)회의 간략한 소개에는 자치위원 인원과 분과회의를 매월 실시하며, 주민자치회로 전환된 경우에는 전환한 시기가 적혀 있다. 다음으로는 활동현황이 소개되는데 주로 전국주민자치박람회 본선 진출을 몇 회하여 장려상 등의 수상실적과 주요 추진사업을 개략하여 작성해서 보는 이의 궁금증을 달

래준다. ·간사나 위원장이 분과장 등 활동이 활발한 자치위원에게는 벤치마킹 가서 그 사람들 자랑만 듣지 말고 질문도 좀 하시라고 신신당부도 한다. 이 정도만 준비해도 무난할 것 같다. 조금 더 준비한다면 벤치마킹은 배우러 가는 게 목적이니까 약간의 방문선물이 있으면 좋겠다. 특산품이 있는 경우에는 특산품을 활용하면 좋다. 예를 들어 사과의 고장이라면 사과 1박스 정도를 방문선물로 교환하면 적당하다. 방문선물을 준비하는 이유로는 배우러가는 사람의 기본예의이기도 하지만 간혹 맞이하는 쪽에서 방문선물을 미리 준비하는 경우도 있다. 이때 주는 것도 없이 받기만 한다면 상당히 난처하다. 요즘에 그렇게 착한(?) 곳이 어디 있냐고 할지 모르겠으나 막상 그런 일이 일어난다면 참으로 황당할 것 같다. 활용할 특산품이 없다면 굳이 내 동네로만 국한시킬 것이 아니라 구(區)나 시(市)로까지의 범위를 확대시킨다면 특산품을 대신할 것은 해결할 수 있다. 그래도 없다면 만만한 게 책이다. 유유상종이라고 같은 주민자치 업계(?)에서 만난 사이니까 주민자치 관련 책을 5권 정도 구입하여 전달하면 무리하지 않아도 되어 좋다. 가령 서울 지역에서 다른 곳으로 간다면 지금의 홍대 거리를 조성한 비하인드 스토리가 담긴 마포구 서교동장의 주민자치 이야기인 《도시에서 마을을 꿈꾸다》나 서울특별시에서 낸 《마을을 상상하는 20가지 방법》이 있다. 경기도에서는 대한민국 주민자치의 바이블로 인식되고 있는 《대한민국 주민자치 실전서》가 있다. 충남에서는 《마을 공화국의 꿈 홍동마을 이야기》가 있다. 전남은 함평 나비축제를 맨땅에서 일군 《나비의 꿈》과 공무원이 경영하는 《주식회사 함평군》이라는 책이 돋보인다. 부산광역시에서는 감천문화마을을 스토리텔링한 《골목에서 시작된 기적》이 있다. 이외에도 찾아보면 더 있겠으나 필자의 안테나에 포착된 것으로 대표적인 것만 소개한다. 소개한 책 가운데 아직도 서점에 재고가 있는 것도 있겠으나 품절된 경우라면 인터넷 중고서점을 활용하면 시간이 걸려서 그렇지 구입할 수는 있다. 충분한 설명에도 불구하고 그럼 소개된 책 1권씩 5권을 주면 되는 거냐고 묻는 분이 있을까봐 답한다면 방문하는 곳의 자치 수준과 자치문고를 운영하는지 여부가 기준이다. 아직도 자치문고를 운영 안 한다면 다양한 것이 좋고 운영하면 한 가지 종류로 5권이어도 괜찮다. 중고서점이라고 발품 팔아서 사야 되는 거 아니냐고 할 사람도 있다면 한번 해보라고 말할 수밖에 없다. 단, 고생을 사서 하겠다고 주장하는 것은 안 말린다는 의미라는 것은 알아두어야 한다. 현수막도 당연히 준비하겠지만 현수막에 들어갈 문구내용과 명칭은 정확해야 한다. 아직 주민자치위원회인데 주민자치회로 기재한다면 화룡점정이 아니라 옥(玉)의 티가 된다는 것은 누구나 알지만 간혹 실수가 발생한다. 만반의 준비를 하였다고 자부하면서 떠나려고 하겠지만 아직도 챙겨야 할 것이 있다. 우선 명함을 미리 준비하자. 최소한 간사와 주민자치위원장은 명함이 있어야 한다. 그 명함에는 남녀의 성별을 불문하고 핸드폰 번호와 이메일이 있으면 더 좋다. 아니 신뢰감마저 느끼게 해준다. 명함 교환하면서 약간은 의아해하는 부분이 있는데 남자인 경우에는 핸드폰 번호는 있지만 이메일이 없는 명함을 받을 때는 순간적으로 느낀다. "아, 아직 이메일이나 컴퓨터를 잘 다루지 못하는 분이구나" 라고. 이 말은 무슨 의미로 느껴야 할까. 말로는 간사 또는 위원장이지만 컴퓨터를 다루지 못하는 분이기에 '바지사장'처럼 보인다는 것이다. 우리가 주민자치를 잘 한다고 하니까 그냥 구경 온 것이지 진짜 배우려고 오신 분이 아니라는 것을 알려주는 셈이다. 노골적으로 얘기하면 우습게 보인다거나 실력 없는 사람으로 치부될 수도 있다는 말이다. (그러니 사전에 이메일은 확보해두고 – 정 모르면 30분 정도면 배우니 자녀한테라도 배우자 – 확보한 김에 이메일도 자주 사용해야 한다. 그래야 더 좋은 자료를 많이 얻을 수 있다.) 여자인 경우에는 간혹 주민자치(위원)회 사무실 전화번호만 있지 핸드폰이나 이메일은 없는 경우가 있다. 진짜 없다면 괜찮지만 여성이니까 공개하기 싫다는 표시로 만든 명함이라면 상대방의 명함을 받기만 하고 내 것은 아예 "오늘은 미처 준비하지 못했다"고 말하는 게 차라리 좋다. 물론 비례(非禮)다.

다음으로는 사전에 준비하거나 확인했어야 할 내용이다. 우선 식사 문제다. 요즘엔 주민자치(위원)회에서도 마을기업이나 사회적 기업 또는 협동조합을 운영하는 경우도 있다. 마침 찾아가는 곳에서 도시락이나 밥집을 그런 형태로 운영하고 있다면 찾아가는 입장에서나 맞이하는 입장에서도 정당한 비용을 지불하고 이용하면 더욱 좋다. 상생의 사례이고 상생의 현장이다. 사전조사는 많이 할수록 유익하다는 것은 언제나 맞는 얘기다. 사전에 준비할 때 추가할 사항으로는 현장 부근에 명소(名所) 추천도 부탁하면 일거양득이 된다. 경우에 따라서는 할인율도 적용받을 수 있다.

공무원에게 의지하지 않는 곳으로 유명한 경기도 남양주시 진접읍 주민자치위원회를 벤치마킹할 때 다음 내용을 참고하면 좋다. 상근직원은 4명이다. 사무국장을 비롯하여 행정직원과 대리 그리고 청사관리원이다. 상근직원이라는 것은 급여(월급)가 지급된다는 뜻이다. 프로그램 수강료 수입으로 급여를 감당할 뿐만 아니라 각종 주민자치사업도 추진한다. 프로그램은 108개 강좌를 운영하고 있다. 코로나19 이후로 프로그램 강좌가 28% 감소된 결과다. 『우리 동네 한바퀴』라는 식당을 진접읍 주민자치회가 주관하고 진접농업협동조합과 문화의집이 함께 참여한다. 진접읍은 2009년 이후 택지개발에 의해 아파트가 들어서고 인구가 2배로 급증되었다. 진접에 이사 왔으나 마을을 잘 모르는 주민을 위해 마을탐방을 추진하고 있다. 도농복합지역의 장점을 활용하고 농업인의 6차 산업 진출 기회를 확대하고자 주민자치위원회에서 농촌체험 활동과 문화행사를 접목하여 탄생하게 되었다. 주민자치위원회는 행사를 기획하여 진행과 홍보를 통한 참가자를 모집한다. 진접농협은 농업인 체험활동과 로컬푸드 홍보를 담당한다. 진접문화의집은 환대 공연 기획, 공연 동아리 섭외 활동을 맡고 있다. 주민 역사문화 동아리는 마을 안내 해설을 비롯하여 지역에서 판매하는 재료로 만든 도시락을 마을 환대용으로 판매한다. 이 마을 도시락은 벤치마킹 오는 사람들에게 저렴한 가격으로 판매하고 있으며, 진접읍 주민자치회의 또 다른 명물로 기록되고 있다. 진접읍을 벤치마킹할 때는 인근의 힐링 장소도 달콤한 휴식을 제공해준다. 내각리 알동산(내각리 327번지)은 유휴지를 활용한 주민쉼터 문화공간이 있으며, 광릉숲 둘레길과 연결되는 자전거 도로 & 부평리 습지 수목원 데크길도 있다. 광릉숲 생물권 보존지역 둘레길(https://www.gfbr.kr)은 방문객의 탄성을 자아내게 한다. 인터넷 검색을 하고 나서 방문하면 알뜰살뜰한 힐링을 보장한다. 아기자기한 마을살이로 시작해서 공무원에게 의지하지도 않으면서 자치역량의 모범으로 등극한 진접읍은 소수 엘리트가 이끌고 있는 게 아니라 전체 자치위원 22명 개개인이 집단지성의 주체이기에 가능했다.

벤치마킹 팀은 듣고 보기만 해서는 안 된다. 궁금한 것이 있기에 벤치마킹하는 것이니까 반드시 궁금한 것은 물어야 한다. "처음부터 잘 나가는 위원회는 아니었을 텐데, 어떻게 변화의 계기가 있었던 것이냐" "각종 주민자치 사업계획서와 전국주민자치박람회 공모신청서는 공무원이 작성하는 거냐 아니면 주민자치위원회에서 작성하는 것이냐" "공무원에게 의지하면 일은 공무원이 다하고 자치위원은 우아하게 결재만 하면 되는데, 왜 바보같이 자치위원 스스로 기획하고 실행해서 힘들게 자치를 하고 있나?" "그렇게 주민자치를 스스로 하니까 뭐가 달라지고 보람은 진짜 느끼고 있는 것이냐" "분과회의서류와 전국주민자치박람회 공모신청서도 보여 달라" "위원장은 일 년에 개인 돈을 얼마나, 어느 항목으로 쓰고 있나?" 이런 노골적인 돌직구를 날려야 한다. 그래야 벤치마킹의 효과가 있고 주민자치가 성장할 수 있다. 같은 업종에 종사하는 관계로 덤터기를 씌울 주민자치(위원)회는 없다. 결국 보이는 게 전부가 아니라는 얘기니까 항시 마음을 열고 물어보는 자세를 가져야 한다.

이렇게 준비했건만 또 하나 있다면 짜증낼까. 마지막으로 벤치마킹 리스트 얘기다. 보통은 위원장이 몇 명의 분과장이나 자치위원에게 오늘 가서 꼭 질문을 하시라고 부탁하겠지만 '말할 질문'은 작성이 되었어야 한다. 사설은 생략하고 간략한 벤치마킹 리스트를 참고해서 가감하여 사용한다면 지역 활성화를 위한 주민의 삶의 질 향상을 목표로 하는 주민자치의 긴 여정을 조금이나마 앞당길 수 있을 것 같다.

벤치마킹 리스트

(방문대상 : 경기도 남양주시 진접읍 주민자치위원회)

연번	질문사항	비고
1	매년 시에서 지원되는 예산과 항목은?(일반운영비, 인건비 등)	
2	공무원에게 의지하지 않는 위원회로 유명한데, 담당 공무원 등이 진접읍 주민자치위원회에 행정지원 해주는 구체적인 내용은?	
3	(공무원에게 의지하면 일은 공무원이 하고 자치위원은 우아하게 결재만 하면 되는데 굳이) 공무원에게 의지하지 않는 주민자치를 하게 된 것은 언제부터이며, 왜 그렇게 하게 된 것인지?	
4	공무원에게 의지하지 않고 순수한 주민자치를 하니까 불편하거나 후회하지는 않는지? (진짜 자랑스럽게 생각하는지?)	
5	각종 주민자치 사업의 아이디어는 어떻게 발굴하는지?	
6	분과회의를 매월 1회 이상 하면 생업에 지장 있는 것은 아닌지?	
7	분과나 사무국에서 생산(작성)하는 각종 사업 등의 문서는 누가 작성하나?	
8	전국주민자치박람회 공모신청서는 주로 누가 작성하는지?	
9	공모사업 참여는 어떻게 하고 있으며, 공모신청서는 누가 작성하는지?	
10	마을민원이나 마을의제 발생 시에는 어떻게 하고 있는지?	
11	주민자치회와 관련하여 진접읍장이나 담당 공무원의 역할은 무엇이며, 월권이나 압박을 가하는 경우에는 어떻게 대처하는지?	
12	분과장이나 자치위원장은 1년에 책을 몇 권이나 보시는지?	
13	분과회의서류나 전국주민자치박람회 공모신청 서류를 보여줄 수 있는지?	

　이제 벤치마킹을 맞이하는 입장에서도 준비사항이 몇 가지가 있다. 오겠다는 곳에 다시 한 번 확인할 사항이다. 첫째, 날짜가 확정되면 벤치마킹 오겠다는 공문발송을 요청해야 한다. 이는 서로 자료관리를 위함이기도 하지만 연말 주민자치센터 운영평가나 전국주민자치박람회 공모신청서에 지역자원 연계 내지는 교류항목에 요긴하게 사용된다. 둘째, 맞이하는 입장에서 마을기업이나 협동조합 내지는 사회적기업을 운영하면서 혹시 도시락이나 식당도 사업의 일부인 경우에는 활용하라는 얘기다. 예를 들어 진접읍 주민자치위원회에서 자체적으로 식당을 운영하고 있는데 품목에 도시락이 있다면 의당 그 도시락으로 점심을 해결하는 게 예의다. 여행을 자주 하는 경우에는 '공정 여행'이라는 단어를 알고 있을 뿐만 아니라 늘 실천한다. 필수품이 아니면 현지인이 운영하는 상점에서 현지인이 만든 의미 있는 물건을 정당한 대가를 지불하고 구입해야 한다. 좀 더 부연 설명하면 공정 여행이란 현지의 환경을 해치지 않으면서도 혜택이 현지인에게 돌아가는 여행을 말하는데, '착한 여행', '책임 여행'이라고도 불린다는 것을 기억하자. 방문하는 곳의 이런 사업이나 공정 여행이란 배경도 모르면서 출발 전에 별도의 도시락을 준비하거나 식사 시간을 조금 늦춰 쌍방하고 관계없는 다른 지역에서 한다면 생뚱맞지 않을까. 셋째, 벤치마킹을 마치면 인근 명소를 탐방하게 되는데 사전답사가 충분하였다면 모를까 그렇지 않은 경우에는 서로 힐링 장소 등의 명소를 추천해달라고 부탁하여 벤치마킹의 효율을 높여야 한다. 인터넷에서는 오늘도 입장이 가능한 장소로 나오겠으나 현지에서는 공사기간인 경우도 있고 특별한 사정으로 임시 폐쇄하는 경우도 있다. 항시 플랜A만 가지고 있는 것은 아마추어이며, 플랜B까지 있어야 프로의 자세라는 걸 새기고 있어야 한다.

다음은 준비할 사항이다. 첫째, 맞이할 입장에서는 특산품이 있다면 자치센터 입구 주변에 특산품 홍보판매대(진열장)가 항시 있어야 좋다. 말로는 특산품이 있다고 하는데 진열장이 없는 경우 "이 사람들이 제정신인가"라는 인상을 준다. 대도시는 특산품이 거의 없어서 진열하고 싶어도 못한다. 있는데도 불구하고 진열장이 없으면 이제라도 준비해야 한다. 둘째, 명함 준비다. 오는 사람이야 그렇다하더라도 맞이하는 입장에서는 분과장 이상은 명함이 있어야 좋다. 배울 게 있어서 온 지역이니 각 분과장마다 나름의 역할을 하고 있는 셈이니 어디에서라도 명함을 내놓을 준비는 되어 있어야 한다. 궁금할 때마다 매번 간사나 위원장에게만 물어본다면 세세한 궁금증을 해결하기에는 부족하기 때문이다. 셋째, 방문자료를 준비하자. 보통은 PT자료로 때우는데 바른 자세가 아니다. 간략한 자료라도 행사요지 또는 방문자료의 형식으로라도 문서자료를 만들어서 준다면 성실한 첫인상이 오래 갈 수 있다.

넷째, 가장 중요한 이실직고의 시간이다. 실적자랑만 하지 말고 변하게 된 계기와 그 과정에서의 마찰을 어떻게 극복하였으며, 그 이후 변하고 나니까 달라진 점을 솔직하게 설명해줘야 한다. 그래야 하나라도 배울 수가 있다. 간혹 질문하면 답해주겠지만 물어보지도 않았는데 자세한 내용을 알려주기에는 좀 그렇다는 말을 듣곤 한다. 설령 배우려는 자세가 아니어도 알려주어야 할 이유는 이렇다. 주민자치위원장이나 자치회장이 전부 다 허접한 사람은 아니듯 방문한 일행이 모두 허접한 사람이 아니기 때문이다. 설령 인솔하는 위원장이나 자치회장이 허접해 보여도 그 일행 가운데 두세 명 정도는 설명하는 중에도 눈이 초롱초롱하고 귀가 쫑긋한 이가 있다. 자치의 열정이 넘치되 아직 신참이거나 이제 겨우 중참인 탓에 질문은 못하고 듣기만 하고 있는 것이다. 그들에게 무언가 에너지를 불어넣어주어야 한다. 이것이 자치이고 자치를 하니까 주민이 더 좋아한다는 것을 온 몸과 마음으로 심어줘야 한다. 질문이 다소 빈약하니까 보충설명으로 채워주고 사전답사가 다소 부실하니까 챙겨주는 게 앞서가는 주민자치(위원)회의 동반성장 전략이고 책무다. 지금은 동생이 아니라 형의 역할을 충실히 해야 한다. 그러한 마음으로 동생들을 챙겨줘야 자치가 '한 뼘' 자란다.

마지막으로 벤치마킹 추천대상을 소개한다. 첫째, 서울특별시 마포구의 성미산마을을 방문하면 쇼크를 먹는다. 마을사람들이 모여서 스스로 알아서 한다. 부연 설명하면 오히려 사족이 될 것 같다. 벤치마킹 갈 때 '성미산마을 공동체'(https://sungmisan.org) 를 방문하여 2주 전 탐방신청을 하거나 전화문의 후 방문하면 좋겠다. 탐방신청인 경우 2시간이 소요되며, 1회당 10명 기준으로 탐방비는 15만원이다. 둘째, 부산광역시 감천문화마을이다. 산 전체가 뒷골목의 미로와 연결되어 있다. 백문이 불여일견이다. 가봐야 안다. 가서 도착하면《골목에서 시작된 기적》이라는 책을 안내 데스크에서 무조건 사는 게 좋다. 정가는 8,000원으로 저렴하다. 읽어 보면 가슴 깊은 곳에서 무언가 꿈틀거리는 걸 느끼게 된다. 누구는 열정이라고도 한다. 드디어 내게도 열정이 생기는 것 같다며 좋아한다. 셋째, 대구광역시 김광석의 길이다. 많은 이들이 방문해서 유명한 곳이지만 아직 안 가봤다면 얼른 가야할 장소다. 구도심에서 지역 활성화의 사례 지역이자 전통시장 활성화 차원에서도 자원연계 사례로도 활용할 수 있다. 넷째, 전북 군산이다. 철길마을이 많이 알려진 곳으로 서울과 부산에서도 자주 찾아온다. 폐지된 철길이 있는 곳에서는 아이디어 발굴차원에서 좋은 사례이며, 구도심 지역에서도 활용이 가능하다. 우체통거리는 주민이 스스로 만든 사례로 귀한 대접을 받는다. 우체통거리는 "없으면 만들면 된다"의 대표적인 사례다. 내세울 것 없다고 기죽지 말자.

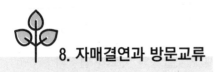

8. 자매결연과 방문교류

"유시무종(有始無終)은 많으나 유시유종(有始有終)은 드물다."

독립운동가 월남 이상재 선생

많이 들어본 말이다. 이는 많은 사람이 일의 시작은 그리도 잘하면서도 그 일을 끝까지 마무리하여 유종의 미를 거두기는 쉽지 않다는 말로 자주 인용된다. 주민자치(위원)회에서 여러 가지 사유를 들어 자매결연을 맺고 있는데 나는 이 말이 자주 떠오른다. 벌써 동의하는 사람이 있다면 그는 틀림없이 자치활동 경력이 많은 사람이거나 간사 또는 위원장이겠다.

한 번 짚어보자. 자매결연은 누가 나서서 하자고 할까. 또 왜 하는가. 왜 시작은 있는데 끝이 없을까. 언제까지 그래야 하나. 대안은 있을까 등이 자매결연과 관련된 질문이고 풀어야 할 숙제다. 먼저 누가 나서서 하자고 할까를 보면 대부분 자치위원장이든지 읍면동장이다. 도농교류 등을 내세워서 주장하지만 실속은 따로 있다. 내 고향에 조금이라도 도움이 될 것 같아서 수도권에 있는 이가 제 고향 읍면동과의 교류를 원하는 것이다. 때로는 간사나 팀장이 나서기도 하지만 이유는 마찬가지다. 이런 경우 하는 건 좋다. 시작이 있으면 끝도 있어야 하는데 끝은 없다. 자매결연을 주도한 동장이 다른 곳으로 발령이 나거나 자치위원장이 임기가 종료되어 새로 등장한 자치위원장 등이 전임자의 흔적 지우기에 나서는 경우 기존의 자매결연이 존재하는 것도 아니고 그렇다고 부존재도 아닌 어정쩡한 상태로 방치되는 게 다반사다. 그렇다고 기록문화를 존중하는 습관이 있어 보도자료라도 제출했다면 좋으련만 기록관리도 부실하여 언제가 자매결연 맺은 날인지조차 모르는 곳도 태반이다. 심지어 대략 언제쯤이라고 하자는 곳도 있다.

실정이 이러하니 자매결연 맺을 때도 무슨 이유가 있어야 하는데 그런 기준이 제대로 있을 까닭이 없다. 자매결연의 기준은 크게 세 가지다. 첫째, 자치역량이 다소 부족하여 자치내공을 배우려는 목적이어야 한다. 공무원에게 의지하지 않는 주민자치(위원)회와 교류하여 관치(官治)의 사슬을 끊어버리겠다는 결연한 의지가 있는 곳에서만 추진이 가능하다. 받아주는 입장에서도 자치열정이 의심의 여지가 없는지 꼭 확인해야 한다. 흉내만 내는 경우 서로 낭패다. 시간과 돈 낭비만 하게 되니 꼭 확인하자. 배우기가 목적인 경우에는 선택이 중요하다. 자치역량이 높다는 것은 전국주민자치박람회에 본선 진출하여 장려상부터 대상까지 받은 실적을 말한다는 것이 아니라는 것이다. 공무원에게 의지하는 관치(官治)에서 벗어나서 자치위원 스스로 마을의제를 처리해 나가는 자치(自治)가 되어 있냐는 것이 주된 관건이다. 이런 곳은 기획부터 출발하여 실행을 거쳐 평가를 하는 체계가 잡혀 있다. 바로 이것을 배워야 한다. 구체적으로 말하면 관치에서 자치로의 긴 여정을 거쳐서 자치마을로 정착한 곳은 중간에 변곡점이 있었다. 일은 공무원이 하고 자치위원은 우아하게 결재만 해도 되는데 이젠 그렇게 안 하고 있으며, 오히려 일도 스스로 하고 결재도 스스로 하자고 달라진 것이다. 달라졌더니 주민의 삶의 질도 더 나아졌다는 얘기가 된다. 왜 달라졌는지, 달라지니까 뭐가 좋은지를 배워야 주민이 좋아한다. 주민이 좋아하는 것을 추진하는 사람이 자치위원이다. 그런 관치에서 자치로의 긴 여정을 걷다 보면 잠시 쉬는 틈을 활용해서 우리의 실력이 어느 정도인지 한번 점검하는 것이 전국주민자치박람회다. 박람회에서 장려상부터 대상까지의 상을 받았다고 해도 관치를 벗어나서 자치로 정착했다고 보기에는 다소 무리라고 본다. 박람회 공모신청서 제출과정과 선정 후 부스 운영 등의 경우 아직도 공무원에게 의지하는 부분이 다소 있다는 것은 부인하기 힘들다. 박람회에서 장려상부터 대상까지의 상을 받은 지역에서는 실적 인정에 따른 기쁨은 잠시만 누리고 아직도 공무원에게 의지하고 있는 부분이 무엇인지 목록을 작성해서 하나씩 지워나가야 한다. 최종적으로 다 지워지는 날이 온전한 주민자치의 달성이자 새로운 시작이 되는 날이다.

둘째, 도농교류로 저렴한 구매와 소득증대를 목적으로 한다. 일반적으로 도시는 소득이 높고 소비지역이다. 농촌은 생산지역으로 판매처 확보가 필요하다. 더욱이 품질이 보증되고 저렴하니 서로 이득이다. 도농교류도 특산품 판매가 기본이지만 앞에서 언급한 것처럼 배울 수 있는 곳도 염두에 두어야 상호 발전이 지속될 수 있다는 것을 알고 있어야 한다. 예를 들어 도농교류 하는 중에 도시에 있는 A동이 박람회에 4년간 계속 본선 진출하여 장려상 이상의 실적을 거두고 있는데 B면은 박람회에 공모신청서 제출은 안 하고 매번 특산품을 A동에만 판매하는 것에만 관심을 가진다면 교류가 지속되기는 어렵다고 봐야 한다. A 동에서 B면을 바라보는 시선도 예전만큼 곱지는 않을 것이다. "특산품 판매에만 관심있구나"라고 생각할 것 같다. 아울러 B면에서도 한두 해는 모른 척 하겠지만 내부에서 먼저 호루라기 불 것 같다. "A동은 벌써 박람회에서 상도 여러 번 탔는데 우리는 물건만 팔았네" "우리 위원장님은 뭐 하시는 분이지" 이 대목에서 교류를 노골적으로 판매라고만 생각해도 B면의 계산은 잘못됐다. 물건을 팔 때 한 사람에게만 파는 것과 여러 사람에게 파는 것 중 어느 것이 효과가 더 클까. 당연히 여러 사람이다. 자매결연 맺으면 한 곳밖에 판매가 안 되지만 박람회 본선 진출하면 여러 곳에 물건을 팔 수 있다는 생각을 해야 한다. 왜냐고. 벤치마킹 오니까 하는 말이다. 다시 언급하면 하수는 한 가지만 생각하지만 고수는 두 가지 이상을 생각한다는 것을 기억하자. 셋째, 힐링 장소 확보차원이다. 도시의 A동과 지방의 B면과 교류로 방학을 이용한 자녀들의 교류방문으로 활용하면 문화체험을 통한 정서 함양에 효과가 크다. 이후 워크숍이나 문화탐방으로까지 확대하면 시야도 넓어진다.

자매결연에 대한 확고한 기준이 필요한 이유는 이외에도 더 있을 수 있다. 아니 차고 넘칠지도 모른다. 이제라도 어느 특정인을 위한 자매결연이 아니라 주민 전체를 위한 기준이 필요한 이유다. 시작은 있되 끝이 없는 불편함을 주고 있는 자매결연을 극복할 수 있는 방안이 있다. 기준에 한 가지를 덧붙이자. 어차피 자매결연을 맺을 때는 양쪽의 대표자가 자매 결연서에 서명을 하니 그 서명서 안에는 기간을 넣으면 된다. 대략 주민자치위원장의 임기가 2년이고 1회 연임을 할 수도 있으니 우선 결연기간은 2년으로 하되 재연장 시에는 상호 협의 후 결정한다는 문구만 있으면 지금처럼 용두사미가 되는 일은 없을 것이다. 쩨쩨하게 자매결연 맺으면서 무슨 기간을 넣느냐고 말할지 모르겠으나 그 쩨쩨하다는 말을 듣지 않으려다 계속 시작은 있고 끝이 없게 되는 것을 자주 봐야 한다. 영원히 쩨쩨하다는 말을 들을 수는 없지 않은가. 작정해서 추진하는 것은 확실한 게 좋다.

최근에는 자매결연보다 방문교류를 선호한다. 확실한 끊고 맺음이 없는 자매결연에서 벗어나 아예 자매결연은 맺지 말고 자유롭게 교류하자는 것이다. 자매결연을 맺으면 어차피 다소간 구속된다. 축제 등의 행사에 지역 특산품을 어느 정도는 소화해주어야 하는 부담감도 있다. 구입하기 힘든 특산품인 경우야 언제든 환영을 받지만 구입하기 힘든 특산품은 사실 찾아보기 힘들다. 상품의 속성이 팔리기 위한 물품이라 더욱 그렇다. 구속되지 않은 자유로운 방문교류이지만 이 또한 끈끈한 정이 부족한 것이 단점이라면 단점이다. 방문교류의 단점을 극복하기 위한 방안으로는 방문교류를 일회성 교류로만 보지 말고 지속성을 담보로 하면 좋겠다. 예를 들면 평생학습센터 등에서는 학습자의 편의를 위하여 강사등록을 통한 강사명단을 확보하고 있다. 설문조사를 반영하여 특정 프로그램을 개설할 때 요긴하게 쓰이는데 방문교류에도 교류했던 지역의 방문 리스트를 작성하여 이웃돕기나 강사추천 또는 새로 수확한 특산품의 등의 요청사항을 수시로 관리한다면 방문교류의 단점은 극복할 수 있다. 경기도 남양주시 호평동은 방문교류를 원칙으로 하면서도 호평동을 방문했던 어느 지역에서 쌀 구입을 요청받았는데 수백 포를 팔아준 사례도 있다. 이처럼 제도야 불편할 수밖에 없다고 해도 운영의 묘를 살린다면 극복 못할 제도는 없다. 다 하기 나름이라는 말은 지금도 유효한 말이다.

9. 주민을 감동시키는 『감성캠페인』

　세상이 야박해졌다. 최근 자주 듣게 된다. 언제부터였는지는 기억이 가물가물하다. 누구는 월급봉투가 사라지고부터라고 한다. 다른 이는 흑백 TV를 볼 때는 잘 몰랐지만 컬러 TV 보급과 집집마다 자동차가 생기면서부터라고도 말한다. 어느 학자풍의 이웃은 미혼여자가 결혼하면 직장을 그만 두는 게 사회 분위기였는데 계속 직장에 다니면서부터라고도 진단한다. 더 심하게 표현하는 이도 있다. 이들은 남자의 전성기에서 여자의 전성기로 바뀌면서라고 확언한다. 공무원 시험에서의 군가산점제도의 폐지와 가장(家長)이라는 권위의 추락으로부터 세상은 변했다고 말이다. 누구의 말이 맞는지 알 수는 없지만 사회가 점점 각박해지는 것 같다는 것에는 공감하는 이들이 늘어나고 있다.

　그런 야박한 사회에 한 줄기 빛이 되거나 작은 울림으로 타인의 마음을 진동시키는 지역사회 공동체의 근간인 주민자치(위원)회가 있다. 아직은 숫자가 적다고 하지만 숫자는 의미가 없다. 참여대열이 계속 이어지고 있기 때문이다. 지역공동체의 가장 큰 축을 이루고 있는 주민자치(위원)회에서 추진하고 있는 일은 많지만 그중 주민을 감동시키는 사례를 몇 가지 공개한다. 어쩌면 사례지역인 그곳에서만 할 수 있는지도 모른다. 누군가 공감하는 자치리더가 있다면 그 사례는 삼천리 방방곡곡으로 퍼져나갈 수도 있겠다. 나는 그 역할을 이 글을 보는 독자라고 생각한다.

하나, 독후감 공모전 개최

주민자치(위원)회에서는 프로그램을 운영하는 것을 좋아한다. 무척 좋아한다. 수강료 수입으로 자체사업을 추진해서 다시 주민에게 환원하는 선순환 구조를 가졌으니 좋아할 수밖에 없다. 더구나 보통의 경우 책을 좋아하는 선조의 DNA를 물려받은 탓에 지혜를 담긴 책을 너무 좋아한다. 자녀에게 "책 보라"고 항시 권할 정도다. 이 점에 착안해서 '독후감 공모전'을 개최하자. 주민도 좋아한다. 요즘에는 대부분의 주민센터나 자치센터에는 주민문고를 운영한다. 주민문고를 장식용으로 만들 필요는 없다. 대상은 일반인과 학생(청소년)으로 구분한다. 최우수, 우수 그리고 장려로 입상범위를 정하여 약간의 시상을 가미하면 효과가 있다. 상품으로는 문화상품권이 제격이다. 독후감 공모전 성격에 맞게 시상은 저렴해도 무방하다. 학생의 경우 최우수 1명 5만원 상당의 문화상품권이면 된다. 우수는 2~3만원이면 족하고 장려는 1만원이면 된다. 상금액수가 많으면 되레 학부모의 원성을 듣게 된다. 아이들 버릇 망칠 일 있냐고. 게다가 마을신문이나 마을소식지를 운영하고 있다면 금상첨화다. 마을신문 인지도도 높인다. 주민문고가 없다고 낙담할 일도 아니다. 없으면 이번 기회에 만들자. 동네방네 방을 붙이면 된다. '안 보는 책 기증 캠페인'을 전개하면 쉽다. 요즘 같은 시대에 누가 일부러 책을 가져다주겠냐고 미리 비관하지 말자. 한 번 해보면 의외로 반응이 있다. 어떤 이는 마침 책들을 어떻게 처리해야 하나 고민했는데 잘 됐다고 말한다. 주민자치(위원)회가 좋은 일 한다며 칭찬까지 듣는 다. 이후에는 매년 1회씩 신간서적을 5~10권 구입하면 주민문고 이용 률을 높일 수 있다. 이름하여 '책 읽는 마을'이 조성되는 순간도 목격하 게 된다. 어디 그뿐인가. 책을 읽으니 집안싸움도 잦아들고 지식과 지 혜가 집안에 넘친다. 이것은 1타 3피 이상을 보증한다. 확실한 자체사 업으로 자리를 잡을 수 있다. 망설이거나 주저할 이유가 없다. 예전에 는 경기도 부천시의 상2동 주민자치위원회가 앞장서고 있었는데 최근 광역동 정책으로 상2동이 광역동인 상동의 일부가 되어 계속 이어지는 지는 알 수 없지만 실시하면 주민과 함께 즐거움을 나눌 수 있다.

둘, 동전의 경제교실(국내외 동전 모으기)

집안에 빨간 돼지 저금통이 있다면 나름 관리를 잘하고 있는 셈이 다. 그렇지 않다면 책상서랍이나 책꽂이 위 등에 방치되어 있지 않을까 한다. 안 쓰는 동전 얘기다. 사소한 물건이라 치부하여 방치하느니 동 전에게 역할을 부여하면 어떨까. 이런 전제하에 시작하는 것이 '동전의 경제교실'이다. 동전은 우리나라 동전과 외국동전을 포함한다. 두 가지 동전을 모아두었거나 모으고 있는 경우 또는 어린 자녀가 있는 경우 우 리나라 동전은 모아서 자녀와 은행에 같이 가서 환전하면 자녀에게는 또 다른 경제교실을 체험할 기회가 된다. 그렇지 않은 대부분의 경우에 는 우리 동전은 연말에 이웃돕기나 장학금 용도로 사용하면 좋다. 외국 동전은 유니세프 한국위원회에 기증하면 된다. 이 경우 엄밀히 말하면 일개 읍면동의 주민자치(위원)회가 국격(國格)을 드높이는 기회에 참여하게 된다는 점이다. 작은 읍면동 주민자치(위원)회가 국격을 드높이는 일에 참여한다는 것은 큰 영광이다.

1988년 해외여행 자유화 조치 이후 우리 국민의 해외여행은 처음에는 부러움의 대상이 되었으나 이제는 일상으로 바뀌었다. 누구나 갈 수 있는 해외여행이고 유별난 동전 수집가도 아니건만 외국동전이 왜 집 안에서 잠자고 있어야 하는지 고민한 적이 드물다. 주민자치를 담당하는 행정팀장으로 재직할 때 동전의 경제교실 운영이 지방지와 인터넷 매체에 홍보되어 어느 날 서울에서 찾아온 20대 후반의 여성이 외국동전 한 주먹을 주면서 "좋은 일 한다"며 격려하곤 떠났다. 뒷모습이 참으로 아름다웠다.

동네에서 자생단체 중에 어느 단체의 장을 맡고 있었던 이는 작은 저금 돼지 저금통 6개를 기부했다. 5개는 우리 동전과 지폐였으며, 1개는 전부 외국동전이었다. "그냥 모아두었던 건데 이번에 얘들도 좋은 일 하네" 받는 이나 건네는 이가 서로 웃었다. 실은 이런 게 주민자치 아니냐며. 이후에는 매년 외국동전을 모아 유니세프 한국위원회에 기증했다. 2013년에 경기도 부천시 원미2동(2016년 전국주민자치박람회 주민자치 분야 우수상 수상)에서 처음 시작하였다. 부천에서는 이후 상2동, 소사동, 약대동으로 파급되었다. 동전의 경제교실에 투입된 예산은 얼마일까. 현수막 1장과 제작한 플라스틱 모금함이 전부다. 어느 해에는 유니세프 한국위원회에 우리 동전과 외국동전을 같이 전달한 후에는 인근에 있는 서울특별시 마을공동체 종합지원센터도 방문했다. 마을공동체에 대한 궁금한 이야기도 들었으며, 질문도 하면서 자치내공을 한 뼘 더 키웠다. 하루일정으로 한 가지가 아니라 두 가지 할 일을 한 셈이라 귀갓길은 한결 가벼웠다.

이처럼 적은 예산을 들여서 울림이 있는 효과를 본 주민자치 사업이 있을까. 전쟁으로 자유민주주의가 존망에 걸렸던 나라에 일면식 없는 외국의 젊은이가 우리를 위하여 피를 흘렸다. 그 숭고한 젊은이를 보내준 나라와 해외 빈민국 어린이를 도울 수 있는 외국동전 모으기는 같이 '가치'를 느끼게 해준다. 참여를 주저할 이유가 없는 이유다.

셋, 다문화 가정 지원을 위한 업무협약

최근 다문화에 대한 관심이 높아지고 있다. 한류문화에 힘입어 우리나라의 국격(國格)이 높아짐에 따라 우리나라에 귀화하겠다는 외국인들이 늘어나고 있다. 반가운 소식이다. 해외에서는 한국어시험에 응시하는 외국인들이 수만 명이 넘는다는 외신도 자주 접한다. 최근의 자료에 의하면 다문화 인구는 백만 명이 넘으며, 2024년엔 총인구의 5%를 넘는 다문화 국가가 될 것이라는 전망도 나왔다고 한다. 인구절벽과 지방소멸을 겪어야 하는 지역에서는 다문화 포용정책이 지방소멸을 극복하는 하나의 대안으로도 준비해야 한다. 이제는 같은 민족이라는 열린 마음으로 포용해야 하는 이유다.

현재 다문화 가정의 정착을 지원하고 있는 사례로 오프라인은 글로벌센터를 들 수 있다. 서울글로벌센터와 각 지역 글로벌빌리지센터가 정보의 창구 역할을 하고 있다. 글로벌센터는 외국인들이 일상생활에서 겪는 불편사항을 해결해주고, 각종 문화 프로그램도 제공하는 일종의 외국인 주민센터다. 온라인으로는 다문화 기족지원 포털 다누리(https://www.liveinkorea.kr)가 대표적이다. 한국생활 적응에 꼭 필요한 기본정보와 다문화 관련 최신정보를 13개 언어로 제공한다. 구체적인 언어로는 한국어, 영어, 중국어, 베트남어, 일본어, 타갈로그어, 크메르어, 우즈베크어, 라오스어, 러시아어, 타이어, 몽골어, 네팔어다. 충남 부여군에서는 군수 관사를 '다문화 교류의 장'으로 운영하고 있다. 2011년 이용우 부여군수가 시작했다.

다문화 가족이 자체적으로 운영하는 단체도 생겼다. 2009년 7월에 창단한 다문화아동 합창단인 '레인보우 합창단'은 국내에서 유일한 합창단이며, 10개국 48명으로 구성되었다. 이젠 어엿한 다문화 사절단이다. 매년 40여 차례 공연을 하면서 한국 속의 다문화 가정을 알리고 있다. 2012년부터는 해외공연도 하고 있다. 다문화노래단 '몽땅'은 각국 민요·춤 등 다문화 전통을 소개하고 있으며, 서울 청계천에서 서울시민들을 상대로 공연하기도 했다. 인천공항의 스카이페스티벌과 서울서 열린 국제마라톤대회에서 축하 공연을 펼쳐 많은 박수를 받기도 했다. 개인적으로 유명한 '다문화'도 각종 언론매체 등을 통해 소개되고 있다. 부산광역시 영도에서 살던 영도를 따 '영도 하씨'를 창설한 방송인 로버트 할리, 1986년 귀화하여 '독일 이씨' 시조로 등극한 이참 한국관광공사 사장, 숙명여자대학교 프랑스언어 문화학과 전임교수로 본관 없이 '도시'를 성으로 등록한 프랑스 출신 이다도시, 필리핀 출신으로 다문화 1호 국회의원이 된 이자스민은 다문화의 상징인물들이다. 공무원으로 진출한 다문화도 있다. 안산 공단엔 캄보디아 여경이 있다. 캄보디아에서 2003년 귀화해 7년 뒤 특채로 경찰이 된 라포마라 경사다. 남편 도움으로 한글 배워 결혼이민으로 첫 교도관이 된 베트남 응우엔티 징씨는 수형 생활하는 외국인을 돕고 싶다고 한다. 이처럼 한국에 와서 열심히 살고 있는 다문화는 '비공식 외교관'이라 할 수 있다.

지역공동체 활성화를 통해 주민의 삶의 질 향상을 꾀하겠다는 우리의 주민자치(위원)회는 국격에 걸맞게 다문화를 어떻게 보듬고 있을까. 자치위원으로 참여하고 있는 지역은 경기도 이천시 창전동과 충남 서천군 마산면 그리고 충남 천안시 성환읍 주민자치회가 있지만 아직 참여율이 적은 것 같다. 다문화와의 한국사회 조기정착을 이끌어내기 위하여 다문화 단체와의 업무협약을 체결한 지역으로는 인천광역시 미추홀구 주안5동 주민자치회가 있다. 2020년 6월에 다문화 지원단체인 미추홀구 가족센터와 협약을 체결하여 다문화를 위한 프로그램 개설 등을 추진하기로 했지만 다른 지역에서는 사례를 찾아보기가 힘들다. 그나마 주민자치(위원)회에서 다문화와 관련한 프로그램을 진행하는 곳도 있다. 경기도 안산시 사동 주민자치위원회는 고려인 아동과 내국인 아동이 놀이를 통해 어울리며 친해지기 프로그램인 '다정다감 프로젝트'를 운영한다. 부산광역시 사하구 신평1동 주민자치위원회는 복지사업 및 주민자치 프로그램을 다문화가족지원센터와 연계하고 있으며, 부산광역시 서구 초장동에서는 다문화 한국어능력시험(TOPIK) 교실, 다문화 한국어교실 자녀반을 운영하고 있다. 세종특별자치시 연서면 주민자치위원회에서는 연서면 소통·화합 프로젝트 다(多), 연서'를 추진하고 있다. 연서면에 거주하는 외국인 근로자 15명을 자율방범 명예대원으로 위촉하고 주민자치센터 프로그램에 반영하고 있으며, 큰 행사에는 외국인 근로자 전용부스를 개설해준다. 비록 시작은 미미했지만 조금씩 다문화를 보듬고 있는 주민자치(위원)회는 명예뿐인 비공식 외교관을 양성하고 있는 셈이기도 하지만 남다른 의미와 울림을 던져

주고 있다. 비전 있는 자치리더가 있는 곳은 확실히 다르다.

넷, 장기·인체조직 기증희망자 등록 신청하기

살면서 누군가에게 이름도 밝히지 않으면서 내 신체의 일부를 건네는 이는 군자를 넘어 성인이라 부르고 싶다. 최근 언론매체에 자주 보도되는 장기·인체조직 기증 이야기다. 함부로 언급하기도 힘들지만 실천하기는 더욱 힘들다. 그럼에도 기증희망자로 등록한 주민자치위원회가 있다. 2020년 6월 26일 전북 진안군 부귀면 주민자치위원회(위원장 이석근)는 자치위원 25명 가운데 1차로 이석근 위원장 등 9명이 한국장기조직기증원에 장기조직 희망 신청서를 제출했다. 더구나 대도시도 아닌 보수적이라 불리는 시골이다. 인터넷을 아무리 검색해도 부귀면 뿐이었다. 지방지인 '무진장뉴스'에 2020년 6월 29일자 신문에 실린 9명의 의인 사진을 보면 "뭐, 대단한 일이라고"라는 표정을 만날 수 있다. "좋은 일이라기에 실천한 것뿐"이라고 말하는 자치위원들이다. 마음이 넉넉하고 삶을 바라보는 인생관에는 깊이와 울림이 있다. '아름답다'는 말이 결코 여자의 전유물이 아니라는 것을 실감한다. 지역공동체 활성화를 위하여 매일 출근하는 자치위원장의 시선은 늘 자치문고와 신문에 다가간다. 코로나19가 종식되어 자치활동이 예전처럼 활발해지면 자치위원들에게 '헌혈'과 연명치료를 거부하는 '사전연명의료 의향서'에 대해서도 논의할 예정이라고 한다. 자생단체이면서 주민의 삶의 질 향상을 위하는 것이 지상 최대의 목표라는 주민자치(위원)회다. 말로 하는 게 아니라 실천으로 한다. 부사와 형용사 대신 명사와 동사를 좋아해야 하는 이유다.

다섯, 내가 먼저 할게요

"먼저 하면 손해다."

누구나 알고 있는 생활수칙이다.

"가만있으면 중간은 가니까 나서지 말자."

예전엔 중학교를 가야 배웠지만 요즘엔 초등학교가면 배우는 학습매뉴얼 1조다.

또 부모한테도 배운다.

세태(世態)라고 하는 말이 있다. 아주 묘하다. 어느 때는 바른생활을 부르짖고 또 다른 어느 때는 요령껏 하는 거라고 핀잔준다. 심한 경우 정의(正義)라 쓰고 불의(不義)라 읽는 무리도 생긴다. 어찌 하라는 건지 헷갈리는 게 요즘 세태다.

이런 세상에 내가 먼저 하겠다는 주민자치회가 있다. 충남에서 제일 큰 도시인 천안시 서북구에 있는 성환읍 주민자치회 이야기다. 2019년 9월 4일 주민자치회로 전환되었다. 처음 생긴 청소년 주민자치위원회에서 야무진 제안을 다듬었다. 지역 변화를 위한 인식개선을 위한 『내가 먼저 할게요』 캠페인을 2019년 9월부터 지속적으로 하겠다는 것이다. 주민자치회의 문화교육분과에서는 5백만 원을 지원하겠다고 화답했다. 내용도 때 묻지 않은 학생들의 아이디어라 참신했다. 먼저 본 사람이 인사하기, 바른 말 고운 말 쓰기, 친절과 배려, 올바른 쓰레기 배출하기, 쓰레기 되가져가기, 내 집 앞 청소하기, 손 깨끗이 씻기, 적당한 운동, 알맞은 거리 두기, 자신의 꿈은 자신이 만들고 가꾸기, 웃어른께 공경을, 아랫사람에게 관심과 사랑을 등 12가지다. 실천사항으로 다문화 가족을 위한 '내가 먼저 할게요' 홍보물을 포스터 400부와 전단지

4,000부 만들었다. 한국생활이 아직 익숙하지 않은 다문화가정에 중점으로 배부했다. 4개 국어로 되어 있어 다문화에게는 반가운 소식이었다.

이것이 계기가 되어 주민자치회에서 다문화 가족을 위한 '다국어 코로나19 이겨내자'는 홍보물도 만들었다. 대통령 소속인 자치분권위원회에서 우수사례로 선정하여 각 지자체로 확산되었다. 소요된 예산은 3백만 원이었는데, 2019년 천안시 주민자치 박람회에 참가하여 우수사례 발표에 '대상'에 선정되어 받은 상금으로 충당했다.

여섯, 표창 받으며 생긴 상금 처리방법

주민자치(위원)회에서 각종 사업을 추진하여 상급기관이나 외부기관에서 우수사례로 선정된 경우 받은 상금은 어떻게 처리해야 할까. 정해진 사용용도가 없다면 날을 잡아서 푸짐하게 먹는 잔치를 하자는 이도 있을 것 같다. 다음 워크숍이나 벤치마킹 갈 때 쓰자고 하는 경우에는 무난하다. 더 좋은 방법이 있을까. 2019년 충남형 주민자치 혁신모델 우수사례를 발표했다. '충남형 주민자치 혁신모델 1호'로 선정되었다. 시상금 2천만 원이 생겼다. 여러 의견을 통해 두 가지로 결정했다. 사랑의 김장 나눔으로 800만원 쓰고 벽에 거는 큰 달력인 '주민자치 달력'제작에 1,200만원을 쓰기로 했다. 총 12,000부를 제작하여 가가호호에 전달한다는 목표도 세웠다. 여러 자생단체도 도와주기로 하였다. 인쇄소에서 규격은 별2절 숫자판(사이즈 : 455×675)이라고 한다. 벽걸이용 달력인데 맨 하단 우측에는 점선이 그려져 있다. 인쇄된 문구가 독특하다. '성환의 변화를 위한 아이디어 기록란'이고 오려서 주민자치 의견함에 넣으면 된다. 이렇게 제출된 아이디어는 분기별로 추첨하여 상품권을 증정하는 주민자치회가 있다. 바로 성환읍 주민자치회가 주인공이다. 자체재원도 아니고 표창 받아 생긴 상금으로 자체사업하며, 그 사업으로 주민에게 아이디어를 제공받아 또 살아있는 주민자치 사업으로 이루어지는 선순환 구조이자 확대 재생산의 대표적인 사례다. 주민에게 다가가고 주민이 호응하는 주민자치회는 늘 신바람난다.

2011년부터 주민자치와 인연을 맺고 있지만 벽걸이용 달력을 만든 주민자치(위원)회는 본 적이 없다. 만들면 주민자치(위원)회의 존재를 알릴 최고의 주민 홍보수단이 되지만 우선 예산이 많이 든다. 보통 1,000만원 내외다. 다음으로는 매월 정해진 달에 맞는 주민자치 사진을 확보하기가 쉽지 않다. 설령 추진하려는 의지가 있어도 이 두 가지를 극복해야 하는 이유다. 전국주민자치박람회 본선에 진출한 주민자치(위원)회 가운데 박람회 행사장에서 간혹 달력을 선보이기도 하지만 벽걸이용 달력이 아니라 전부 책상용이었다. 결국 벽걸이용 달력 제작은 성환읍이 전국 최초라는 얘기며, 주민자치 사업에서 시작하여 외부 수상에 선정되어 받은 상금으로 만든 달력이기에 소중하고 귀한 달력이다.

일 년 365일 동안 가정집 벽에서 또는 식탁에서 당당하게 명함처럼 내밀고 있는 '성환읍 주민자치회'라는 여덟 글자는 성환읍 주민에게 오래도록 기억되어 천안을 넘어 전국으로 퍼져나갈 것 같다. 그날이 빨리 오기를 응원한다.

1장에서는 '기본이 튼튼한' 주민자치(위원)회는 어떻게 만들어지는지 살펴봤다.

튼튼한 기본을 갖추면 다가오는 것이 2장인 '주민과 함께하는' 주민자치(위원)회다. 지역여건을 감안하여 여러 가지 계획을 세워서 추진한다. 아직 튼튼한 기본도 갖추기 힘들어하거나 어렴풋이 추진하고 있지만 확실한 방향을 잡기 어려울 때 도움이 된다. 평소에는 그냥 하기만 했는데 계획의 중요성도 알게 되며, 수강생 만족도와 주민욕구 조사 항목에는 피드백(환류)이라는 단어의 중요성을 실감하게 될 것이다. 특히 무료 프로그램 운영은 전임자 시절부터 내려온 아름다운 미담이나 전통이 아니라는 것을 알게 되었다. 전임자의 특권으로 치부되던 자매결연도 이젠 막 하는 게 아니라는 공감대도 형성되었을 것이다. 더구나 소수 엘리트 시절의 종언을 고함과 아울러 찾아온 집단지성의 시대를 이끌어가는 주민자치(위원)회는 그들만의 리그가 아니라 주민에게 다가가야 한다는 것도 알았다. 이제 자치위원은 주민을 감동시키며, 주민에게 존중받는 사람이어야 한다는 것을 스스로에게 다짐하자. 내가 올바른 자치의 길을 걸을 때 주민이 내 뒤에서 무한한 응원을 해준다는 것을 잊지 말자.

3장에서는 '스스로 해결하는' 주민자치(위원)회가 소개된다. 1999년에 주민자치위원회가 시작되어 어언 20년이 지났다. 처음 시작할 때는 행정의 들러리였는지도 모른다. 일은 공무원이 하고 자치위원은 우아하게 결재만 한 시절이었는지도 모른다. 그것이 고착되어 아직도 일부에서는 문서작성을 죄다 공무원에게 의지하고 있다. 전임자도 그랬으며, 우리는 할 줄 모른다고 우겼다. 아예 배울 생각도 없었는지도 모르겠다. 이때 경기도 남양주시 호평동이 등장했다. 공무원에게 의지하지 않는 스스로 기획(문서작성)하고 진행하며, 결과를 평가하여 공유해서 다음 해에는 더 좋은 자치를 하자는 물결을 열었다. 한해 100팀이 넘는 벤치마킹을 소화하기도 했었다. 선도하는 호평동의 영향으로 전국에 활짝 핀 주민자치이건만 자생력을 갖춰 공무원에게 의지하지 않는 주민자치(위원)회는 열매를 맺다 주저앉거나 몇 해 지속되다가 무슨 연유로 중단되곤 하여 주위를 안타깝게 만든 사례가 많다. 다 자생력을 우습게보거나 집단지성이 아니라 소수 엘리트 위주의 운영이 가장 큰 요인인 이유다.

여기에 소개되는 몇 가지는 스스로 해결하는 방향을 제시해줄 것이다. 주민자치의 최일선 현장인 읍면동에서는 더 좋은 사례도 있을 것 같다. 교류를 통한 공유가 되어 한 단계 성숙한 주민자치가 되도록 노력을 아끼지 않으면 좋겠다.

3

『스스로 해결하는』
주민자치(위원)회 만들기

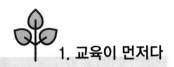

1. 교육이 먼저다

교육이 나라의 백년대계(百年大計)다. 귀에 익은 말이다. 그런데 주민
자치와 관련해서는 체감하기가 힘들다. 전국의 시군구와 읍면동에서는
일 년에 주민자치 교육이 몇 번 있을까 생각해보면 수긍이 간다.

주민자치의 자치역량을 강화시키고자 추진하는 교육을 주관하는 기
관으로 분류하면 대략 3개로 나눌 수 있다. 시 · 도와 시 · 군 · 구 그리
고 읍 · 면 · 동에서 주관한다.

첫째, 시 · 도에서 주관하는 주민자치 교육은 대개 인재개발원에서
진행하고 있는데 간혹 주민자치와는 무관한 공무원이 교육을 받는 경
우도 있다. 이는 공무원에게 의무적으로 부여된 상시학습시간 이수와
관계가 있다. 공무원이면 일 년에 일정시간을 의무적으로 교육을 이수
해야 하는데 분야를 구분 없이 이수만 하면 되기 때문에 주민자치 담당
이 아니면서도 주민자치 교육을 받는 게 아닌가 싶다. 상시학습시간 이
수에 따른 압박감은 이해할 수 있지만 선공후사(先公後私)와 멸사봉공
(滅私奉公)의 자세를 갖춘 공직의 입장에서는 엄정한 '자기관리'가 있어
야 한다. 업무와 직접 관련 있거나 유관업무라면 모를까 아예 무관한
분야라면 다시 한 번 생각해봐야 한다. 시 · 도에서도 교육을 주관할 때

는 공무원인 경우 자격을 따져야 한다. 주민자치에 대한 예의라고 하기에는 무리인 이유다.

둘째, 시·군·구에서 주관하는 경우다. 가장 다양하고 내용도 알찬 반면에 재정자립도와 지자체 장의 주민자치 이해도에 따라 천차만별이다. 먼저 대도시와 지방 간에 차이가 많다. 대도시인 경우 상·하반기는 물론이고 대상별과 주제별로 기본과정에서 심화과정까지 진행하는 곳도 있는 반면 일부 지방에는 집합교육으로 일 년에 겨우 한 번만 실시하는 곳도 있다. 대도시에서는 대상별 교육으로 공무원과 자치위원을 분리하면서도 합반을 병행하기도 한다. 이는 공무원과 자치위원을 함께 참석시켜 교육의 효과를 높이기 위하여 실시하는 것이다. 자치분권 또는 주민자치에 대한 이해도가 많은 지자체장의 경우에는 아예 문서작성과정, 보도자료 과정 등의 주제별 교육까지 추가한다. 이렇게 교육에 열의가 있는 이유는 자치분권은 더 이상 거스를 수 없는 시대의 흐름이기도 하거니와 공무원에게 의지함이 없이 주민 스스로 기획하고 실행하며 평가하는 선순환 구조의 자치기반이 있어야 주민과 함께하는 풀뿌리 주민자치가 정착될 수 있다는 것을 알고 있기 때문이다. 일부 시군구에서는 자치위원에 대한 교육 기회가 많아질수록 공무원에게 요구하는 것도 비례하기 때문에 교육의 기회를 기피하는 게 당연하다고 할지 모르겠으나 익은 벼가 머리를 숙이듯 사람도 배워야 고개 숙인다는 말을 새겨듣지 못했기 때문이 아닐까 한다. 자고로 배우겠다는데 배우지 말라는 부모 없었고 말리는 선생도 본 적이 없었다. 기우이니 배움을 허(許)하자.

2017년에 수원시청에서 강의요청이 들어왔다. 강의시간은 두 시간이었으나 약간 시간이 초과되었다. 담당부서 직원들과 잘 들었다는 이야기와 몇 마디를 더하고 헤어졌다. 그해 전국주민자치박람회에는 수원시 전체 44개 동 가운데 26개 동에서 공모신청서를 제출했다. 1차 심사에 송죽동(장안구), 곡선동(권선구), 지동(팔달구), 광교2동(영통구) 등 4개 동이 선정되었으나 2차 심사를 통과한 것은 광교2동과 지동으로 2개 동이 장려상 이상을 받았다. 나중에 시청 담당부서에 문의했더니 수원시 역사상 가장 많은 동이 응모한 것이라는 답변을 들었다. 덕분에 잠깐이나마 기분이 좋았던 기억이 새롭다. 다음 해에도 20여 개동이 응모한 것을 확인했다. 교육의 효과가 이렇다. 미리 예단할 것이 없다. 교육은 안 하고 후회할 바에야 해보는 게 낫다는 말은 예나 이제나 유효하다.

요즘엔 특화교육이라는 것도 생겼다. 인천광역시 미추홀구(예전의 남구) 주안5동 주민자치회는 2019년엔 'TV 동영상촬영' 특화교육을 6회 받아 마을축제 등의 기록을 남기더니 2020년에는 드론(Drone) 운용 교육도 받았다. 왜 받았냐고 물었더니 대답이 걸작이다. "배워서 남 주려고" 한단다. 남에게 주겠다는 말은 결국 주민에게 돌려주겠다는 말이다. 공동체의 정신이 투철하다.

다양한 교육을 하는 시·군·구이지만 간혹 부족한 모습이 눈에 들어온다. 먼저 주민자치 교육이 활발하지만 외관에만 치중하고 있는 게 아닌가 하는 생각이 든다. 담당 공무원이 강사 섭외와 교육장소 확보 그리고 교육내용 숙지 등 일련의 교육과정을 다 살피는 것이 현실적으로 어려운 경우에 교육업체와의 계약으로 진행하기도 한다. 이 경우에라도 세부적인 사항은 공무원이 체크해야 한다. 강사 선정을 업체에다

전적으로 맡길 것인지 아니면 인근 시군의 경험사례를 참고하여 추천
받을 것인지의 주도권은 공무원에게 있는 것이지 몇 차례 진행한 경력
이 있다고 마냥 업체에게 넘겨주거나 휘둘림을 당하면 양질의 강사 섭
외는 물 건너간다는 것이다. 보람과 긍지와 자부심으로 충만한 자치위
원에게 전국적으로 인정받고 자치역량을 '한 뼘' 키울 수 있는 강사가
아니라 우리 동네 인재 우리가 키워야 하는 것 아니냐는 업체의 휘둘
림에 의존해서는 곤란하다는 것이다. 강의는 강사의 실력이 우선이지
강사가 우리 동네 사람이냐가 먼저는 아니라는 얘기다. 기준을 무시
하겠다면 할 수 없지만 기준이 없다면 이제라도 기준을 마련해야 하는
이유다.

다음은 강의교재다. 시(市)나 구(區)에서 주관한다고 할 때 수강인원
이 45명인 경우 강의교재는 몇 부가 필요할까. 최소한 49부가 있어야
한다. 담당부서의 담당자와 팀장 그리고 과장과 강사에게도 제공해야
한다. 언젠가 어느 지역에서 겪은 일화다. 딱 45부만 만들어서 강사에
게 줄 교재가 없다고 하는 업체를 만났다. 시청 담당부서의 담당자와
팀장 그리고 과장에게 줄 것은 있냐고 물었더니 당연하다는 듯 "없다"
는 말을 들었다. 답답하다는 느낌보다는 이런 업체가 어떻게 해서 강
의를 진행하게 됐는지 참으로 어이가 없었다. 아닌 게 아니라 교재를
살펴보니 더 가관이었다. A4용지의 세로방향이어야 정상인데 가로방
향에다가 2단으로 구성되었다. 당연히 글자 크기(point)도 12포인트보
다 작아서 가독성이 떨어졌다. 왜 교재를 이렇게 만들었냐고 물었더
니 "인쇄비가 많이 들어서" 그렇다는 것이다. 강의한 날 이후 자치위
원들이 그 교재를 몇 번이나 더 봤을까. 자치위원들의 연령대를 보면

아직도 50대나 60대가 주축이다. 그 연령대에서 글자크기가 12포인트보다 작다면 읽느라고 피곤하지 않을까. 또 자주 보고 싶을까. 그 시청의 담당부서에서는 그 강의교재가 제 책상에 없는 것이 정상인지 비정상인지 따져나 봤을까 모르겠다. 업체 사장이 그 지역 시장과는 친한 사이라는 것은 나중에 알았다. 그날 집에 오자마자 시청 팀장에게 이메일 하나 보냈다. 업체에 휘둘림 당하지 말고 체크할 건 체크해야 한다고.

시·군·구에서 조금 더 신경을 썼으면 하는 게 하나 더 있다. 교육과 관련해서 자치학습 동아리를 운영하면 효과가 좋다는 것이다. 대도시의 시와 구의 경우에는 직원(공무원)을 대상으로 학습 동아리를 권장한다. 게다가 말로만 권장하는 게 아니라 2백만 원 내외의 예산까지 확실하게 지원해준다. 여기에 착안하여 시와 구에서 '자치학습 동아리'를 운영하면 자치역량 강화에 특효약이라는 것을 알고 있어야 한다. 물론 요즘에는 예전과 달리 워라밸(work-life balance)이라 하여 일과 삶의 균형을 추구하고 있으며, 순환보직도 제대로 이행되어 주민자치 업무에 크게 매력을 느끼지 않을 수도 있겠으나 지방소멸을 방지함과 아울러 지역공동체 활성화에 "이 한 몸 던지겠다"는 직원이 왜 없겠는가. 안 해봐서 그렇지 시도하면 한두 명이 먼저 나서고 뒤를 잇는 직원이 계속 나타날 것 같다. 적정한 상시학습시간 제공과 객관적인 공적이 인정된다면 실적가점 범위를 활용하면 좋겠다. 아울러 최근에는 공직에도 전문화 바람이 불고 있으니 예산이나 회계분야 등에서의 전문관제도를 재검토하여 주민자치 분야도 이젠 '전문관' 대열에 포함되는 것이 당연지사가 아닌가 싶다.

셋째, 읍·면·동에서 주관하는 교육에서는 희로애락을 느낀다. 약간은 엉성한 때도 있지만 다양한 질문을 받는다. 때로는 강사와 수강생 모두가 잠시나마 즐거움을 누리기도 한다. 2016년부터 주민자치 강의를 다니고 있다. 2019년 8월 경기도 광명시 하안3동에서는 자치의 싹이 자라는 것을 보았다. 60세 전후의 나이이지만 그 이전에 이미 시인으로 등단하여 동네사람들과 골목에서 공원에서 마을 이야기를 꽃피우면서 공동체의 구심점 역할을 하는 사람이 있었다. 남들에게는 민들레꽃처럼 마을학교장이라고 불린다. 지역공동체를 일구어가는 와중에 자치위원으로도 역할을 보태고 있었다. 강의가 끝나자 민들레꽃처럼 마을학교장을 비롯하여 많은 이들이 같이 사진 찍자며 요청받았는데 대략 10팀 내외였다. 한 강의에서 눈망울이 초롱초롱했던 분들과 함께 사진을 여러 번 같이 찍는 것은 개인적으로도 기록이었지만 행복한 순간을 맛보는 소중한 경험이기도 했다. 나중에 어느 분의 블로그에 그때의 사진이 있는 것을 보고는 더 반가웠다.

2019년 11월 울산광역시 울주군 언양읍에 갔을 때의 일이다. 강의를 시작할 때와 마칠 때 무척 기분 좋았었다. 보통은 강사가 인사하면 박수를 친다. 언양읍에서는 한 가지가 더 있었다. 환호성이 잠시였겠지만 내게는 긴 시간으로 느껴졌다. 강의 다니면서 강의 전·후로 그런 박수와 환호성은 언양읍에서 처음이었다. 표정도 밝았다. 강의 내내 맑은 눈동자와 귀를 세운 모습에서는 자치에 대한 갈증 내지는 간절함을 보았다.

보통은 체계가 잡혀있는 시나 구에 비해 읍·면·동은 인간미가 물씬 풍긴다. 동네유지이거나 무슨 이유로 힘깨나 쓰는지는 모르겠으나 간혹 어깃장을 놓는 사람도 있다. 고개를 숙이지 못하는 사람으로 보면 되는데 '익은 벼'가 아니라는 것을 알려주는 사례로 치부하면 된다.

읍·면·동에서 진행하는 교육 가운데 주의할 것은 두 가지다. 먼저 강의시간은 무조건 술과 관계없는 시간대로 하는 게 좋다. 가령 참석자 에게 점심식사를 제공한 후 바로 시작하는 강의는 효과가 반감된다는 것이다. 참석자 가운데 반주(飯酒)를 한 후에 강의를 들으면 술 냄새도 그렇거니와 얼굴도 화색이 들어 있을 뿐만 아니라 심한 경우에는 강사 면전에서 머리를 숙이면서 잠을 청하는 경우도 있어 강의 분위기를 해 친다는 것이다. 강의는 오전이나 식사제공이 없는 오후시간이 좋은 이 유다. 적절한 강의시간이 선정된 후에 고민할 것은 강의교재다. 강의교 재는 책처럼 엮어서 배부해주는 게 좋다. 이따금 PT나 말로만 해줄 수 없냐는 부탁을 받기도 하는데 강의효과는 적은 편이다. 강의 장소를 빠 져나가는 순간 머리에서도 사라지기 때문이다. PT나 말은 현장에서는 강의에 좋은 도구임에는 틀림없으나 나중에라도 다시 확인하거나 참고 하기에는 기억만으로 충분하지가 않다. 활자화되어 종이로 만든 강의 교재는 책상 앞에 있는 책꽂이에 있다면 언제든 손이 닿을 수 있다. 자 주 손때가 묻어야 나만의 지식과 지혜가 되는 셈이다. 여행가서 남는 게 사진밖에 없다는 말을 이해한다면 수긍도 가능하리라 본다.

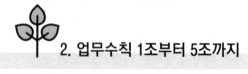

2. 업무수칙 1조부터 5조까지

　주민자치에도 업무수칙이 존재한다. 알고 있는 내용들도 있겠으나 실천은 잘 하고 있는지 모르겠다. 자주 언급되는 5가지의 사례는 고민할수록 좋다. 어차피 주민자치는 진행형이지 중단형일 수는 없다. 사례 가운데 공무원에게 비중이 높은 것도 있으며 어느 것은 자치위원에게만 해당되는 것인데도 불구하고 아직도 공무원에게 의지하고 있는 것도 있다. 하루빨리 습득하여 주민자치(위원)회에서 가져갈 것을 주문한다.

업무수칙 1조 : 올바른 업무분장

　업무수칙 1조(올바른 업무분장)의 대상은 자치리더라고 일컬어지는 주민자치 담당 공무원과 주민자치(위원)회에서 직함을 가지고 있는 자치위원이 그들이다. 여기에서는 공무원만 다루기로 하고 자치위원에 대해서는 뒤에 언급하기로 하겠다. 먼저 사례를 제시하겠다.

○ 읍 · 면 · 동 주민자치담당 : 2020.07.09 현재
　• 부산광역시 서구 동대신2동 : 주민자치, 평생학습, 작은 도서

관, 선거

- 광주광역시 북구 운암3동 : 주민자치
- 강원도 정선군 정선읍
  : 행정(서무, 자치, 인구정책, 전산·통신관리), 기획(미래전략,
  공보, 감사법무), 자율방범대, 선거업무, 일반서무
- 경기도 남양주시 호평동 : 주민자치, 마을 가꾸기 사업, 주민자
  치형 공공서비스사업
- 전남 담양군 대덕면(담당 2명)
  - 직원1 : 주민자치, 건축
  - 직원2 : 마을 가꾸기, 지역개발, 주민숙원사업, 상수도 업무 등
- 경남 거창군 북상면 : 주민자치, 종량제쓰레기봉투, 대형폐기
  물, 체육시설, 체육회, 취학업무, 일반서무, 차량관리

읍·면·동 주민자치담당의 업무분장을 비교할 때 대도시와 지방으
로 구분하는 것이 일반적이라 하겠다. 대도시의 경우 업무의 가짓수를
보면 다소 편차가 있게 보이지만 그래도 유사업무와 엮은 모양새라 대
체로 무난한 편이다. 그러나 지방은 업무분장으로만 보면 편차가 심한
것을 알 수 있다. 전남 담양군 대덕면은 주민자치 담당이 2명으로 나름
주민자치 업무를 합리적이면서도 지속적으로 추진이 가능할 것 같다.
이에 비해 강원도 정선군 정선읍과 경남 거창군 북상면의 경우에는 주
민자치 담당 혼자서 주민자치를 포함하여 유사업무라고 보기엔 무리가
있어 많은 업무 부여는 슈퍼맨 같은 능력을 요구하는 게 아닌가 싶다.
물론 지역여건이라는 게 엄연히 존재하기에 좋다 또는 나쁘다고 일

률적으로 말할 수는 없지만 이런 업무분장으로 주민자치가 활성화 될 수 있냐고 물을 때 무슨 답변이 준비되어 있는지 궁금하다. 업무분장의 기본원칙으로는 큰 업무가 하나 있어야 한다는 것이고 부수적으로 업무를 추가하는 경우에는 유사업무여야 한다. 그래야 효과를 거둘 수 있고 업무의 지속성도 담보할 수 있기 때문이다. 다른 직원들이 기피하니까 특정인에게 아무 거나 몰아주기는 안 하겠지만 최소한 합리적인 이유가 있어야 설득력을 얻는다. 가위, 바위, 보로 읍면동장의 자리를 차지했다면 모를까 수십 년의 공직경험이 있고 업무역량도 인정받았으니 원만한 게 좋은 거라는 생각은 아예 하지를 말아야 한다. 누가 봐도 합리적이며, 공정하고 설득력이 있어야 하는 게 업무분장이다. 이력서 한 장만 봐도 사람의 내력을 알 수 있듯이 업무분장표만 봐도 읍면동장의 업무역량이 드러난다는 것을 알아야 한다.

주민자치 담당자의 성별과 직급에서도 변화가 보인다. 예전엔 남자가 많았으며, 대체로 7급(주사보)들이 많이 담당했는데 남성의 경우 군 필자 공무원시험 가산점(군 가산점) 폐지 등의 사유인지 최근에는 남성보다 여성이 많은 편이다. 직급도 공직 새내기격인 8급(서기)과 9급(서기보)도 자주 눈에 띈다. 심한 경우 아직 정식으로 9급을 달지 못한 '시보'가 주민자치를 담당하는 경우도 있었다. 읍면동장의 의식이 바뀌어야 할 때다. 읍면동장은 스펙 쌓는 자리가 아니라 실력을 보여줘야 하는 자리다. 지방행정의 '꽃'이 아니라 '열매'여야 하는 이유다.

○ 시·군·구 주민자치담당 : 2020.06.10 현재

   • 서울특별시 마포구 자치행정과(마을자치팀 : 팀장 제외, 직원 4명)

- 직원1 : 서울형 주민자치회 시범사업, 주민자치회 조례 관리 및 주민자치 역량강화 교육, 네트워크 구축, 서울시 자치회관 운영평가(공동추진), 팀 서무, 타 직원에 속하지 않은 업무, 자치회관 동 행정실적평가 총괄, 마을자치센터 위탁업무(자치사업단 관리), 주민자치형 공공서비스 구축
- 직원2 : 마을자치생태계 조성 사업
- 직원3 : 서울시 자치회관 운영평가 총괄, 전국주민자치박람회 관련 업무, 자치회관 운영 연간 종합계획 수립, 자치회관 운영·관리 총괄 및 예산 지원, 자치회관 프로그램 개발, 활성화 사업, 자치회관 도농교류사업 연계, 자치회관 시설 개선 및 자산 취득 지원, 주민자치위원회 관리 및 교육 등 역량강화(주민자치아카데미)
- 직원4 : 살기 좋은 마을만들기사업 운영 및 평가(총괄), 공유촉진사업 운영·평가
• 부산광역시 서구 총무과(자치행정팀, 1명) : 주민자치, 주민등록
• 광주광역시 북구 주민자치과(주민자치팀, 2명)
- 직원1 : 주민자치센터 운영지원, 주민자치위원장단 협의회, 주민자치박람회, 주민자치경연대회
- 직원2 : 주민자치회
• 강원도 정선군 행정과(행정팀, 1명)
  : 주민자치회, 주요상황 보고 및 행사계획 관리, 이·반장 지원, 행정구역 조정 및 수립, 행정협의회, 현장의 소리
• 충남 청양군 농촌공동체과(공동체기획팀, 5명)

- 직원1 : 주민자치, 사회혁신
- 직원2 : 마을만들기 지원센터, 청양지역 활성화 재단 설립
- 직원3 : 과 서무·회계, 농촌마을 공동급식, 마을만들기 지원
  센터관리, 읍면동 마을공동체
- 직원4 : 마을만들기지원센터 운영총괄(센터장)
- 직원5 : 지역활성화재단 업무 추진
- 전남 담양군 자치행정과(자치분권팀, 1명) : 주민자치 업무전반,
  자치분권, 마을자치 업무
- 경북 고령군 총무과(행정팀, 1명)
  : 주민자치, 사회단체지원, 공무원 교육훈련, 직원후생복지제도
  운영(단체상해보험, 건강검진 지원 및 운영), 호봉획정 및 승
  급, 인사통계, 인사시스템 관리, 인사기록 카드관리, 성과상
  여금, 공무원단체 등

시군구 주민자치 담당부서의 직원숫자와 배분된 업무를 비교하면 해당 지역 지자체장의 자치분권에 대한 마인드와 의지를 읽을 수 있을 것 같다. 아울러 업무분장은 담당 부서장의 고유권한이기에 그들의 업무역량도 파악할 수 있다. 업무분장은 의지의 표현이자 주민에 대한 약속이다. 이렇게 하면 지역 활성화와 지방소멸도 막을 수 있으며, 더 나아가 주민의 삶의 질 향상도 도모할 수 있다는 약속이어야 한다. 그러기에 업무분장은 '합리적'이어야 하는 것이지 '선택적'인 것이어서는 안 되는 이유다.

위의 예에서 보듯 서울특별시 마포구는 부러움의 대상이 될 것 같

다. 대도시라 예외로 치고 지방을 보자. 전남 담양군의 주민자치 담당자는 경북 고령군과 강원도 정선군 주민자치 담당의 부러움을 받을 것 같다. 같은 군(郡)인데도 불구하고 전념할 수 있는 업무분장이 있고 매일 야근과 주말근무로도 감당 못할 것만 같은 업무분장의 차이는 어디서 오는 것일까. 군수의 마인드 문제인지 아니면 팀장과 과장의 주민자치에 대한 몰이해인지 또 다른 무슨 연유가 있는지는 모르겠다. 제삼자인 탓에 감 놔라 대추 놔라 할 수 없지만 주민자치에 전념할 수 있어서 지역 활성화를 이끌어낼 수 있는 업무분장은 어느 지역인지는 알 것 같다. 가까이에서 보면 잘 보일 것 같지만 의외로 잘 안 보인다. 이른바 등하불명이다. 관찰하려면 다양하게 살펴야 한다. 시군구와 같은 군 단위를 비교하면 보인다. 내친김에 면적과 인구도 확인하면 더 좋다. 시간이 쏜살같이 흘러간 세월 덕분에 팀장과 과장을 달았다면 모르지만 경험과 역량을 인정받은 결과이기에 그 자리에 있는 것이다. 자부심 많은 공직이기에 발령지마다 흔적을 남겨야 한다. 퇴직 후에도 주민에게 칭송을 받는 공직이 되어야 한다.

읍면동이나 시군구에서 주민자치를 담당하는 경우에는 주민자치를 만병통치약으로 알고 있어야 한다. 최근 사회문제로 떠오르고 있는 저출산, 인구 고령화, 인구감소, 지방소멸, 지역 경제 몰락 등의 거대 쓰나미가 지방을 휩쓸고 있다. 또한 내부에서는 워라밸이라는 복병도 기다리고 있다. 안팎으로 들고 일어나는 저 소용돌이는 쉽게 가라앉지 않을 태세다. 어떤 처방이 필요할까. 미안하지만 특효약은 없다. 이제라도 주민자치를 활성화해야 한다. 주민자치에 대한 마인드와 열정만이 해결책이다. 자치 마인드가 부족하면 채워나가면 되겠지만 열정은 있어야 한다. 그 열정이 업무분장에 고스란히 녹아들어가야 한다. 거기서부터 출발이다.

업무수칙 2조 : 완급(緩急)과 경중(輕重)

업무수칙 2조 완급과 경중은 업무내용의 우선순위를 말한다. 인생사의 행위기준은 옳고 그름만 있는 것이 아니라 유용의 존재여부도 있듯이 업무처리도 천천히 할 일과 급하게 할 일에 대비하여 일상적이면서 간단한 일인지와 자주 있지 않으면서도 주민생활과 밀접하여 파급효과가 큰 일이 있다. 이를 구분하여 일을 진행하면 업무처리 사이클이 술술 잘 풀리게 된다. 급한 업무가 있는데도 천천히 해도 되는 업무를 만지고 있다면 '태업'으로 간주하든지 아니면 능력을 의심받게 되기까지 한다. 완급과 경중을 구분하는 것으로도 그 사람의 됨됨이와 내공까지 알 수 있으니 초급자 시절부터 올바르게 배워둬야 한다. 사례로는 다음과 같다.

- 완(緩)의 사무 : 천천히 해도 좋은 사무
  - 주민자치센터 프로그램 수강생 모집 홍보
  - 각종 통계처리
  - 주민자치센터 설치 및 운영에 관한 조례 배부
  - 자치위원 워크숍 등 주민자치센터 각종 행사 추진계획

- 급(急)의 사무 : 신속하게 처리해야 할 사무
  - 주민자치센터 프로그램 수강료 입금처리

– 주민자치센터 운영에 따른 의무공고사항

　: 수강료 수입 · 지출현황, 자치위원 인적사항 공고 등

– 월례회의 자료 자치위원에게 사전 전달 : 이메일 등 활용

• 경(輕)의 사무 : 일상적이면서 협조가 필요 없는 사무

– 분과별 자체 추진사항 : 업무추진계획 등

– 프로그램 수강생 출결사항 정리

– 월례회의 서류 작성

– 자치문고 관리

• 중(重)의 사무 : 일 년 이상 지속적으로 관리하면서 추진할 사무

– 연도별 주민자치센터 운영계획 : 매년 9월말까지 확정해야 함

– 연도별 분과위 운영계획 : 매년 9월말까지 작성

– 연도별 주민총회 개최계획

– 연도별 공모사업 추진계획

– 연도별 주민자치 교육 자체 추진계획 : 벤치마킹 포함

업무수칙 3조 : 네이밍(naming)에 도전하라

　인터넷 사전에는 네이밍을 상표나 회사 따위의 이름을 짓는 일로 정의하고 있다. 약간 부족함을 느낀다. 한 번에 이해하기가 어렵다. 알기 쉽게 16자 표어 만들기나 이름 짓기로 정의하자. 왜 하필 '16자'냐고 물을 수도 있겠다. 매년 문화체육관광부나 행정안전부 등의 정부부처에서는 이런 네이밍 공모를 하고 있다. 대체로 16자 내외를 선호한다. 길

어야 20자 정도다. 특정한 사업에 대한 설명을 하면서 이름을 지어달라는 내용이다. 매년 실시하는 신문의 날 표어 공모가 대표적이다. 물론 선정되면 표창장은 기본이고 상금이라는 부수입도 생긴다.

표창장 받고 부수입도 챙길 수 있으니까 네이밍에 도전하라는 말은 아니다. 그것은 부차적인 것이다. 네이밍을 작성하다 보면 처음에는 짜증이 난다. 집중하기도 싫고 방대한 내용을 20자 이내로 제목을 뽑으려다 보니 어지럽기까지 한다고 호소하는 이도 있다. 여기가 임계점인데 극복을 못하면 네이밍계(?)를 떠나야 하고 극복하면 롱런까지 하면서 즐거운 삶이 펼쳐진다. 그 즐거운 삶이란 상상의 나래를 마음껏 펼 수 있다는 것과 생각이 정리가 되다 보니 말할 때나 글을 쓸 때 일목요연하게 나만의 논리를 세울 수 있다는 것이다. 이름짓기(네이밍)와 관련해서 우리가 다시 알아야 할 것은 내 이름 석자(물론 두 글자나 네 글자 이상도 있겠지만)는 하늘에서 뚝 떨어진 것이 아니라 내 부모의 갑론을박과 산신령이라도 만나고 싶은 꿈결 탐방으로 이루어지거나 내 할아버지와 할머니의 지혜가 담기어서 탄생한 결과물일 수도 있다는 것이다. 그만큼 가볍게 만든 것이 내 이름이 아니라는 얘기다. 정성과 노력이 있어야만 네이밍에 도전이 가능한 이유다. 정리하기 힘든 내 생각이나 자료를 정리하게 만드는 데 일등공신이 네이밍에 도전하는 것이며, 도전의 결과는 초라함이나 낭비가 아니라 보람과 풍요를 약속한다.

그래도 도전하기 싫은가. 다음의 예시를 보자. 전국주민자치박람회 공모신청서에는 대표 사례명을 기재하게 되어 있다. 일 년간 추진한 사업이 여러 사례가 있으나 총괄 또는 집약한 대표 사례명을 쓰라는 칸이다. 대체로 2가지 부류로 응모한다. 대표 사례명이 한 가지로 표현한 곳과 두세 가지로 표현한 곳이 있다.

필자가 현직에 있을 때 응모한 대표 사례명이다. 2015년에 상2동의 평생학습분야에서는 "배워서 남 주자"이다. 2016년 원미2동의 주민자치분야에서는 "관치를 멀리, 자치를 가까이"였으며, 2017년 상2동 주민자치분야로 "관치 하니, 우리는 자치한다"였다. 심사위원들이 대표 사례명만 보면 신경 쓰일 것 같지 않은가. 탈락시킨다면 심사위원들 스스로 '배워서 남 주자는 것을, 관치를 멀리 자치를 가까이 하는 것을, 관치하니 우리는 자치한다'는 것을 무척이나 싫어하는 사람으로 오해받을 것 같다는 불안감이나 죄책감(?)을 느낄 것만 같다. 내용이 좋아서인지 아니면 대표 사례명이 마음에 들었는지는 모르겠으나 전부 2차 심사까지 통과되어 장려상 이상을 받았다. 대표 사례명을 둘 이상으로 기재하는 경우에는 이런 압축시키는 능력이 다소 미흡하거나 약간 성격이 다른 사업들이라 한 가지로 하기에는 무리라고 말할 수는 있겠다. 그런 경우 제출자의 입장에서 심사자의 심정으로 생각해보길 권한다.

업무수칙 4조 : 보도자료를 직접 써라

주민자치(위원)회에서 월례회의 자료를 직접 작성하기까지에는 상당한 시간이 걸린다. 계속 공무원에게 의지하다가 위원회에서 직접 작성할 때의 쾌감은 상당하리라 본다. 조금 과장되게 얘기한다면 "이젠 우리도 관치(官治)를 졸업하고 자치(自治)를 하게 됐다"고 느낄 것이다. 과연 그럴까. 주민자치(위원)회에서 자체적으로 작성하기 어려운 문서들이 몇 개 있다. 연도별 주민자치센터 운영계획을 비롯하여 연도별 프로그램 운영계획과 각종 공모사업 신청서와 전국주민자치박람회 공모신청서 작성 그리고 새로 생긴 '주민총회' 개최 계획 등은 늘 골치를 아프게 한다. 이런 골치 아픈 문서작성에서 해방된 주민자치(위원)회를 '전국구 주민자치(위원)회'라 할 수 있는데 '전국구'가 붙어있기에 아직 드물다. 경기도 남양주시의 16개 읍면동 가운데 6개 정도가 여기에 해당하며, 전국적으로 10개 내외 정도로 보고 있다. 이런 현실에서 주민자치(위원)회에서 자기네 행사나 사업을 추진하면서 매번 스스로 보도자료를 쓰는 곳은 얼마나 있을까. 또 쓰기 싫어하지나 않을까. 걱정이 된다.

'보도자료는 왜 쓸까'부터 고민하자. 폼 나라고 쓰는 건 아닐 것 같다. 주민자치위원회이면 25명이 있으며, 주민자치회라면 50명 정도다. 보도자료에는 25명 내지 50명이 집단지성을 발휘하여 애쓴 노고가 담기게 된다. 노력을 아끼지 않은 그들이 신문에 실린 활동내용을 보면 보람을 느낄 수 있지 않을까. "아, 우리가 고생한 내용이 이렇게 신문에 나오는구나" 이것을 본 주민은 "우리 동네에 주민자치회가 있다는 얘기는 들었는데, 이분들이 이런 일을 하는 사람들이었네" 보도자료는 이런 역할을 한다. 참여자에게는 보람을, 주민에게는 홍보를 통한 애향심을 갖게 한다. 우물쭈물하면서 보도자료 작성을 기피할 이유가 없다. 보도자료를 제출할 때 동네 큰 행사의 기사를 처음, 중간 그리고 마치면서 등 세 번을 쓰면 기자들이 좋아하지 않는다는 질문을 간혹 받는다. 그래도 제출해야 한다.

보도자료의 처리순서를 보자. 자치위원이 작성하여 담당 공무원에게 사진 등을 첨부해서 제출한다. 담당 공무원은 팀장과 읍면동장의 결재를 거쳐서 시군구에 보낸다. 시군구의 홍보부서 담당도 읍면동에서 올라온 보도자료를 팀장과 과장의 결재를 득한 후에 중앙지와 지방지 신문사와 방송사에 보낸다. 이후 신문사나 방송사에서 담당 기자의 취사선택 과정을 거쳐 기사가 되기도 하고 휴지가 되기도 한다. 우리가 보도자료를 제출한다고 해서 전부 기사가 되는 게 아니라는 얘기다. 기자의 선호도와 신문사 등의 취사선택으로 결정되는 것이니 기자가 싫어하는 것은 기자의 입장이고 우리는 무조건 제출하는 게 좋다. 처음 자료도 일부만 채택이 되겠지만 중간이나 최종 자료 또한 마찬가지다. 기자가 중복을 배제하고 알아서 정리한다. 아울러 보도자료에 자신이 없어도 담당 공무원에게 제출하면 담당 공무원이 우선 수정 보고 이후 팀장과 읍면동장이 결재에 올라온 보도자료를 클릭만 하는 게 아니라 다시 검토해준다. 보도자료 시스템이 이처럼 편리하다. 제출만 하면 저절로 다 이루어지는 구조다. 처음에야 육하원칙에 맞추느라 쩔쩔매겠지만 몇 번 하다 보면 금방 익숙해진다. 다행히 처음부터 잘하는 사람은 없다는 걸 기억하자. 한 가지 더 추가할 것은 업무의 끝은 결과보고서로 종결되는 것이 아니라 결과보고서 이후 보도자료 제출로 업무가 마감된다는 걸 기억하자. 하수와 상수의 차이이기도 하다.

업무수칙 5조 : 내 취임사는 내가 쓰자

연말과 연초가 되면 마음이 싱숭생숭해진다. 작년의 자치위원장이 올해부터는 고문이 되고 새로 선출된 자치위원장의 시대가 열리게 된다. 통과의례로 취임사를 하게 된다. 이때 그 취임사를 누가 쓸까. 선출된 자치위원장이 쓴다면 훌륭한 분이다. 그렇지 않으면 간사에게 부탁할 텐데 간사마저 쓸 수 없다고 한다면 담당 공무원에게 의지할 것 같다.

마이크 잡고 취임사를 말할 사람은 자치위원장인데 정작 취임사를 쓰는 사람은 자치위원장이 아니라면 뭔가 잘못됐다. 내 머리 속에 있는 비전을 제시해야 하는데 왜 남의 머리를 빌려야 하나. 취임사 때문에 꼭 남을 괴롭혀야 할까. 평소에 책과 신문에 다가가지 않으니 그런 사달이 난다. 책과 신문에 다가가면 생각이 정리되고 말할 때 일목요연하게 말할 수 있다. 제 생각을 본인 스스로 표현할 수 있어야 제 역할을 다하는 것이고 옆에서 지켜보는 사람들도 존경하게 된다. 뭔가 다르구나. 우리가 잘 뽑았구나. 이런 신뢰를 줘야 한다.

스스로 쓰지 못하면 어떻게 해야 할까. 간단하다. 남의 자리라고 생각하고 하루빨리 그만두든지 아니면 이제부터라도 책과 신문에 다가가면 된다. 주민자치를 응원하겠다고 하면서 뚜렷한 방향제시나 사례가 없으면 난감할 것 같다. 다음의 어느 지역 취임사를 참고해서 가감하여 사용하면 좋겠다.

취임사(○○광역시 ○○○구 주민자치협의회장)

○ 반갑습니다.
- 여러분께서 주민자치를 더 열심히 해달라고 주문하셔서 이번에 새로이 출범하는 ○○○구 주민자치협의회 회장으로 선출된 ○○○입니다. 진짜 열심히 하겠습니다.

○ 먼저 바쁘신 가운데도 자리를 빛내주시기 위하여 참석해 주신 ○○○ 구청장님과 내·외빈 여러분 그리고 주민자치협의회 위원 모든 분들께 진심으로 감사의 말씀을 올립니다.

○ 지금 이 자리는 개인의 명예로운 자리가 아니라 여러분과 함께 우리 ○○○구의 주민자치가 지속적인 발전을 위하여
- ○○○구의 주민자치회 조기 정착을 통해서
- 최소한 8개의 구청과 2개의 군청으로 이루어진 ○○광역시를 선도하겠다는 각오를 다지는 자리이며,
- 다가온 자치분권의 시대에 전국 17개 시·도를 이끄는 중추적 역할을 하겠다는 선언의 자리입니다.

○ 돌이켜보면 지난 한 해는 코로나로 인하여 ○○뿐만 아니라 전국의 주민자치가 침체된 시기였습니다.

○ 그런 악조건 속에서도 ○○○구에서는
- 작년에 ○○1·4동과 ○○5동의 2개 동을 시범으로 주민자치회 전환을 지원하였으며,
- 올해는 나머지 19개 동 전체가 주민자치회로 전환하게 지원하였습니다.
- 아울러 주민자치회의 조기 정착을 위하여 '주민자치회 유급간사 활동비'도 매월 지원하기로 결정하였습니다.

- 물론 다소 부족한 금액이겠으나
- 우리가 열심히 하면 충분히 증액되리라 봅니다.
• 이외에도 주민자치회의 육성을 위한 여러 시책이 준비되어 있기에

o 우리 주민자치회 또한 과거로의 회귀가 아니라 도약하는 시대의 주인공 역할이 부여되었음을 여러분과 함께 깊이 인식하여
• 공무원에게 의지하는 관치(官治)에서 벗어나 스스로 기획하고 실행하며 평가하는 자치(自治)의 틀을 갖추도록 하겠으며
• 도와달라는 말을 먼저 하기보다는 주민을 위한 자치를 먼저 실천하겠습니다.
• 주민불편사항을 관(官)보다 먼저 수렴하여 풀뿌리 주민자치가 실현되도록 노력하는 자치의 롤모델을 추구하겠습니다.

o 아울러 ○○○구 주민자치협의회는
• 소수 엘리트 위주가 아니라 집단지성이 발휘될 수 있도록 하겠으며
• 자치역량 강화는 말이 아니라 실천이기에 교육과 학습에 충실하여
• 각 동의 자치역량 강화와 주민에게 다가가는 지역 공동체 구축을 위한 민관 협력체계를 더욱 공고히 하겠습니다.

o 올해 ○○○구의 21개 동 전체가 주민자치회로 출범하기에
전체 자치회장의 역량과 지혜를 모아 다음과 같이 약속하겠습니다.
✔ 지원을 아끼지 않는 행정에는 보람을
✔ 참여하는 주민에게는 '삶의 질 향상'이라는 즐거움을
✔ 참 봉사를 실천하는 자치위원에게는 자부심을 드리겠다는 말로 취임사에 가름하고자 합니다.

o 끝으로 길었던 겨울이 지나면 따뜻한 봄이 오는 것처럼

새로운 기운과 희망으로 힘찬 신축년 한해를 보내시길 기원하겠습니다.
감사합니다.

2021년 3월   일

○○광역시 ○○○구 주민자치협의회장   ○ ○ ○

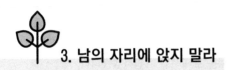

3. 남의 자리에 앉지 말라

'자리'의 종류는 몇 가지일까. 알고 보니 세 가지다. '제(내) 자리'가 있고 '남의 자리'가 있다. 나머지 하나는 뭘까. 많이 들어본 말이다. '먼저 앉는 사람이 임자인 자리'도 있다. 현재 앉아 있는 자리는 내 자리가 맞을까. 사례 세 가지를 들어본다.

사례1.

대도시의 구도심에 있는 동(洞) 지역이다. 주민자치에 전념하여 열심히 일하면서 전국주민자치박람회에 우수상을 받았다. 이후 도시재생 공모사업에 응모하여 1억 원 이상의 사업비도 확보했다. 그런 주민자치위원장에게 지명을 받아서 간사 역할을 잘 수행하던 간사가 어느 순간부터 욕심과 질투가 많은 전(前) 위원장인 고문과 결탁하여 위원장의 지시를 비틀거나 태클을 걸곤 하였다. 위원장의 연임 결정시기에 다른 위원장 후보를 적극 밀어 현재의 위원장을 탈락시키는데 주도적인 역할을 하였다. 새로 위원장이 선출된 이후 그 주민자치위원회는 박람회 재진출은 고사하고 아예 자치활동이 퇴보하고 있다. 3개월마다 만들었던 마을신문도 이젠 더 이상 주민에게 배부되지 않고 있다.

사례2.

대도시의 신도시에 있는 동(洞) 지역이다. 관치에서 자치로의 긴 여정에 전국주민자치박람회에도 응모를 하여 장려와 우수상을 4회나 받았다. 잘나가는 줄 알았다. 딱 거기까지였다. 분과는 자치운영분과와 문화교육분과 그리고 환경복지분과가 있었다. 위원장이 자기와 뜻이 맞는 자치위원을 간사로 지명했다. 박람회에 응모하려면 자치운영분과장이 응모서류를 주도적으로 작성하든지 아니면 간사가 하는 게 위원회 업무분장상 맞는 얘기다. 혹여 자치운영분과장이 혼자서는 버거우니까 분과장 모두 참여하자고 할 수는 있겠다. 그러나 이곳 주민자치위원회는 달랐다. 환경복지분과장이 혼자 끙끙댄다. 박람회와 직접 관련있는 위원장과 간사 그리고 자치운영분과장은 박람회 서류 작성하는 기간에는 얼굴도 보기 힘들다. 염치는 있는 셈이다.

사례3.

인구가 적은 지방의 면(面) 지역이다. 위원장은 자치의 열정이 많으며, 주민자치에 입문한 지 4년 이상의 경력도 있다. 다행히 위원 중에 3~40대도 네 명이나 있다. 공교롭게도 네 명 모두 문화나 인문학에 조예도 있어 강사로도 출강한다. 다만 흠이라면 주민자치위원회에 입문한지 6개월 정도라 자치의 흐름을 잘 모른다. 이런 주민자치위원회이지만 박람회 응모서류는 위원장이 작성한다. 왜 3~40대를 분과장 역할을 하게 해서 분과장들이 작성하면 되는 것 아니냐고 권해도 귀를 기울이지 않는다. 분과도 자치운영, 문화교육, 환경복지 등 3개가 있지만 해당 분과의 문서를 작성할 수 있는 사람은 50대인 한 명만 가능하고 나머지 두 명은 작성이 안 된다. 위원장의 포용력 결여인지 젊은 인재들이 분과장을 맡으면 사생활에 지장을 초래하기 때문에 분과장을 할 의사가 없는 것인지는 내막을 자세히 알 수 없다. 계속 평행선을 유지한다면 결국 인재의 적재적소가 아니라 인재의 사장(死藏)이 될 뿐이다. 전국주민자치박람회에서 본선 진출은 못 이루었지만 1차 심사인 서류심사를 두 번이나 통과한 실적도 있으면서 왜 더 나아가질 못하는지 답답하다.

사례를 읽은 감상(感想)은 어떠하신가. 대부분 위의 사례가 남의 일만은 아니지 않을까. 왜 이런 사달이 일어나야 하는지 참으로 답답하다.

주민자치위원회의 인적구성을 보면 우선 선출직으로는 위원장과 부위원장을 비롯하여 감사와 회계가 있다. 지명직으로는 위원장이 뜻이 맞는 자치위원을 간사로 지명한다. 이때 간사는 무조건 동의하는 게 아니라 위원장과 같이 호흡을 맞출 수 있는 사람이어야 한다. '사례1'과 같이 위원장과 같은 길을 가지 않으려는 경우에는 지명철회를 요청하는 게 도리이자 의무다. 위원장과 간사는 공통점과 차이점을 가지고 있다. 공통점으로는 자치역량 강화를 도모하여 최종적으로 주민의 삶의 질 향상을 도모해야 한다. 차이점으로는 위원회의 나아갈 방향을 제시하는 것이 위원장의 책무이고 위원회의 전체 자치위원에게 전파하는 것이 간사다. 아울러 위원장은 대내·외를 아우르는 역할을 수행하는 반면에 간사는 대내적으로만 담당한다. 이런 연유로 자치위원장은 대내·외의 활동을 수행할 수 있는 역량 있는 인물이어야 하며, 전체 자치위원도 그런 역량 있는 인물을 선출해야 할 의무가 있다. 혹여 우리

고향사람이니까, 돈을 잘 쓰니까 등의 맹랑한 현혹에 넘어가서는 안 되는 이유다. 특히 '사례 3'과 같은 경우 선출된 주민자치위원장이라 지방은 작은 마을이어서 인화와 협동에 신경을 많이 쓰게 된다. 그래도 3명의 분과장 가운데 2명이나 제 역할을 못하고 있음에도 주민자치에 입문한 기간이 짧다는 이유로 능력 있는 3~40대를 분과장으로 활용 안하는 것은 직무유기에 가깝다. 있는 인재는 방치하고 역할도 못하는 자치위원을 2명씩이나 분과장에 앉힌 격이니 일하자는 주민자치위원회인지 그냥 자생단체가 아니라 친목단체로만 만족하겠다는 것인지 분간이 안 된다. 분과장으로 앉힌 그 두 명이 동네 유지급이라 뒷말을 감당하기 어려워서 그렇게 했다면 주민자치위원장으로서의 자격도 없는 셈이다. 능력 없는 두 명의 분과장으로 인해 분과가 제대로 운영이 될 리도 없을뿐더러 25명의 자치위원이 생업에 종사하면서도 귀중한 시간을 할애하여 주민의 삶의 질 향상을 위하여 집단지성을 발휘하면서 쏟아부은 노력에 찬물을 끼얹는 행위이기 때문이다. 25명의 자치위원이 그 두 명의 분과장으로 인해 나타내야 할 결과물도 제대로 만들 수 없지 않을까. 자치위원은 공사의 구별이 있어야 한다. 체면 때문에 동네 유지이니까 대우해줘야 하기 때문에 등의 온갖 이유를 가져다 붙이면 공적인 자생단체라 할 수 없으며, 차라리 친목단체로 전락하게 된다. 그 원인제공자가 두 명의 분과장이 아니라 위원장이 되는 셈이다. 인정에 이끌리는 위원장 때문에 25명이 참여하는 주민자치위원회가 망가져서야 되겠는가. 인정에 이끌리는 위원장과 두 명의 분과장이 같이 사퇴하는 게 차라리 동네발전에 도움이 된다. 위원장이라는 자리는 늘 고독하고 외로운 자리이며, 부단히 노력하는 자리여야 한다. 사사로운 인정에 이끌려야 하는 자리가 아니다. 혹여 젊은 인재가 분과장을 하게 되면 사생활에 지장을 받기 때문에 고사하는 것이라 해도 삼고초려라도 해서 설득해야 한다. 전부는 설득하지 못해도 일부는 설득할 수 있어야 한다. 자녀의 성장을 응원하는 부모의 심정이 되어야 한다. 위원장 혼자만의 열정보다는 호응도 뒤따라야 하며, 후임자인 차기 위원장을 육성하려는 열정과 간절함이 있어야 한다. 마침 주민의 삶의 질 향상을 위하여 스스로 자치위원이 된 것이므로 '열 번 찍어 안 넘어가는 나무 없다'는 간절한 심정으로 설득하면 위원장 입장에서는 천군만마를 얻는 격이다. 훗날 당신들이 위원장을 해야 할 것 아니냐며 마음을 열고 포용하자.

이외에 정형화되지 않은 직책으로 고문과 분과장이 있다. 대개의 경우 고문은 직전 위원장을 추대한다. 고문은 직전에 위원장을 해봤기에 경험과 노하우가 풍부하다. 간혹 고문이 있으면 현재의 자치위원장이 불편해하지는 않겠느냐고 말하는 경우도 있는데 바른 자세가 아니다. 교육도 받으며, 벤치마킹도 가면서 전직 위원장의 경험과 노하우를 무시하겠다면 언행일치라고 할 수가 없다. 경험과 노하우는 살려서 계승시켜야 한다. 그래야 더 발전할 수 있다. 분과장은 해당 지역의 운영세칙으로 정하기 나름이다. 주민자치위원장이 열정이 있으면서 아직 주민자치의 역량이 튼튼하지 않은 경우에는 강력한 위원장의 리더십이 요구되므로 위원장에게 분과장의 지명권을 주는 게 효과가 크다. 이후 자치역량이 어느 정도 정착이 되었다고 판단하면 운영세칙을 개정하여 분과위원들의 자율결정으로 선출하면 된다.

어찌 되었건 '사례2'나 '사례3'처럼 분과장은 해당 분과의 각종 계획서 등의 문서를 어느 정도 작성할 수 있는 능력이 있어야 한다. '사례 3'처럼 문서작성 능력도 없으면서 분과장을 하면 그 역할을 분과위원이 대신해야 하는데 대신하는 것도 한두 번이지 매번 대신할 수는 없다. 대신해주는 사람도 속으로는 능력도 없으면서 남의 자리에 앉는다고 불평할 것이고 그 분과장도 내 자리가 아니라 남의 자리에 앉은 것을 결국엔 알게 된다. (얼굴이 두껍다면 모르는 경우도 있겠다)

주민자치위원회의 인적 자원을 사람의 신체로 보면 자리의 역할을 알 수 있다. 머리에 해당하는 직은 위원장, 부위원장, 고문, 간사다. 팔과 다리의 역할은 신규 자치위원이다. 분과장은 허리에 해당한다. 허리가 튼튼해야 한다는 말은 자주 듣게 된다. 머리와 팔과 다리의 중간에서 지탱해줘야 하는 게 허리다. 그만큼 허리 역할이 중요하다. 자치위원은 누구나 할 수 있지만 분과장은 아무나 하는 자리가 아니다. 자기 분과에서 만드는 여러 가지 계획서를 분과장이 작성을 못해서 분과위원이 만들어준다면 모양이 망가진다. 결국 분과장이라는 자리는 먼저 앉는 사람이 임자인 자리가 아니라는 것이다. 문서작성 능력은 다소 미흡하지만 그래도 분과장을 꼭 하겠다면 오늘부터라도 남모르게 문서작성 능력을 키워야 한다. 서점에 가면 기획서가 있고 문서작성과 관련 있는 책들도 많이 나와 있다. 육하원칙인 언제, 어디서, 누가, 왜, 무엇을, 어떻게만 알면 작성이 가능하다. 요즘 자치위원은 고등학교나 대학은 나온 사람들이다. 생업에 종사하느라 수십 년 동안 문서와 담을 쌓았을 뿐이다. 학창시절로의 추억여행을 가는 셈치고 문서작성과 씨름하면 단기간에 복구할 수 있다. 마침 자치위원에게는 자치역량 강화를 위하여 행정지원을 언제든 해주겠다는 주민자치 담당 공무원도 있다.

담당 공무원은 아침에 출근하여 저녁에 퇴근할 때까지 하루 종일 문서와의 전쟁을 치르는 문서작성의 귀신이다. 그렇게 훌륭한 교사가 언제든 옆에 든든하게 있는데 왜 써먹지 않는가. 문서를 작성하고 검토해달라고 요청하라. 주민자치를 열심히 하려고 하는 것이며, 마침 담당 공무원 역할이 주민자치(위원)회의 행정지원이다. 몇 달 검토요청을 하다보면 문서작성의 틀을 습득하게 된다. 다음에는 담당 공무원의 검토도 필요 없이 스스로 문서작성이 가능해진다. 번거롭고 안 해봐서 그렇지 할수록 재미있는 게 문서작성이다. 검토를 요청받은 공무원도 자치위원이 성장하는 모습에서 보람을 느끼게 된다. 그런 과정을 거쳐야 관치(官治)에서 자치(自治)로의 전환이 가능해진다. 공무원에게 의지하지 않는 주민자치(위원)회는 그렇게 탄생한다.

손과 발에 해당하는 신규 자치위원은 선배 자치위원이 하라는 대로만 하는 사람이어서는 곤란하다. 자치위원이 무엇을 하는 것이고 주민자치위원회는 어떻게 운영해야 하는 것이냐고 선배 자치위원에게 물을 때 그냥 몇 달 다니면 저절로 알게 된다는 선배는 '경계대상 1호'다. 배울 게 없다는 말이다. 그런 선배의 말대로라면 신규 자치위원은 거수기이고 들러리의 역할만 하라는 얘기와 다름없다. 거수기와 들러리 역할을 하러 주민자치위원회에 입회하지는 않았을 것이다. 매번 물어보고 확인해야 한다. 귀찮아할 정도까지 끈질기게 물어야 한다. 답변을 못하는 선배는 아예 귀가조치를 시켜야 한다. 자치위원 알기를 동네 유지의 면허증으로 알고 있는 부류와는 가까이 할 이유도 없다. 굳이 까마귀와 백로의 이야기를 꺼낼 필요도 없다. 신규 자치위원 시절부터 주민자치를 겸손하게 실천하자.

조만간 허리 역할이 부여되는 분과장에 진출할 준비도 해야 한다. 책과 신문에 다가가서 지식과 지혜도 쌓고 남의 말에 경청하고 배려도 해야 한다. 그런 덕목을 하나씩 알아가면서 자치가 '한 뼘' 자란다. 몇 년 후에는 갈고 닦았던 실력을 유감없이 발휘할 기회도 주어진다. 오늘은 신참이지만 내일은 당신이 주인공이다. 그 미래의 주인공이 지금 성장하고 있는 것이다.

4. 주민제안대회

　주민제안을 받는 주민자치(위원)회가 2017년부터 있었다는 것을 최근에야 알게 되었다. 충남에서 가장 큰 도시인 천안시의 서북구 성환읍이 그 주인공이다. 주민자치위원회 출범은 2004년 10월 29일이다. 그간 위원장 몇 명이 바뀌었고 읍이지만 인구도 늘어났다. 2020년 6월말 기준으로 27,000명이 넘는다. 면적은 57.1km²로 인구 85만 명이 살고 있는 경기도 부천시 면적보다도 약간 많다. 외국인 인구가 10% 이상을 차지하며, 초등학교가 6개소, 중학교 2개소, 고등학교 1개소, 대학교가 2개소나 있는 말로만 읍(邑)이지 젊은 도시다. 전국적인 명성을 누리고 있는 '성환 배'는 언제나 자랑거리다.

　그런 성환읍 주민자치위원회가 조금씩 달라지더니 주민불편사항을 해결하고 마을의제 발굴을 위해 주민이 아이디어를 제출하면 자치사업으로 채택하겠노라며 2017년부터 주민제안을 받고 있다. 2017년 8월 14일부터 8월 25일까지 실시한 대회의 정식명칭은 제1회 성환읍 주민제안(창안) 대회다. 많은 주민이 참여할 수 있게 매년 10일 내외의 기간을 정한다. 기간 안에는 주말도 끼어있으니 주민제안은 해마다 늘어나고 있다. 제3회 성환읍 주민제안(창안)대회(2019.05.13~05.17)에는 주민교육용 교재로 '창안대회 이렇게 진행해요'라는 인포그래픽을 제작했다. 접수된 주민제안은 326건이었다. 예상을 뛰어넘는 숫자에 다들 놀랐다.

충남 마을 만들기 '주민자치 교재교구 제작' 공모사업에 선정되어 상금으로 4백만 원을 받았다. 이런 실적 등이 포함되어 2019년에는 충남형 주민자치 혁신모델 1호로 선정되는 기쁨도 맛보게 되었다. 부상으로 받은 시상금은 2천만 원이었다. 시상금 사용방안을 안건으로 상정한 결과 사랑의 김장 나눔과 주민의견 수렴용 『주민자치 달력』을 12,000부 제작하기로 하였다. 달력의 규격은 별2절(455×675)이라고 하는데 흔히 말하는 벽걸이용 큰 달력이다. 배부만 되면 집집마다 '성환읍 주민자치회'라고 인쇄된 큰 글씨가 매월 달력 하단에 찍혀 있어 주민이 달력을 볼 때마다 성환읍 주민자치회를 아예 외우게 될 것 같다. 성환읍 주민이라면 이젠 성환읍 주민자치회를 모르는 사람이 없게 될 것이라 생각하니 저절로 기분도 좋아진다고 말한다. 누군가는 분과가 활성화되어 있고 자치리더가 책과 신문에 다가가니 잘되는 일만 생긴다고 말한다.

주민자치위원회의 명칭도 주민자치회로 바뀌었다. 소수 엘리트 위주가 아니라 집단지성을 존중하기에 자치위원 전체의 의견을 존중한다. 충남형 시범 주민자치회로 전환을 결정하여 2019년 9월 4일에 새롭게 출범했다. 제4회 성환읍 주민제안(창안)대회(2020.09.21~09.29)에는 주민제안을 더욱 활성화시키고자 사전제안서도 접수받았다. 10명에서 20명까지를 시상대상으로 정하였으며, 채택이 되는 제안에 대하여는 상품권 등을 주기로 하였다. 채택된 제안은 분과별 검토를 거쳐

주민자치계획과 주민참여예산사업에 우선순위로 반영되며, 자체사업으로도 추진하여 지역발전으로 연결시키는 선순환 구조다. 평가와 환류를 위한 장치로 주민제안(창안)대회 자료집은 2017년 첫해부터 지금까지 매년 결과보고서를 겸하여 발간해오고 있다. 자료집은 해당년도에만 사용하는 게 아니라 지속적인 자료관리와 자치위원 상호 정보공유로 자치역량 강화의 기회도 제공해준다.

주민과의 소통으로 주민제안(창안)대회만큼 큰 효과를 거둘 수 있는 게 있을까. 주민자치(위원)회의 존재성을 주민에게 알리는 홍보활동에서도 벽걸이용 달력만큼 효과를 얻는 것도 없을 것이다. 쳐다만 보면 홍보가 된다. "아, 저런 단체가 우리 동네에 있구나!"

성환읍 주민자치회는 생각할수록 이상한 매력을 가지고 있다. 주민자치회로 전환되기 전부터 주민과 한마음이 되는 것은 어려울 텐데. 그 누군가가 있어 주민의 마음을 훔쳤을까. 동감(同感)을 넘어 공감(共感)을 얻는 것이 주민자치라면 성환읍은 이미 공감마을이다.

겨울에 눈 올 때 학교 담장을 따라 걷는 인도와 큰 아파트 단지 울타리 밖에 쌓이는 눈은 왜 치워지지 않을까. 수많은 학생에게 꿈과 희망을 주는 학교와 수천 명이 같이 살고 있는 아파트 단지이건만 밖에 있는 눈은 치워지지 않아 꿈쩍도 안 한다. 꼭 누군가 미끄러져서 다치는 모습을 봐야만 하는 것 같다.

주민자치(위원)회는 천차만별이다. 형제 많은 집안 같다. 스스로 기획하고 실행하며 평가와 환류를 열심히 하여 주민에게 즐거움을 주는 큰형이 있는가 하면 자치내공이 튼튼하기도 하거니와 날카로운 관찰력을 바탕으로 아이디어를 내어 각종 공모사업에 선정되는 둘째도 있다. 아직 어린 탓에 자치내공이 다소 미흡하고 머리 컸다고 말도 안 들으며 좌충우돌하면서 하라는 자치도 열심히 하지 않는 막내가 아직 미덥지는 않지만 조만간 제 역할을 다할 수 있기를 기대하고 있다.

마을에는 마음이 맞는 이웃과 모임을 만들어 문화여가나 취미생활을 추구하는 동아리도 있지만 읍면동 주민센터를 중심축으로 해서 다방면으로 활동하는 자생단체가 있다. 보통 10여 개다. 그중에 '자치'자가 들어있는 단체는 주민자치(위원)회뿐이다. 그런 연유로 동네 주민은 특별한 주민자치(위원)회이니까 여타 단체와는 달리 스스로 기획하고 운영하며 연말에는 꼭 평가하여 다음해에는 더 나은 활동을 목표로 하는 단체로 알고 있는 경우가 많다. 과연 그럴까.

마을에 살다 보면 좋은 일도 있지만 의견이 갈리는 사례도 있고 고질적인 문제도 생긴다. 위의 눈 오는 사례 같은 경우에도 주민자치(위원)회가 대응하는 방법이 여러 가지다. 예전에는 의식 있는 주민자치 담당 공무원이나 팀장 또는 주민자치위원장이 있어서 학생들 자원봉사활동과 연계하여 학교나 아파트 단지 주변에 쌓인 눈 정도는 치우곤 했다. 물론 자치위원도 함께 참여했다. 요즘에는 학생들이 봉사활동 시간을 다 채워서 그런지 아니면 학생들 봉사활동 시간은 학생들 과제니까 모른 척해서 그런지 모르겠으나 무리를 지어 봉사활동을 하는 학생을 보기가 힘들다. 인도에 쓰레기 줍기나 공원에 묵혀있는 쓰레기 줍기 등 활동항목을 찾다 보면 제법 있을 터인데도 말이다.

다행인 것은 아직도 주민불편사항에 대하여 고민하고 실천하는 주민자치(위원)회가 있다는 사실이다. 전북 진안군 부귀면 주민자치위원회에서는 주민불편사항을 청취하여 우선 자체 해결을 도모한다. 능력 밖의 일이라 판단되면 군청에 처리를 요청한다. 다음은 자체 해결한 사례다. 공유지인 냇가에 일부 주민이 사유지처럼 경작하고 폐가구 등을 적재하여 환경오염을 일으키고 있다는 주민건의를 받았다. 마침 마을신문을 발간하고 있어 공유지의 중요성을 홍보함과 아울러 자치위원들이 수시 순찰하여 더 이상의 환경오염은 발생하지 않게 되었다. 내친김에 환경오염을 감시하는 주민 모니터링제도 추진하고 있다. 시골이라 개를 키우면서 목줄이 없는 경우가 많았다. 아직 큰 안전사고는 일어나지 않았지만 누군가 다치고 나서 호들갑 떠는 게 아니라 예방 위주로 홍보했다. 마을신문을 활용한 것은 물론이고 홍보문을 만들어서 자생단체 회의 자료에 소개하고 경로당 등 많은 이들이 모이는 집합시설도 방문 홍보를 했다.

자체적으로 해결이 어려운 것은 문서나 주민자치위원장 월례회의에 참석하여 군청에 건의하는 것을 원칙으로 실천한다. 현장에 답이 있다고 동네 구석구석을 제일 많이 알고 있는 자치위원의 눈은 매섭다. 안전한 귀갓길 조성을 위한 가로등 설치 건의는 기본이다. 하천 내 억센 우동풀 제거작업은 자치위원 몫으로는 어려워서 군청에 건의하여 해결했다. 흉내만 내는 주민자치는 이젠 설 자리가 없다. 주민에게 다가가서 주민과 함께여야 한다. 지방의 이름 없는, 인구 삼천 명도 채 안 되는 면(面)에서도 이렇게 실천하고 있다.

전국에서 공무원에게 의지하지 않는 생생한 주민자치의 롤모델로 유명한 경기도 남양주시 호평동은 평소에도 주민불편사항을 주민센터가 아닌 자치센터에서 먼저 접수한다. 고질적인 마을문제를 해결할 때는 남양주시와 한판 씨름한다. 어차피 공청회를 해야 하니까 시청에 이렇게 제안한다. "공청회 장소와 참여할 인원동원은 우리가 책임질 테니 시청에서는 일시와 장소만 결정하라" 시청에서 일시와 장소를 못 정하면 자기네가 정하겠다는 당당함이 묻어 있다.

주민이 주민센터가 아니라 자치센터에 가서 주민불편사항을 얘기할 정도면 그 자치센터는 주민에게 신뢰를 받고 있다는 방증이다. 그러기까지에는 누군가의 리더가 있었고 힘을 모아준 자치위원이 있었기에 가능할 것이다. 혼자가 아니라 여럿이. 이것이 집단지성의 힘이다.

아직도 주민자치(위원)회가 실천을 아끼다 못해 일은 공무원이 하고 결재만 하는 우아함을 추구하는 곳이 있다면 한번 생각해봐야 한다. 저렇게 멋지게 당당하게 자치활동을 하는 곳도 있는데 우리는 왜 안 될까.

6. 세금낭비는 세금감시로 다스리자

○ 날아간 세금 27억 찾기, 남원 시민이 나섰다(중앙일보, 2011.03.02)
: 쓰레기처리시설 12년 전 잘못 계약
○ 재앙 될 뻔한 경전철…고양 시민은 막았다(중앙일보, 2011.02.23)
: 세금 지킨 '작은 영웅' 고양시 노용환
○ 세금 감시 잘해야 일류시민 된다(중앙일보, 2011.02.10)
: 나주 농민의 고발, 시장이 중금속 땅에 꽃단지 '7억 헛돈' 단체장이 물어
내도록 구상권 이끌어
○ 울산시민들 "조명탑 관련자 문책하라"(중앙일보, 2011.06.09)
: 시군구간 업무협의 미숙으로 예산낭비 사례 발생
○ 뻥튀기 교통량 예측 믿었다가…지자체들 '민자도로' 몸살(조선일보,
2010.11.18)
: 민자사업 적자 메워주는 건 한국뿐
○ 공기업 빚도 결국 국민부담입니다(중앙일보, 2018.02.15)
: 도공 빚이 왜 27조나 됐는지 그 원인부터 밝혀라
○ 70억 들여 홍보맨까지 쓴 제로페이…가맹점이 아낀 돈은 한 달에 41원
(조선일보, 2019.08.06)
: 전국서 연인원 1500명 홍보활동
○ 세계 최대만 쫓다가 '괴산 애물 솥단지' 꼴 될라(중앙일보, 2009.09.25)
: 기네스북 도전 매달리는 지자체들

○ 정부가 왜 세금을 돌려주나요(중앙일보, 2008.06.19)
  : 일본도 '용돈성 상품권' 줬지만 효과 없었죠
○ 문경시 '캐러밴 선수촌'으로 765억 아꼈다(중앙일보, 2015.09.24)
  : 세계군인체육대회, 800억 드는 아파트 분양 대신 캐러밴 임대로 35억으로 해결

세금낭비와 관련 있는 사례로 소개되는 내용인데 다양하다. 긍정적인 사례는 드물다. 이런 때 약방의 감초격으로 등장하는 말이 있다. "네 돈이면 그렇게 했겠냐!" 제 주머니에서 나오는 돈이라면 절대 그렇게 쓰지는 않았을 것이라는 말인데 결국 국민의 혈세에서 썼다는 말이다. '혈세(血稅)'라고 하면서 왜 막은 사례는 드물까. 혹시 '혈세'라고 쓰고 '눈먼 돈'이라고 읽는 게 아닐까. 세금낭비는 퍼주기와 동행한다. 사람의 심리를 교묘하게 노린다. 한국 사람은 인정에 약하다는 걸 알고 있는 사람이 있다. 그들도 같은 한국 사람이다. 누군가는 정치인이라고 하고 또 다른 이는 권력을 좇거나 그 옆에 달라붙는 기생충(?)이라고도 말한다. 공항을 만들어주겠다, 아파트단지를 조성하겠다, 공공기관을 입주시키겠노라고 말하는 때도 있다. 가급적이면 제 임기 내에 이루겠다는 얘기는 생략한다. 그 안에 완공될 보장이 없다는 것을 잘 알기 때문이다. 그래도 잘 넘어가는 사람들이 꽤 많다. 허파에 바람만 넣어줘도 좋아한다는 걸 그는 이미 알고 있다. 심한 경우 상품권이나 현금도 언급한다. 그 돈도 결국 세금인데 제 돈인 양 인심 쓰는 척하고, 받는 이도 제 돈인 줄 모르고 고맙다고 한다. 이게 무슨 경우인가.

위의 사례에서 보면 시민이 세금 찾기 나섰다는 내용에서는 높은 시민의식이 부럽다. 단체장에게 구상권을 이끌어낸 사례는 널리 알려

야 할 내용이다. 현직에 있을 때는 걸림돌이 없어서 제 멋대로 해도 될지는 모르겠으나 등산이 있으면 하산도 있기 마련이다. 올라갈 때는 바빠서 미처 보지 못한 꽃도 내려갈 때는 보이기 마련이다. 관련 공무원 문책도 소문내야 한다. 직업공무원인 담당자가 단체장의 지시라면 무조건 따른다면 그 지역의 앞날은 대박이 아니라 쪽박을 예약한 셈이 되기 때문이다. 가장 기초인 타당성 조사를 '지시'라는 단어 앞에서 무시하는 공직자라면 그는 이미 공직을 포기한 것이다. 영혼이 없는 공무원이라는 말은 그들 때문에 생겼다고 해도 과언이 아닐 것이다. 훗날 몇 년간 나라에서 숙식을 제공하는 국비장학생(?)이 되는 불명예는 그들 몫이다.

일반시민도 세금감시를 한다. 공무수행사인이라는 자치위원은 더 그래야 하지 않을까. 현실에서는 어떻게 할까. 한때 경기도 어느 시에서는 1동(洞) 1축제를 추진했었다. 산이 있는 동네에서는 기존부터 해마다 봄에 꽃 축제를 해왔다. 복숭아, 진달래, 장미 등이 봄철 내내 향기를 내뿜었다. 산이나 개천이 없는 동은 고역이었다. 자치역량 강화라는 측면에서는 반가웠지만 아무리 머리를 쥐어짜도 그럴싸한 축제'꺼리'가 빈약했다. 그래도 들은 풍월은 있어 궁여지책으로 나온 것이 주민자치센터 프로그램과 먹거리를 연계한 것으로 겨우 만들었다. 재정이 좀 더 풍족하면 주민 노래자랑과 초청가수 공연도 끼워놓곤 했다. 나중에 노래와 먹거리 위주의 축제에 대하여 손을 봤다. 결국 잠깐이나마 세금낭비를 초래하였으며 이후에는 세금절약과 더불어 기존 축제의 내실화를 도모하게 되어 다행이었다. 간혹 자치역량 강화와 지역 활성화 차원이라고 포장하여 시군구에 사업예산을 청구하는 사례도 있다. 위원장 몇 명이 또는 위원장협의회의 장인 협의회장이 주민자치 담당 과장에게 부탁 내지 압박을 한다. 빈약한 사업계획서에는 타당성조사에 대한 내용도 없거나 부실하다. 한 번 해보자는 내용뿐인 경우에는 세금낭비 사례에 해당한다. 한 번 해보자는 말 대신에 상세한 타당성 조사와 구체적인 추진계획이 있어야 세금낭비가 안 된다.

주민자치센터에서 운영하는 프로그램이지만 무료로 운영한다고 해서 세금이 투입되지 않는 게 아니다. 수강료를 안 받으니 강사수당은 수강료에서 지출되지 않고 세금에서 나간다. 프로그램을 이용하는 수강생에게 수강료를 받으면 강사수당을 수강료로 주어서 세금이 절약된다는 걸 알면서도 무료에서 유료로 전환시키는 걸 주저하고 있다. 이것 또한 세금낭비다. 한 번에 전체 프로그램을 유료화 시키기 어려우면 단계적으로라도 해야 한다.

주민자치 사업을 추진하면서 사업계획을 세울 때 비용이 지출되는 경우에는 산출기초라는 항목이 있다. 물품구입비와 식비 등의 사전조사 또는 가격조사는 대충이라는 말로 넘어가서는 안 된다. 앞에 열거한 사례를 반면교사로 삼아야 한다. 아낀 만큼 절약이 되고 자녀세대에게 피해가 안 가는 방안이 세금감시다. 내가 받아먹은 공짜는 결국 내 자녀가 성장해서 부담해야 한다. 자녀세대에게 꿈과 희망이 넘치는 사회를 넘겨줘야 하지 빚과 절망뿐인 사회를 넘겨줄 수야 없지 않을까. 작은 것부터 실천하자.

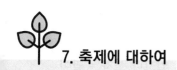

7. 축제에 대하여

축제는 즐거워야 제 맛이다. 축제는 그냥 하는 게 아니다. 아직도 주민자치 담당 공무원이 '축제' 계획서를 써주고 있다면 그 주민자치(위원)회는 마냥 즐거워해서는 안 된다. 자기네 축제인데 자기네가 스스로 계획서를 작성하고 실행하면서 평가한 후에 잘잘못을 가려서 내년 축제에 반영해야 정상이고 '제 정신'인 것이다. 그렇게 하고 있다면 축제는 즐겁고 그런 주민자치(위원)회가 있는 곳의 주민은 복 받은 분들이다. 아직도 공무원에게 의지하는 곳이 많은 이유다.

주민자치(위원)회에서 스스로 축제계획서를 기획하고 실행하며 평가하고 있다면 다행이다. 함평 나비축제, 고창 청보리밭 축제, 태안 튤립축제는 물론이고 대학축제까지 축제는 큰 행사만 있으면 갖다 붙여서 축제가 되곤 했다. 그래도 뭔가 허전한 게 있다. 축제(祝祭)라는 단어 때문이다. 축(祝)자는 빌다, 기원하다는 뜻이다. 제(祭)는 제사 또는 제사지내다, 사람과 신이 서로 접한다는 뜻이다. 기우제, 추모제 등처럼 '제'는 우리나라와 중국에서 '제사'라는 의미로 오랫동안 사용되어 왔으며, 유독 일본에서만 '제'를 잔치의 뜻으로 사용하고 있고, '축제'란 의미로 쓰이고 있다. 결국 '축제'는 일본식 한자어라는 것이다. 일본식 한

자어이니까 무조건 쓰면 안 된다는 말이 아니다. 알고나 쓰자는 말이며, 축제 대신 다른 말로 사용할 수 있다는 것을 알아야 하지 않을까해서이다.

축하하는 큰 행사를 일본식 한자어가 아니면서 우리가 써오던 단어가 있다. 축전(祝典)이다. 축전은 축하하는 의식이나 행사를 말한다. 딱 축제 대신 쓰기 좋은 말이다. 축전을 사용한 행사명도 이미 여럿 있다. '안성 세계민속축전' '부산 과학축전'도 있으며, 세계적인 행사로 개최한 '인천세계도시축전'도 널리 알려진 행사였다. 인천세계도시축전은 '2009인천방문의 해'를 맞아 인천을 세계에 널리 알리고 투자유치를 활성화하며 2020년 세계 10대 명품도시로 발돋움하기 위하여 80일(2009.08.07~10.25)간 개최한 행사다. 국내 32개, 해외 105개 등 모두 137개 도시가 참가하였으며, 관람객만 670만 명이었다. 축제를 축전으로 바꾸면 낯설기도 하고 홍보나 인지도에서도 불리할 것으로 판단할 이유가 전혀 없다.

행여 일본식 한자어를 버리기로 하지만 축전은 아직 낯설다고 한다면 순우리말인 '잔치'도 있다. '잔치'라고 하니까 돌잔치가 연상되어 모양이 빠진다고 할지 모르겠다. 잔치라는 단어 앞에 '큰잔치'라고 하면 고개를 끄덕이지 않을까. 이젠 한자어를 써야만 뭔가 있는 것 같고 큰 행사처럼 보인다는 편견은 사라진 지 오래다.

어찌되었건 축제는 '하면 되는 게' 아니다. 스스로 계획서를 작성하고 스스로 실행하며, 스스로 평가해야 한다. 축제라는 단어 대신 축전이라는 단어의 사용을 검토하고 고민까지 한다면 더할 나위 없이 좋겠다. 그래야 주민자치가 '한 뼘' 더 성장한다.

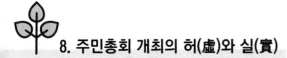

8. 주민총회 개최의 허(虛)와 실(實)

주민자치위원회 시절과는 확연히 달라졌다. 처음 해보는 주민자치회이지만 마을주민이 한자리에 모여서 하는 마을잔치인 '주민총회' 또한 처음이라 낯설다. 주민자치회로 전환되는 과도기에 먼저 주민자치회를 시범으로 실시하고 있는 지역에서는 '주민자치회 설치 및 운영에 관한 조례'가 있으며, 같은 조례 시행규칙은 아직 없는 곳이 많다. 주민자치위원회 시절에는 조례와 그에 따른 시행규칙이 있는 곳이 많았으나 주민자치회로 되면서 업무부담도 늘어나고 새로 주민자치를 담당하는 공무원이 많아서 아직 업무연찬이 미흡한 면도 있겠으나 지자체장의 관심도와도 무관하지는 않는 것 같아 걱정이 앞선다.

지방의 경우 아직도 주민자치위원회에서 주민자치회로 전환되는 것을 어려워하고 있으며, 굳이 전환할 필요가 없는 것 아니냐며 의구심도 갖고 있는 게 사실이다. 주민세사업이다 참여예산사업이다 하면서 재정을 더 주어서 고마우나 다 공무원이 해야 할 일을 자치위원에게 덤터기 씌우는 것 아니냐는 의구심도 가지고 있는 경우도 간혹 본다. 남들이 더 많이 주민자치회로 전환할 때 그때서야 우리도 가면 된다며 자치분권의 당위성이라는 대세의 흐름에 거부감을 보인다면 아예 자치위원을 그만두는 게 좋다는 것을 새삼 밝힌다. 주민자치회 전환거부를 신념으로 여기는 자치위원은 주민에게 물어보면 된다. 이런 자치위원이 있는데 훌륭한 분이신지 집으로 보내야 할 분이신지 판단을 구하면 대번에 드러난다.

각설하고 최근 주민자치회 전환 시즌을 맞아 주민총회와 자치계획이라는 낯선 단어 앞에 주민자치 담당 공무원과 자치위원 모두 당황하면서도 벤치마킹 등에 힘입어 하나씩 알아가고 실천하고 있다. 필자도 서울특별시 2개소, 경기도 남양주시 2개소와 충남 당진시 등 5개소의 주민총회 현장을 방문했다. 소회로는 전국주민자치박람회에서 2009년부터 작년까지 읍면동에서의 장려상 이상 본선진출 실적을 보면 1위는 경기도이고 2위 부산광역시, 3위 광주광역시이다. 서울특별시는 4위다. 그런 불변의 실적임에도 불구하고 주민총회는 서울특별시가 가장 잘하는 것으로 판단된다. 총회의 사전 붐 조성부터 시작해서 당일 치러지는 주민총회 현장운영이 매끄럽다. 대체로 만족하는 총회자료와 각종 주민세사업과 참여예산사업에 대한 분과별 발표에 이은 현장투표는 하나의 '큰 잔치'를 연상케 한다. 하도 안 모이는 주민의 집객효과를 거두기 위한 고육지책이라 옆에서 보면 안쓰럽다. 체육관이나 매년 실시하는 마을축제장에서 슬쩍 개최되는 주민총회라니. 그래도 어딘가 이제 시작이다. 이제 마을사람들이 모이기 시작했다. 한두 번의 참여경험으로 이젠 노하우도 생겼을 터이다. 차츰 날카로운 질문을 하는 주민도 생길 터이니 주민자치회 측에서도 연례행사라 대충해도 되겠지 하다가는 쩔쩔맬 일도 있을 것 같다.

아닌 게 아니라 다섯 번의 주민총회 현장을 방문했을 때 행사의 매끄러움은 보기에도 좋았지만 은근히 걱정도 됐다. 눈 밝은 누군가가 주민총회에서는 자치계획을 결정하는 것이지만 자치계획에는 분과를 포함하여 주민자치회 운영계획도 있어야 하는 것 아니냐고 물어볼 때 주최측에서는 과연 답변이 제대로 준비되어 있을까 하는 조바심이 지켜보는 내내 들었다. 다행히 방문한 총회 현장마다 그런 불상사(?)는 일어나지 않았다.

주민총회의 가장 큰 역할이 자치계획을 결정한다는 것이다. 자치계획을 다 담아야 하는 행사가 주민총회인데 시행된 지 얼마 안 된 탓도 있지만 다소 미흡한 부분이 있다. 다음은 어느 지역의 사례이나 제11조 등의 숫자는 편의를 위하여 임의로 기재하였음을 밝힌다. 주민자치회 설치 및 운영에 관한 조례가 제정이 된 곳의 조례상에 기재되어 있는 내용을 먼저 보자.

제11조(주민총회) ① 주민총회는 다음 각 호의 사항을 결정한다.
1. 주민자치회 활동 평가
2. 동 행정사무에 대한 의견 제시
3. 자치계획의 결정
4. 동에 배정된 주민참여예산 사업의 선정
5. 기타 지역현안, 주민자치, 민관협력 등에 관한 사항의 보고와 결정

제12조(자치계획의 수립 및 결정) ① 주민자치회는 동 주민의 의견과 요구를 수렴하여 자치계획을 수립하여야 한다.
② 구청장은 자치계획이 원활하게 이행될 수 있도록 적극적으로 협력 · 지원하여야 한다.

---

③ 자치계획은 주민자치회 정기회의 또는 임시회의 의결로 입안되며, 주민총회 참석자 과반수의 찬성으로 결정한다.

④ 주민자치회는 자치계획을 결정한 날로부터 2개월 이내에 자치계획을 구청장에게 제출하고, 구청장은 이를 제출받은 날로부터 1개월 이내에 검토 및 반영 여부를 주민자치회에 공식적으로 전달하여야 한다.

⑤ 자치계획은 다음 주민총회에서 새로운 자치계획을 수립할 때까지 효력을 갖는다.

제13조(자치계획의 구성) 자치계획은 다음 각 호의 세부 계획으로 구성한다.

1. 주민자치회 운영계획
2. 동 행정사무 협의 계획
3. 동 행정사무 수탁 및 추진 계획
4. 자치회관 운영계획
5. 분과별 사업계획
6. 동 주민참여예산 사업계획
7. 그 밖의 주민자치 및 마을공동체 활성화를 위한 계획

제11조에 의해서 주민총회를 하려면 11조 1항 1호부터 5호까지 주민총회에서 다루어야 하지만 대개의 주민총회에서는 주민세와 주민참여예산사업만 또는 위주로만 하고 있었다. 11조 1항 3호(자치계획의 결정)만 다룬다고 해도 제13조(자치계획의 구성)에 의하면 1호부터 7호까지를 자치계획이라고 하는데 주민총회 현장에서는 총회자료이건 현장에서의 진행사항 어디에서도 연간 주민자치회 운영계획이나 동 행정사무 협의계획이나 분과별 사업계획에 대해서는 언급이 없었다. 매년 주민세사업과 주민참여예산사업만 하겠다는 의지의 표현인지는 모르겠

으나 주민자치회로 전환된 마당에 주민자치기능과 협의기능 및 수탁기능 등 주민자치회 3대 기능에 따라 연간 운영되고 있으면서 주민세와 참여예산사업만 주민총회에서 다룬다는 것은 이해하기가 어렵다. 다른 지역의 주민자치회 관련조례를 가감해서 구색만이라도 갖추려고 그랬는지 모르겠다. 그래서 아직 누군가가 같은 조례 시행규칙을 만들기만을 기다리고 있어서 조례는 있지만 시행규칙은 아직도 없는 곳이 많은 것일까.

문서 작성하는 것을 싫어하는 자치위원이 아직도 많다는 것을 알고 있다. 문서 작성할 수 있는 사람은 분과원이 되고, 작성할 수 없는 사람이 분과장을 하고 있는 곳도 제법 된다. 얼핏 보면 이해가 안 되고 웃기는 단체라고 흘겨봐도 할 말은 없을 것 같다. 문서를 작성할 수 있는 사람이 일부러 분과장을 회피하는 경우도 있다면 주민자치(위원)회를 어떻게 생각해야 하는지 도통 모르겠다. 자치지원관이나 유급간사 또는 급여를 받는 사무국장만이 문서를 작성해야 하고 분과장 이하 일반 자치위원은 문서작성을 안 해도 된다고 할 때 그들의 자리가 없어지면 그때는 어떻게 하려고 그러는 것일까. 같이 없어져야 하나, 아니면 그때 가서야 문서작성을 배우겠다는 것일까. 하루빨리 언행이 일치되어 자치계획 등이 포함되어 제대로 된 주민총회가 되기를 기대한다.

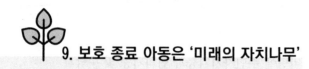

아동에게는 보호가 필요하다. 대부분은 부모의 양육을 받는다. 간혹 소년소녀가장이나 조손가정 또는 한 부모 가정이라는 단어를 접할 때는 우울한 생각을 갖게 한다. 여기에 가정이 파탄이 나거나 부모가 없는 경우에는 보육원이라는 시설에서 생활하게 되기도 한다. 사회에서는 보육원에 있는 아동들을 보육원생이라고 말한다.

'아동'은 아동복지법에서 정의된 용어로 18세 미만의 사람을 이르는 말이다. 아동의 다른 말로 청소년 또는 미성년자라는 말을 쓰기도 하는데 우리나라에서는 일관성 없이 법의 종류마다 아동의 연령이 들쭉날쭉한 특성을 가지고 있어 다소 혼란스럽다. 청소년기본법에는 9세 ~ 24세 이하이며, 청소년보호법(19세 미만), 아동복지법(18세 미만), 근로기준법(연소자, 15세 ~ 18세 미만), 게임산업진흥에 관한 법률(청소년, 18세 미만), 음악산업진흥에 관한 법률(청소년, 18세 미만), 영화 및 비디오물의 진흥에 관한 법률(18세 미만), 공연법(연소자, 18세 미만), 소년법(소년, 만 19세 미만), 형법(형사미성년자, 14세 미만), 민법(미성년자, 만 19세 미만) 등으로 호칭도 다양하고 연령 또한 상이하다.

대부분의 아동을 제외하고 보육원에서 지내는 아동은 18세가 넘으면 아동보호가 해제되어 보육원을 떠나야 한다. 이때 나라에서 지원해 주는 것은 두 가지다. 한 번만 제공되는 자립정착금 500만 원과 자립수 당이라는 명목하에 3년간 매월 30만 원이 지급된다. 결국 그 돈으로 저 험난한 사회에 첫발을 내딛어야 한다. 10명 가운데 몇 명이나 정상적인 사회인으로 성장할 수 있을까. 가족이 없는 아이들이 그나마 정을 주고 받았던 보육원마저 떠나 홀로 살아가는 것이 외롭고 힘들지는 않을까. 곁에 아무도 없다는 생각에 삶을 포기하는 아이들도 있다고 한다. 손에 쥐어진 자립금 500만원으로 살 곳을 구하고 취직할 때까지 버텨야 한 다. 간혹 사기꾼의 먹이가 되는 날에는 가진 돈을 전부 잃는 경우도 있 어 삶을 포기하는 사례도 발생한다.

주민의 삶의 질 향상을 목표로 하고 있다는 전국의 주민자치(위원) 회가 있다. 인구절벽의 위기라며 지방소멸을 눈앞에 둔 지자체도 요즘 '살 길'을 찾아 나섰다. 인구 10만 명이 무너졌다며 경북 상주시 공무원 들이 상복(喪服) 입고 근무한 사례(조선일보, 2019.09.22)는 눈물겹다. 제삼자의 눈으로는 일회성 행사로만 보일런지는 모르겠으나 그 일회성 행사의 내면에는 구구절절한 간절함이 묻어 있다. 전국에 빈집이 126 만 가구라는 기사(경향신문, 2018.10.16)와 인구급감한 정선과 홍성 등 5곳은 청년 정착지원 대상지로 선정(서울신문, 2019.07.15)되었다는 사 례와 직원 데려온 기업에 1인당 10만 원 지원으로 지자체 맞춤형 인구 늘리기 작전(중앙일보, 2019.09.07) 등의 사례는 이젠 특정지역만의 문 제는 아니다. 현실이 이러한데도 금전 살포로 남의 인구를 빼오는 전입 에만 눈을 돌리고 있는 실정이다. 퍼주기로 감당할 수 있을까. 일정기 간 지나서 더 많이 주는 곳으로 가겠다면 어찌할 건가. 양심에 맡기면

될까. 어차피 퍼주기가 양심과는 동떨어진 처방이라 양심 가지고는 안된다.

이제라도 남의 것 빼앗을 생각을 하지 말고 '키워서 효과 보는' 방안을 찾으면 좋겠다. 남들의 시선이 가지 않은 곳이 있다. 탈북민(북한 이탈주민)과 다문화 그리고 보호 종료 아동이 그들이다. 특히, 보호 종료 아동인 경우에는 인도적인 차원에서도 그렇지만 여타의 다른 면에서도 효과가 크다. 키워서 효과 보는 것도 있지만 늙어가는 지방을 젊어지게 한다. 잠재 근로자(인력) 육성과 정착에 따른 인구 늘리기와 폐교의 부활까지 가능하다. 게다가 마을소득도 늘어난다.

지자체에서 하드웨어인 빈집 제공과 사회적 기업, 협동조합, 마을기업의 육성을 담당하고 주민자치(위원)회에서는 소프트웨어인 일자리 제공, 기술 전수, 대학 진학 지원 등을 업무협약(MOU)을 통해서 역할 분담한다면 보호 종료 아동에게 꿈과 희망을 주어 함께 가치를 같이 누리는 지역 활성화를 거쳐 지역 공동체도 완성할 수 있을 것이다. 보호 종료 아동이 생활하는 보육원을 다시 봐야 하는 이유다.

보호 종료 아동은 우리의 미래이자 희망이며, '미래의 자치나무'다.

10. 도와주지는 못할망정 태클은 걸지 말라

사람의 얼굴은 하나일까 둘일까. 간혹 사람 때문에 낭패를 본 적이 있을 것이다. 사람을 함부로 판단하면 안 된다는 얘기는 대체로 긍정의 표시라 다행이다. 가령 얼굴이 험악하게 생겼는데 의외로 성실하고 순하더라는 말을 할 때 자주 듣는다. 그 사람 얼굴하고는 완전히 딴판이라는 말은 기대했던 것보다 못하다는 얘기와 일맥상통하는 말이다.

주민자치 활동을 할 때도 그와 비슷한 말들이 오간다. 혹평과 칭송이 난무하는 곳이 주민자치 업계(?)인데 예외가 아니어서 곤혹스럽기도 하고 씁쓸하기까지 한 적이 간혹 있다. 먼저 사례를 보자.

사례1.

대도시의 동(洞)이다. 주민자치센터 설치 및 운영조례와 시행규칙이 평범해서 그런지 위원장이 드세다. 10년 내외의 자치위원 경력이 있는데 어찌 된 연유인지 주민자치위원장을 8년 이상을 하고 있었다. 조례에 연임은 1회로만 한정되었는데 개정이 자주 있다 보니까 중간에 위원장 임기가 1년인 경우도 있었다. 연임조항에 걸리면 다음 해는 '바지사장'격인 위원장을 내세워서 6개월 정도 지나면 본인이 위원장을 하곤 했다. 동장 알기를 '핫바지'로 알고 있으며, 심하게 말할 때는 "내가 시장실에도 마음대로 들어가는데, 동장도 마음에 안 들면 내가 바꾸겠다"고 공언한다. 그 위세에 발령받은 동장마다 기가 꺾였다. 관치에서 자치로의 변화에는 관심도 없고 주민자치나 도시재생이나 평생학습에도 다가가지도 않는 것이 기본이다. 그래도 자치위원들은 매번 그를 위원장으로 선출했다. 제 이름 석자를 알리고 위세를 부리는 것에만 관심 있다. 하도 원성(怨聲)이 많아져서 결국 퇴출당했다.

사례2.

대도시의 동(洞)이다. 주민자치센터 설치 및 운영조례부터가 엉성했다. 다른 대도시와는 달리 동장이 자치위원이나 위원장을 해촉하는데 의결과정이 없다. 심하면 동장 마음대로 이현령비현령(耳懸鈴鼻懸鈴)해도 무방할 정도다. 열심히 주민자치 활동을 하고 있는 현재의 위원장이 동장에게 고분고분하지 않다고 호시탐탐 갈아치울 궁리만 하고 있었다. 자치사업을 하려면 뭐든지 동장한테 허락받아야 한다고 믿는 동장이었다. 말 잘 듣는 어느 자치위원을 위원장으로 만들려는 욕심도 보였다. 동장은 자치보다는 관치를 선호하여 계속 민폐와 원성이 자자했다. 견디다 못해 위원장과 자치위원 몇 명이 시장을 면담하였다. 몇 달 지나서 결국 동장은 주민자치와는 무관한 다른 곳으로 발령받았다.

사례3.

지방의 면(面)이다. 성실하고 의욕 있으며 60대이면서도 책과 신문에 다가가는 위원장이었다. 자치위원 일부는 위원장을 싫어했다. 전형적인 보수적인 시골이다. 주민자치 활동을 대충 하는 척만 하려고 했는데 위원장이 자꾸 의욕을 부리니까 자치활동이 활발해지는 게 싫어서 위원장마저도 보기 싫었다. 관치니 자치니 그딴 말 하지 말고 전국주민자치박람회 나가봤자 우리한테 좋은 게 뭐 있냐고 불평하는 사람이 슬슬 생겼다. 그들 뒤에는 부위원장이 있었다. 결국 12월에는 자치활동을 활발하게 하는 것을 싫어하는 부위원장이 위원장에 선출되었다.

사례4.

대도시의 동(洞)이다. 주민자치위원회가 열심히 하면 얼마든지 밀어드리겠다는 동장이건만 위원장은 소귀에 경 읽기다. 자치위원 전체가 외부강사를 초빙해서 듣는 주민자치 특강에도 결연히 불참한다. 2021년부터 주민자치위원회에서 주민자치회로 전환되어 자치회장을 선출해야 하는데 출마의 변이 희한하다. "열심히 하겠으니 선출해주시기 바랍니다" 뭐를 열심히 하려는 걸까. 주민자치를 안 하는 것을 열심히 하겠다는 것인지 걱정된다. 진짜 개과천선하여 관치 말고 자치를 열심히 하셔서서 주민에게 인정받기를 기대해본다.

사례를 읽어본 소감을 묻는다면 짓궂은 걸까. 아니면 살짝 쓴 미소를 지을까. 우리의 주민자치(위원)회에서 자주 볼 수 있다. 어쩌면 지난번에 겪은 얘기일지도 모르겠다. 주민의 삶의 질 향상을 위하여 생업에 바쁜 와중에도 불구하고 귀한 시간을 할애하겠노라고 말하면서도 행동은 영 딴판인 경우가 왕왕 있다.

태클은 왜 거는 걸까. 우선 자격 미달자가 들어온 것이 가장 큰 원인이다. 누구나 들어올 수 있다. 제지하는 사람도 없다. 분탕질 원 없이 치다가 그만두기도 한다. 아예 무방비다. 무슨 조직이 이런가. 이런 조직에 혈세라는 세금을 써야 하나. 태클은 마음에 안 드는 일이 발생할 때 일어난다. 집행부에서 하나부터 열까지 꼼꼼한 준비가 없을 때는 태클을 감당해야 한다. 그것은 견제라 견뎌내야 하고 감수해야 한다. 그만큼 성장을 제공한다. 그런 이유가 아닌 태클은 몽니일 뿐이다. 못 먹는 감 찔러나 보겠다는 심보는 제 인격을 여과 없이 드러내는 것과 같다. 매일 보는 동네 주민인 자치위원에게 할 도리는 아니다. 특히나 몽니의 주체가 공무원인 경우에는 그 피해가 막심하다. 관치에서 자치로의 긴 여정에 행정지원이라는 도움을 줘도 시원치 않은데 갑질의 주인공이거나 위원장의 위세에 눌려 머리를 숙이고 있다면 그 자체로 직무유기다. 심하면 형사처벌도 받아야 한다.

이런 불량한 태클을 안 당하려면 어떻게 해야 할까. 소수 엘리트의 사고방식을 버리고 집단지성을 발휘하는 의식을 공유해야 한다. 위원장 또는 자치회장부터 책과 신문에 다가가야 한다. 주민자치(위원)회를 사람으로 비유할 때 머리와 허리 그리고 팔과 다리로 말한 것처럼 제 역할을 다해야 한다. 벤치마킹 갈 때도 콧바람 쐬러간다고 생각하지 말고 배우려는 자세를 가져야 함은 물론이다. 가서 듣지만 말고 궁금한 것은 돌직구를 날려서라도 물어봐야 한다. 각종 자치교육 시간에도 질문을 아껴서는 안 된다. 듣기만 하면 그때뿐이고 질문하면 기억에 오래 남게 된다. 당신의 질문으로 많은 사람이 알게 되었다고 생각해보면 질문의 가치를 알 수 있지 않을까.

11. 주민이 주민자치(위원)회를 몰라주어 아쉽다면

자치위원이 서운하다고 말한다. 주민을 위해 열심히 자치활동을 했는데도 주민이 우리를 잘 몰라주는 것 같다고. 일 년에 한 번 있는 마을 축제도 그렇고 많은 노력을 기울여서 주민이 참여하고 결정할 수 있는 주민총회도 개최했는데 아직도 우리 주민자치(위원)가 있는지, 뭐 하는 단체인지도 모르는 것 같다며 원망 아닌 원망도 늘어놓는다.

사실 여러 가지 행사를 진행할 때 주민자치위원장이나 자치회장이 나와서 인사말을 하고 주민자치(위원)회 사업 등을 추가로 얘기하지만 관심 있게 들어주는 분위기도 아니다. 행사의 분위기에 파묻혀 있는 주민 입장에서는 오늘의 행사내용이 더 궁금하지 누가 무엇을 어떻게 하겠다는 것은 크게 와닿지가 않는다. 행사 때마다 공감과 참여 분위기 조성을 위하여 많은 노력을 하지만 주민자치라는 단어 하나를 주민이 피부로 체감하게 하는 방안으로는 역부족이다. 행사 때보다는 평소에 주민에게 다가가는 노력이 필요한 이유다.

주민자치(위원)회에서 주민이 몰라준다 하여 실망하지 않고 오히려 알게 하려면 어떻게 해야 하는지 고민하는 게 더 효과적이다. 효과적인 주민 홍보방법을 소개한다.

첫째, 자체 홈페이지를 만들자

보통의 주민자치(위원)회라면 홈페이지는 주민센터(행정복지센터)에 더부살이를 한다. 주민센터 홈페이지 메뉴에서 오른쪽 맨 끝에 위치한다. 클릭해서 들어갈 때 내용이라도 충실하면 괜찮지만 대개는 만족스럽지 않다. 주민센터에 더부살이한다는 것은 주민센터에 근무하는 공무원, 홈페이지 관리를 담당하는 직원이 관리하고 있다는 것을 적나라하게 보여주는 것과 다름 아니다. 성실하거나 열정이 있는 직원이라면 시기가 지난 내용들은 내리거나 삭제 등의 조치를 취하지만 그렇지 않은 경우에는 시기와 상관없이 게시되어 있는 경우도 왕왕 발생한다. 자치센터에서도 자체 홈페이지가 아니니까 위원장이나 간사도 크게 신경쓰지 않게 된다. 만에 하나 더부살이를 할 수 밖에 없는 경우라면 내용 등을 꾸준히 관리해야 한다. 특히 독후감 공모전이나 마을축제 등의 참여나 홍보를 자체 홈페이지로 한다면 방문객이 점차 증가하여 마을살이의 소통공간으로까지 자리매김이 될 수 있다.

둘째, 온라인 마을카페나 블로그를 운영하자

주민센터에서 운영하는 홈페이지에서 굳이 더부살이로 할 수밖에 없다면 보완적으로라도 온라인 마을카페나 블로그를 운영하여 훗날을 위한 주민센터로부터의 독립을 확보하는 게 좋다. 온라인 마을카페나 블로그를 개설한 경우에는 주민에게 인지도를 높일 수 있는 방안을 마련해야 한다. 홍보대상은 자생단체원과 프로그램 수강생을 우선하는 게 좋으며, 각종 공모전 개최 등의 안내로 마을카페나 블로그를 알아두어야 본인한테 도움이 된다는 것을 체감하게 해줘야 한다.

셋째, 마을신문 또는 마을 소식지를 발간하자

마을신문은 매년 상당한 비용이 든다. 분기별로 발간해도 발간비용이 매회 250만원인 경우 연간 1,000만원이 든다. 만들면 좋다는 것은 알지만 이런 비용부담과 마을신문 기자육성이 어려워서 못하는 경우가 태반일 것 같다. 우선 비용부담은 공모사업으로 충당할 수 있다. 보통 공모사업으로 마을신문을 만드는 경우 2회 정도만 가능한 경우가 대부분이다. 이후에는 시군구에 요청하면 거의 들어준다. 들어주는 이유로는 외부 공모사업 선정으로 만들거나 자체회비로 만드는 경우 두 가지인데 그 과정을 시군구에서 알기에 그간의 노고에 감동하여 예산배정으로 호응하게 되는 것이다. 실례로 경기도 부천시의 상2동인 경우 처음엔 공모사업으로 〈상상마을〉을 2회 발간하였으나 이후 추경을 거쳐 본예산에 편성되어 순항하였던 적이 있다. 전북 진안군 부귀면의 〈부귀사람〉은 아예 창간호부터 2호까지 자치위원들이 회비를 거출하여 만들었다. 이후 진안군에서 사연을 알게 되어 예산을 지원하고 있다. 마을신문 기자육성은 글쓰기 교실의 존재 여부로 나눌 수 있다. 글쓰기 교실이 있는 경우 어느 정도 문장력이 있는 수강생을 마을기자로 위촉하면 되며, 추후 글쓰기 교실은 마을신문 기자 양성소의 역할을 계속할 수 있다. 글쓰기 교실이 없는 경우 몇몇이 의기투합하여 마을신문을 만들 수는 있으나 이사를 가거나 약간의 불협화음으로 참여를 중단하는 경우에는 지속성을 담보하기가 어려운 것이 단점이다.

넷째, 부재중 푯말을 사용하자

지역에서 사업장을 가진 자치위원인 경우 분과회의나 월례회의 등의 자치활동에 참여하기 위하여 사업장을 잠시라도 비운 경우에는 주민자치(위원)회 참여활동 내용을 기재한 부재중 푯말을 사용하면 해당 사업장의 사장이 자치위원이라는 것을 알게 된다. 자치위원이 무엇을 하는 사람인지 알게 될 뿐만 아니라 나중에는 충성고객이 되는 효과를 본다.

다섯째, 단체복을 제작하자

보통은 조끼를 만들어서 자치활동에 활용한다. 환경 가꾸기나 마을 축제 등에 주민자치(위원)회만의 조끼는 눈에 띈다. 등 부분에는 '어느 동 주민자치(위원)회'라는 글자만 있으면 누구나 우리 지역에 주민자치(위원)회가 있으며, 이분들이 그분들이라는 것을 홍보할 필요도 없이 저절로 알게 된다.

제시한 가짓수는 5개이나 자치위원 모두가 하나씩 제안한다면 최소한 10개 이상의 아이디어를 모을 수 있다. 이런 집단지성이 발휘되어야 한다. 이제는 주민이 우리를 몰라줘서 속상하다는 말 대신에 어떻게 하면 우리를 알게 할 수 있을까를 고민하자.

주민자치를 잘 하려면 무엇을 어떻게 해야 할까. 누구나 고민하지만 실천은 누구나 하질 않는다. 제대로 알려주는 이도 없을뿐더러 주민자치(위원)회에서도 실천을 하자는 이가 적은 것 같다. 괜히 나대는 것 아니냐는 말을 들을 것만 같은 분위기라는 걸 자주 느낀다고 한다. 가만히 있으면 중간이나 가는데 괜히 먼저 나설 일이 없다는 것이다.

앞에서 살펴본 바와 같이 주민자치를 잘 하려면 우선 기본이 튼튼해야 한다. 마치 건물을 지을 때 기초공사가 부실하면 건물을 지을 수 없는 것과 마찬가지다. 다음으로는 주민과 함께여야 한다. 주민과 함께하기 위한 첫걸음이 공무원에게 의지하지 않아야 한다. 의지하던 고리를 과감히 끊어야 한다. 그래야 스스로 해결할 능력이 생긴다. 그간 공무원에게 의지한 바가 크다면 이젠 그 '의지한 바'를 졸업해야 한다는 의미다.

스스로 해결하기 위한 첫걸음은 교육이며, 남의 자리 말고 제 자리에 앉는 제 역할을 해야 하는 것은 선택이 아니라 필수다. 오늘도 남의 자리를 제 자리로 알고 있는 이들이 많다. 실력은 없지만 탐이 난다는 게 그들의 일치된 생각이다. 이제 그것을 깨야 한다. 자치위원을 포함한 주민이 아이디어를 제공하고 자치위원이 검토하여 기획과 실행으로 옮길 때 주민이 환호한다. 스스로 해결할 수 있는 주민자치(위원)회가 되었다면 축하할 일이다. 많은 보람을 느끼고 있을 것이다. 처음엔 어느 길로 가야 하는지, 어떻게 해야 하는지도 몰랐던 시절을 떠올리면 만감이 교차할 것 같다. 그간의 갈고 닦은 자치역량을 이젠 주민에게 되돌려줘야 한다.

이제 만나게 되는 4장의 지역에 환원하는 주민자치(위원)회라는 말은 들을수록 짜릿하다. 돈이 없거나 부족하면 공모사업으로 충당하면 된다. 취약계층에 대한 이웃돕기를 꾸준히 해오고 있다면 같이 참여한 자치위원과 주민에 대한 정신적인 보상으로 외부 기관이나 단체의 표창으로 달래줄 수 있다. 더 나아가 국가상징의 무궁화나 국기 게양운동을 전개하여 나라사랑을 실천한다면 자녀세대에게는 좋은 본보기로 자리매김하게 된다. 이외에도 지역에 환원하는 몇 가지 주민자치 활동사례는 잠자는 영감(靈感)을 깨워 아이디어를 거쳐 성숙된 제안으로 탈바꿈되어 효과는 배가될 것이다. 몇 사람이 아닌 집단지성의 발휘가 절실히 요구된다. 자치위원 모두가 마음을 모은다면 지금보다 더 좋은 마을이 될 것 같다.

4

『지역에 환원하는』
주민자치(위원)회 만들기

1. 공모사업의 5가지 효과

　공모사업은 반갑다. 떨어져도 그간 추진한 실적을 정리할 수 있는 기회를 준다. 합격하면 입이 벌어질 정도로 기분도 좋아진다. 많은 사람이 노력한 결과를 인정받았다는 느낌은 말로 표현하기가 힘들다. 그렇게 좋은 공모사업이건만 우리의 주민자치(위원)회는 공모사업에 어느 정도나 응모할까. 전국의 주민자치(위원)회가 2,874개나 있다. 일년에 한 번을 응모할 수 있는 전국주민자치박람회에는 매년 400개 내외 정도만 응모한다. 나머지 2,400여 개의 주민자치(위원)회는 왜 응모를 안 할까. 응모만 한다면 단순한 통계로만 보더라도 2,874개소 가운데 전국순위가 400등 안에 든다고 할 수 있다. 서류심사인 1차 심사에서 400개 가운데 3분의 2는 탈락이고 3분의 1만 살아남는다. 대략 120개 정도다. 인터뷰 심사인 2차 심사에서 120개 가운데 70개소가 아깝게 탈락되고 50개 정도가 살아남는다. 살아남은 이들이 장려상 이상을 확보한 셈이다. 이후 전국주민자치박람회장에서 사례발표와 부스 운영에 대한 평가로 장려, 우수, 최우수, 대상이 구별된다.(2020년에는 평소와 달리 장려는 없고 우수상, 자치분권상, 최우수상, 대상으로 구분하였음)

박람회에 공모서류도 제출하지 않은 곳은 무엇인가 문제가 있다고 치고, 그럼 400여 곳은 왜 응모할까. 응모하면 좋은 게 무엇이 있는지 경험으로 얻은 '공모사업의 5가지 효과'는 다음과 같다.

첫째, 주민자치(위원)회의 실력을 측정할 수 있다.

떨어져도 전국순위는 400등이다. 1차 심사라도 통과되면 전국순위가 올라간다. 1차 심사 통과 팀이 대략 120개소 정도이니 전국순위는 120등 안에 든다고 볼 수 있다. 2차 심사를 통과하면 자동으로 최소한 장려상은 확보가 된 것이라 전국순위는 50등 내외로 기록된다. 기록이라는 것은 다른 말로 인정받는다는 말과 통한다. 한두 명의 자치위원이 아니라 집단지성을 발휘한 전체 자치위원의 노고를 인정받는다는 말이다. 짜릿하지 않을까.

둘째, 해당 지역의 읍 · 면 · 동 주민자치(위원)회 간
경쟁유도로 동반성장 도모

어느 시 · 군 · 구 특히 군(郡)에 있는 읍 · 면에서 박람회 본선을 진출하여 장려상 이상을 확보했다면 인근 지역에서는 말로는 축하를 전하지만 속은 쓰라릴 것 같다. 처음에 속은 쓰리지만 나중엔 부러워하며 "다음엔 우리도 박람회 본선 통과하자"로 바뀐다. 박람회 본선 진출한 위원장(또는 자치회장)에게 슬쩍 묻는다. "저녁 거나하게 쏠 테니까 비법을 알려 달라" 이렇게 확산되어 동반성장을 가져온다.

셋째, 평가에서 신뢰를 받는다.

시·군·구의 공모사업에 선정되어 결과물을 포함해서 박람회 공모 서류를 제출한 경우에 박람회 심사위원의 입장은 긍정적이다. 벌써 다른 공모사업에 선정되어 주민과 함께 추진한 결과물이기에 심사위원에게 호감을 준다. 제출서류에 일은 열심히 했지만 공모사업이 하나도 없는 경우에는 "왜 공모사업은 하나도 없지"라는 의구심을 주어 서류제출로 만나는 첫인상이 좋을 수가 없고 호감 또한 받기 힘들다. 결국 다른 공모사업에 선정된 내용이 있다면 주민자치의 기초가 튼튼하며 알찬 내용이 있다는 확신을 심어준다. 입장을 역지사지(易地思之) 해보면 쉽게 알 수 있다.

넷째, 자체예산을 절감할 수 있다.

공모사업을 활용하지 않고 자체예산으로만 진행한다면 100% 전액을 부담해야 한다. 소요예산 가운데 10% 정도만 자체부담하고 사업을 추진할 수 있는 방법이 공모사업의 묘미다. 아무리 돈이 많아도 공모사업을 활용하지 않고 제 돈으로만 추진하는 자체사업이라면 주민이 좋아할까. 어차피 진행할 사업이라면 자부담이 10% 내외인 공모사업으로 진행하는 게 좋다.

다섯째, 자료관리로 학습기회 제공

전국주민자치박람회에 공모신청서를 제출할 때는 책처럼 제본을 떠서 보낸다. 물론 주민자치(위원)회 사무실에 보관용으로도 2권 내외를 둔다. 응모한 해의 공모신청서는 그해 전체 자치위원의 노고를 주민자치위원장이나 자치회장이 책자에 담아 만들어서 보낸 것이다. 그 제본

된 책자는 내년에도 참고가 되며 차기 위원장이나 자치회장에게 인계되어 도움이 된다. 이렇게 만들어서 보낸 것이며, 나는 좀 더 정성을 다해 만들어야 하겠다는 결의도 하게 된다. 결국 전임자가 누구도 가본 적 없는 길을 먼저 갔기에 후임자는 편하게 가는 셈이 된다. 누군가 만든 길을 따라 가본다는 것은 안심이 되며, 고마운 일이다. 전체 자치위원이 허투루 자치활동을 한 것이 아니라면 당연히 전국주민자치박람회에 응모하는 게 도리가 아닐까. 왜 "우리는 그런 것 필요 없다"고 말하나. 제 정신이라면 이런 말을 못 한다. 자치활동을 어영부영 또는 대충했으니까 그런 말을 했다면 자치위원 알기를 운전면허증이 아니라 동네 유지(?) 면허증으로 알고 있다는 실토와 다름 아니다. 처음에 자치위원이 되려고 지원서를 제출할 때의 심정으로 돌아가기를 부탁한다. 이제라도 주민의 삶의 질 향상을 위한 길에 알토란같이 그 귀한 시간을 허투루 낭비하지 말고 열심히 하자고. 서로의 장점을 살려 한 번 열매를 맺어 주민에게 더 나아진 삶의 질을 제공하자고.

읍 · 면 · 동에서 공모사업에 응모하기는 쉽지가 않다. 우선 공모사업을 주관하는 곳을 보면 지방자치단체인 시 · 도나 시 · 도의 하급기관인 시 · 군 · 구에서 공모사업을 하는 것이 보통이다. 충북과 경북 그리고 전북인 '3북' 지역에서는 지역공동체 활성화 등 읍 · 면 · 동 주민자치(위원)회가 응모할 수 있는 공모사업이 없거나 극히 적다. 왜 그런지는 알 수 없다. 중앙부처에서는 행정안전부와 문화체육관광부 그리고 국토교통부가 자주 있다. 그 외의 부처는 간혹 있는 편이다. 중앙부처의 공모사업을 확인하려면 해당부처 홈페이지를 방문하여 알림코너나 공지코너에 가서 검색창에 '공모'를 입력하여 확인하면 편하다. 가을이나 봄철에 자주 공고가 나는 편이다.

관공서가 아닌 경우에는 전국주민자치박람회를 주관하는 사단법인 열린사회시민연합이 대표적이다. 시·도에 있는 문화재단이나 문화관광재단도 자주 소개된다. 아울러 눈여겨 볼 기관과 단체로는 지역문화진흥원(http://www.rcda.or.kr)과 한국출판문화산업진흥원(http://www.kpipa.or.kr)도 있다. 공모사업은 주관처에서 홍보활동도 하고 있지만 대체로 필요한 곳에서 노크해야 얻을 수 있다. 자체적으로 아이디어가 있고 기획을 거쳐 실행력이 있다면 공모사업은 자주 두드려야 한다. 그래야 주민이 더 좋아한다는 것을 늘 잊지 말고 기억하자.

다음의 자료는 시군구에서 주민자치 관련하여 공모사업을 아직도 굳세게 그리고 용감하게(?) 안 하고 있었지만 이제라도 주민자치(위원)회에 멍석이라도 깔아드려야 하겠다고 생각할 때 최소한의 견적(?)이니 참고하라는 내용이다.

○ 소요예산(예시) : 사업예산 + 시상금

(단위 : 천원)

구분	계	사업비 내역		시상 내역		비고
		사업예산	산출기초	상금	산출기초	
계	31,900	29,000		2,900		
최우수(1)	11,000	10,000	10,000,000원×1팀	1,000	1,000,000원×1팀	
우수(2)	11,000	10,000	5,000,000원×2팀	1,000	500,000원×2팀	
장려(3)	9,900	9,000	3,000,000원×3팀	900	300,000원×3팀	

※ 장려상 이상 읍면동은 주민자치센터 운영 관련 연말 평가에 실적으로 반영

2. 자체회비 사업의 한계

　움직이면 돈이 든다는 말은 예나 이제나 불변의 진리다. 자치활동을 하는 주민자치(위원)회는 개인의 돈이 아니라 사업비가 투입된다. 푼돈이 아니라 목돈이다. 먼저 사례를 제시한다.

사례1.

○ 자체 회비사업 추진현황 : 2019. 7월 ~ 2020. 6월

(단위 : 원)

연번	사업명	시기	내용	사업비	비고
계				5,479,200	
1	『자치문고』 책장 구입	2019. 11월	자치문고 운영을 위한 책장 구입	200,000	
2	불우이웃돕기	2019. 11월	이불, 생필품 등 구입·전달	2,389,500	
3	주민자치위원회 송년회	2019. 12월	화합의 시간	722,600	
4	잠자는 동전 모으기 저금통, 모금함 구입	2020. 5월	• 잠자는 국내·외 동전 모으기 • 유니세프 전달을 위한 저금통과 모금함 구입	33,100	

5	이웃돕기를 위한 지정 기부	2020. 6월	• 2개 단체 기부 : (사)학산나눔재단	2,000,000
6	주민자치센터 프로그램 작품전시회 지원	2020. 6월	전시 참여 프로그램 식비 지원	134,000

광역시의 어느 동이다. 다른 지역과 비슷하게 불우이웃돕기로 2,389,500원과 주민자치위원회 송년회 비용으로 722,600원을 지출했다. 나머지 지출금액인 2,367,100원은 평소 같았으면 프로그램 운영으로 들어오는 수입인 수강료로 충당이 가능하였겠으나 2019년 아프리카 돼지열병과 2020년부터 시작한 코로나19로 인하여 프로그램 운영이 중단되어 자체회비에서 지출하였다.

사례2.

지방의 어느 면(面)이다. 프로그램을 운영하지만 전부 퍼주기인 무료로 운영한다. 전국주민자치박람회 벤치마킹 갈 때는 으레 자체회비로 간다. 최근에는 자치위원이 의기투합하여 우리도 마을신문을 만들어보자고 의견을 모았다. 창간호 발간으로 이백만 원을 지출했다. 분기별 발간 원칙이라 2호에도 같은 금액을 지출한 후에 고민이 생겼다. 마을신문을 만드는 것은 좋은데 계속 자체회비로만 충당해야 하나 고민했다. 고생 끝에 낙이라고 군청에서 예산으로 계속 지원해주겠다는 반가운 소식을 들었다.

사례3.

지방의 어느 동(洞)이다. 주민자치위원장이 여걸이다. 마당발이며 성격도 좋고 추진력도 뛰어나다. 열정까지 갖췄다. 그래도 자치위원들에게는 한 가지 걱정이 있다. 짐작하는 바와 같다. 제발 많은 일을 만들지 않았으면 하는 바람이 그것이다. 구(區)나 시(市)에서 공모사업이 없어서 자치활동을 활발히 하려면 자체사업이라도 해야 하는데 예산이 없어서 하는 일마다 회비를 털어서 해야 한다. 프로그램도 운영하지만 역시 '퍼주기'다. 일 년에 한 번 정도 있는 교육은 그나마 예산이 지원되어 강사초빙으로 강의를 듣는다. 그 귀한 강의를 듣고 실천에 옮기려면 죄다 돈이 발목을 잡는다.

대도시에서야 그래도 숨통을 틀 수 있지만 지방은 정말 열악하다. 선출된 지자체장이 자치분권이건 주민자치에 대한 이해와 열정이 있으면 그나마 다행이다. 비록 재정자립도가 빈약하지만 흉내라도 내고 단계적으로 추진목표도 제시한다. 그렇지 않은 경우에는 절망적이다. 시(市) 단위인데도 주민자치 강사를 초빙하여 주민자치 강의를 듣는 게 이번 해에 처음이라는 곳도 있었다.

예산지원이 변변치 않아 자치위원들이 월례회의에 참여하여 받는 회의참석 수당을 종자돈으로 마련하는 주민자치위원회가 있다. 집단지성을 발휘하여 발굴한 사업을 추진할 때마다 추가로 회비를 거둬서 자체사업을 추진하는 주민자치위원회가 있다. 그런 곳은 열정이 넘치는 주민자치 현장이다. 그 현장이 무너지고 있다. 아프다고 한다. 우리는 언제까지 지켜보아야만 할까.

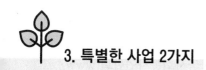
주민자치 현장인 동(洞)의 행정팀장으로 재직할 때의 일이다. 어느 해부턴가 행정망(전자결재시스템)으로 매년 반복되는 공문서가 접수됐다. 사회봉사대상 안내 및 홍보협조 요청이라는 문서와 국가상징 선양 유공자 포상계획이라는 문서 두 가지다.

대한민국 사회봉사대상

'대한민국 사회봉사대상'은 한국사회봉사연합회가 주관하고 있으며, 행정안전부가 후원한다. 응모대상은 중앙(지방)행정기관, 학교, 민간 (공공)기업, 시민사회단체, 개인 등 모든 국민이다. 기준에 따라 국가발전과 사회공헌에 헌신하고 있는 주민자치위원회도 포함된다. 표창으로 용기와 격려를 통해 지속 가능한 사회발전의 원동력을 만들고 사회봉사의 생활화를 확산시키는 것이 목표다. 응모기간은 6월부터 9월까지이며, 시상은 11월경에 한다. 대상별로는 개인, 학교, 단체, 기업, 기관, 기타로 구분하며, 단체는 자생단체, 시민사회단체, 복지관 등 시설기관으로 나눈다. 기업은 공공기업과 민간기업으로 구분한다. 기관은 중앙기관과 지방기관으로 분류한다. 분야는 인적 나눔과 물적 나눔 그리고 공적 부문으로 나눈다. 세부적인 내용은 한국사회봉사연합회(www. ngok.or.kr)에서 확인이 가능하다.

지역이나 기관별로 접수문서를 처리하는 방법이 다르겠으나 주민자치 담당이라면 촉각(觸角)을 곤두세우고 있어야 한다. 사회봉사대상에 대한 문서는 기관에서 최초의 문서접수자가 주민자치 담당부서로 문서를 재분류하지 않고 곧장 사회복지부서로 보낼 공산이 크다. 사회복지 담당부서에서는 주민자치 담당부서의 업무 이해가 없다면 제 부서에서의 공람조치로 문서가 종결로 처리된다. 주민자치 담당은 그런 문서가 온 줄도 모르게 된다는 얘기다. 인지하지 못하였으니 당연히 추천도 못하게 되는 오류도 발생한다.

만약에 해당 지역의 주민자치(위원)회가 열심히 사회봉사를 3년 이상 꾸준히 추진하여 왔으며, 성과도 있었고 외부의 평판도 좋았기에 마침 이번 사회봉사대상에도 신청만 하면 선정될 수 있었을 것 같다는 느낌이었는데 칸막이 행정으로 실기했다면 주민자치 담당공무원으로서 미안하지 않을까. 담당의 잠깐 실수로 몇 년의 노고가 빛을 발휘하지 못했다면 이런 낭패가 없다. 아는 만큼 보인다고 하지만 더 많이 알면 안 될까. 더 많이 볼 수 있는데.

행정팀장으로 있을 때의 경험담을 소개한다. 경기도 부천시 원미2동이다. 원미2동에서는 20011년 8월 1일 개강한 글쓰기교실을 시작으로 실력을 쌓은 수강생들이 마을신문 〈원미마루〉를 발간하고 있었다. 또 글쓰기교실 수강생이 참여해 매년 에세이집을 발간했었다. 2011년 10월 13일 물정 모르는 동네사람들이 돈도 없이 무작정 신문 만들기를 시작했다. 출판비용이 모자라 '100인 광고'라 하여 동네사람 100명에게 광고를 내주는 조건으로 1만 원씩 모아 출판비용을 마련하는 등 어려운 과정 속에서도 신문을 만들었다. 2016년 10월에는 창간 5주년을 맞았다. 글쓰기교실 수강생 중 몇 명을 기자로 위촉해 주민과의 양방향 소통에도 힘썼다. 2011년 12월 28일 글쓰기교실 수강생들이 몇 개월 배운 실력으로 '그해 겨울 사람냄새가 좋았어'를 주제로 첫 에세이집을 발간했다. 에세이집은 그동안 비매품으로 만들어지다 2015년 10월부터 상2동 글쓰기교실 수강생들과 함께 정가를 매겨 발간하였다. 이런 과정을 거쳐 탄생한 결과물이기에 마을신문 〈원미마루〉· 에세이집 발간은 주민과 양방향 소통을 인정받아 2016년 11월 2일 행정자치부가 후원하고 한국사회봉사연합회가 주최한 대한민국 사회봉사대상 물적나눔 분야에서 단체상을 받았다.

주민자치 담당자의 배려와 친절로 열심히 주민자치 활동한 주민자치위원회가 외부의 표창을 받게 해주는 것은 어찌 보면 배려와 친절 축에도 끼지 못한다. 당연한 행정지원일 뿐이다. 그런데도 그것을 실천하기가 힘들다고 말하면 당연히 해야 할 행정지원은 실체도 없이 사라진다. 그것은 차라리 직무유기에 가깝지 않을까. 행정지원을 해줘봤자 소용도 없다는 말 대신에 한 번이라도 실천을 권한다.

국가상징 선양사업 유공자 표창

'국가상징 선양사업 유공자 표창'은 행정안전부가 주관한다. 전국 읍 · 면 · 동에는 공문이 10월에 접수되며, 매년 12월 말에 포상한다. 추천대상은 정부의 국가상징 시책에 적극 호응하여 나라사랑 정신 확산에 기여한 우수 기관 · 단체다. 주요 내용으로는 태극기 · 무궁화 등 국가상징물 보급·선양에 크게 기여한 실적이 있어야 한다. 공적기간은 대통령·국무총리표창은 5년 이상이며, 장관표창은 2년 이상의 실적이 있어야 한다. 이미 이런 실적을 쌓아둔 주민자치(위원)회도 있을 것 같다. 망설일 이유가 없다. 때 되면 얼른 추천서를 제출하자.

'대한민국 사회봉사대상'과 '국가상징 선양사업'은 재직 중에 늘 염두에 두면서 주민자치위원회 활동과 연계하곤 했다. 주민자치위원회에 표창을 받게 하기 위함보다도 의미와 취지를 알고 있어서 따를 수밖에 없었다. 누가 거부할 것인가. 혈세로 생계를 꾸려가는 공직이나 명예와 보람 그리고 긍지와 자부심으로 똘똘 뭉친 자치위원이라면 당연히 추진해야 할 과제다. 실적도 있고 적시에 자료도 제공하는 행정지원이 함께라면 못할 게 없다. 주민자치 담당 공무원도 "이 자료가 주민자치(위원)회에 필요할까" 라는 의구심을 버리고 먼저 제공해야 한다. 실천은 공무원이 아니라 자치위원의 몫이니까. 위원장이나 자치회장도 행정망으로 내려오는 연례행사나 자치활동에 필요한 여타의 문서에 대해서도 줄 때까지 기다릴 게 아니라 계속 확인해야 한다. "우리한테 줄 거 또 있는 것 아니냐" 며, 정착이 될 때까지는 계속 확인해야 한다. 담당 공무원과 위원장은 늘 긴 안목으로 보는 생활습관이 몸에 배어 있어야 한다. 전체 자치위원이 열심히 일한 결과를 매몰시킬 수는 없으며, 열매 맺어 주민과 함께 즐거움을 누려야 하지 않을까. 지역 활성화는 그냥 오지 않는다. 누군가의 관심과 배려 그리고 준비된 실력이 필요한 이유다.

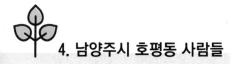

4. 남양주시 호평동 사람들

경기도 남양주시 호평동은 언제나 반갑다. 주민자치 업무에 종사하면서 부천시 외 지역의 자치위원과 처음 사귄 인연도 남양주시 사람들이다. 당시 민영주 사무국장과 안규영 위원장(현재는 고문임)과의 만남으로 주민자치를 더 많이 알게 되었으며, 지금도 전국으로 주민자치 강의를 다니게 되었는지도 모른다. 2018년 11월 30일에는 주민자치의 본고장으로 널리 알려진 남양주시 16개 읍·면·동 200여 명의 자치위원 앞에서 주민자치 강의를 하는 호사(?)도 누렸다.

호평동은 2007년부터 2014년까지 8년간 남양주시 최우수 주민자치센터로 선정된 경력이 있다. 2009년부터 2016년까지 전국주민자치박람회에 6회나 본선 진출을 하였으며, 그 과정에 공무원에게 의지하지 않는 자치의 틀을 갖춘 것으로 명성을 떨쳤다. 전국의 주민자치위원회의 롤모델이었다. 2019년의 아프리카 돼지열병에 이어 2020년에는 코로나19로 인하여 다소 침체된 듯하지만 다시 예전의 영광을 찾을 것 같다.

호평동에서는 주민에게 다가가는 자치활동을 다양한 내용으로 추진하는 것으로 널리 알려졌다. 특히 '호평 학교 밖 꿈나무 안심학교'는 호평동이 2012년 7월부터 추진한 사업으로 의미가 남다르다. 인구의 급

격한 증가로 아파트 단지가 늘어나면서 젊은 층도 많아진 것에 착안한 사업이다. 저소득가정, 한부모가정, 다자녀가정, 맞벌이가정의 아이들인 초등학교 1~2학년인 25명에게 방과 후 수업을 진행하였다. 돌봄 장소는 관내 아파트 관리동 2층으로 아파트 입주자 대표회와 10년 무상 임대 하기로 협약을 체결하였다. '친구야, 학원가니? 나는 꿈나무학교 간다'는 슬로건으로 과목별 전문 강사수업(국어, 수악, 영어, 미술), 특기적성수업(태권도, 컴퓨터, 풍물), 협동심 적응훈련(체육, 승마), 체험학습(야생조류 먹이주기, 연날리기, 숲 체험, 유기농 텃밭 가꾸기 등), 학부모 간담회와 우편설문조사까지 아우른 종합 돌봄이었다. 남들처럼 퍼주기도 아니었다. 왜 무료로 운영하지 않느냐고 물었더니, "그들이 돈이 없을 뿐이지 가오(인터넷 사전에는 폼으로 설명되나 자존감이 더 올바른 표현임)가 없는 게 아니다"는 말을 안규영 당시 위원장에게 들었다. 공짜는 좋아할 수도 있지만 그들은 일부라도 수강료를 내야 정정당당하다는 것을 이미 알고 있었다. 교재비 포함하여 월 일만 원이었으며, 취약계층은 50% 감면되었으나 맞벌이가정은 에누리 없는 100% 납부였다. 일자리 창출에도 기여하였다. 아이들을 가르칠 보육교사와 보조교사가 채용되었으며, 맛있고 영양가 있는 음식을 담당할 조리사와 시설을 관리할 시설장 등 총 4명의 일자리도 만들어졌다. 개학 중에는 오후 1시부터 저녁 9시까지, 방학 중에는 오전 9시부터 저녁 7시까지 운영했다. 2013년 전국주민자치박람회에서 평생학습분야에 최우수를 받은 사례의 일부다. 벌써 8년 전 일이지만 그때 이런 아이디어를 내고 기획을 거쳐 실행까지 한 자치역량이 부럽다. 책과 신문에 다가가는 위원장이 있는 곳은 확실히 다르다.

이런 돌봄이 농촌체험 또는 농촌관광을 거쳐 '농촌에서 살아보기'로 확장되었으면 좋겠다. 신문에 난 체험 프로그램 사례 하나를 소개한다. 경기도 용인시 원삼면 학일마을(중앙일보, 2017.07.14)은 어르신 90명이 사는 동네다. 동네에 아이들이 북적댄다. 2013년에 체험 프로그램을 운영하여 1억 5천만 원의 수익을 올렸다. 2016년에는 1만 2천 명의 관광객을 유치했다. 사계절에 40가지 체험 프로그램을 운영한다. 텃밭과 별장을 갖춘 주말농장도 운영하다 보니 가족단위 관광객이 몰려들 수밖에 없다. 이외에도 한국농어촌공사의 재능기부 매칭 프로그램인 '스마일재능뱅크'와 체험학습연구개발협회의 노하우 무료 컨설팅에 의해 탄생한 사례는 벤치마킹 대상으로 눈과 귀를 즐겁게 해줄 뿐만 아니라 소득증대를 통한 지역경제 활성화에도 기여하고 있다.

농촌에서 살아보기는 최근 지방소멸을 앞둔 지역에서 자구책으로 내놓은 간절함이기도 하지만 초청대상인 도시인들에게도 새로운 삶의 방향을 제시하고 있어 눈길을 끈다. 대체로 귀농을 전제로 하며, 여러 지자체에서 도시인에게 보내는 러브콜이다. 가장 활발한 귀농활동을 추진하는 곳이 전남이 아닐까 한다. '전남에서 먼저 살아보기' 프로그램은 도시인들에게 인기를 얻고 있다. 농촌에 미리 내려와 살아보고 귀농을 결정하는 게 어떠냐고 보내는 솔깃한 제안이다. 농림축산식품부도 '농촌에서 살아보기'란 이름으로 전국으로 확대하고 있다. '전남에서 먼저 살아보기' 프로그램은 2019년에 처음 시작했다. 귀농·귀촌을 희망하는 도시인 등에게 마을 주민의 집을 빌려줘 정착 전에 미리 주민과 소통하고 현장을 체험토록 지원하는 프로그램이다. 첫해 참여한 도시인은 810명으로 서울을 포함한 수도권 참가자가 369명(46%)로 가장 많았다고 한다. 연령별로는 40대 이하 청년층이 454명(56%)으로 절반 이상을 차지했다. 이 프로그램 참여자 가운데 90여명이 전남에 귀농 · 귀촌을 했거나 준비 중이다. 농촌에 정착할 수 있도록 프로그램을 촘촘히 운영하고 있어 귀농과 귀촌의 마중물 역할을 톡톡히 하고 있다. 전남에서 귀농과 귀촌 활동을 가장 활발하게 추진하고 있다는 평가를 받는 진도군은 예비 귀농 · 귀촌인이 지역에 관심을 갖고 정착할 마음을 가질 수 있도록 '진도에서 먼저 살아보기' 등 매년 다양한 귀농 · 귀촌 교육과 체험을 진행하고 있다.

이외에도 '1주일 살아보기'와 '한 달 살아보기' 등을 운영하는 지자체가 늘어나고 있어 심신이 고단한 도시인에게는 '농촌, 다시보자'는 붐이 확산되고 있다. 여기에 주민자치(위원)회가 주도적인 역할을 수행한다면 좋겠다. 최소한 일정부분이라도 기여해야 한다. 셈이 빠른(?) 도시인에게 무작정 공기 좋고 경치 좋다고만 할 수는 없다. 정착이 가능하고 '따로국밥'이 아니라 '같이 먹는 국밥'으로 온 동네가 자녀를 키워준다는 믿음을 줘야 한다. 주민자치(위원)회라면 넉넉하게 할 수 있을 것만 같다.

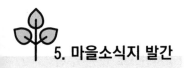

5. 마을소식지 발간

　마을소식지는 효자손이다. 가려운 곳 긁어주고 막힌 곳도 뚫어준다. 세월이 변해서 인터넷세상이라지만 마을소식지만한 게 없다. 마을소식지가 있고 없음에 따라 품격이 달라진다. 마을소식지를 만드는 주민자치(위원)회라면 왠지 믿음이 생긴다는 것은 혼자만의 느낌은 아닐 것이다. 문화를 존중하는 마을이라 책과 신문에 다가가는 사람들이 많이 살고 지식과 지혜가 넘쳐날 것만 같다.

　마을소식지는 보통 지방에서 많이 쓰는 용어이고 마을신문은 대도시에서 자주 듣게 된다. 대도시인 경우에는 일찍 신문이라는 정형화된 틀이 굳어져서 그렇고 지방은 마을신문만을 고집하지 않아 다양한 매체를 추구해서 그런 게 아닌가 판단한다. 어찌되었건 마을소식지 또는 마을신문은 종이를 매개체로 주민과의 양방향 소통공간으로는 제격이다.

　마을소식지를 발간하는 주민자치(위원)회는 추진한 자치활동이나 계획을 주민에게 알릴 수 있어 좋아한다. 독후감 공모전 등의 자체 공모사업과 마을축제 그리고 주민자치센터 프로그램 수강생 모집 안내사항을 지면에 담아 주민참여로 유도한다. 적극적으로 소식지를 활용하는 경우에는 마을의 묵은 과제를 해결하기 위하여 특정 주제에 대한 기획시리즈도 담아낸다. 주민불편사항 코너는 고정지면으로 많은 주민의 참여와 주목을 받으면서 마을과 함께 성장한다. 긴 안목을 가진 위원장이나 자치회장이라면 중단 없는 신문발간을 위한 장치도 마련해둔다. 어차피 신문발간은 마을신문기자가 주축이 되므로 아예 기자 양성을 위한 '글쓰기 교실'을 사전에 개설한다. 글쓰기 강사가 수강생을 기자로 육성시키는 셈이다. 주민자치(위원)회에서는 특별한 수고도 없이 기자를 충원 받을 수 있다. 내친김에 수강생 중에서 자치위원도 뽑는다면 그야말로 금상첨화다. 글쓰기 교실이라는 장치가 없이 신문을 만든다면 몇 사람이 의기투합하여 만들 수는 있다. 지속가능성은 담보할 순 없다. 처음에는 마을신문 기자들 사이가 좋아서 무탈하지만 나중에 무슨 연유로 사이가 나빠지거나 먼 곳으로 이사 가서 결원이 생겼을 때는 신문을 제때 발간 못하는 것은 물론이고 심지어 휴간 내지는 폐간도 감수해야 한다. 너무 무모하다. 플랜A만 있고 플랜B가 없다는 것은 앞에서도 몇 차례 언급했듯이 아마추어와 프로와의 차이다. 위원장이나 자치회장은 긴 안목이 요구되는 자치리더다. 몇 사람에게 의지하는 행태는 당장 그만두고 글쓰기 교실이라는 시스템을 구축해야 지속가능성을 보장해야 하는 이유다.

자치리더가 열정이 있고 글쓰기 교실 개설로 마을신문 기자를 언제든 육성이 가능하면 마을신문을 발간할 수 있을까. 아마도 마을신문 발간을 염두에 두고 있어도 재정 문제 때문에 추진을 못하는 곳이 많을 것 같다. 시나 구에 속한 곳이라면 열정 또는 글쓰기 교실 개설로 마을신문 기자의 사전 확보나 몇 사람의 의기투합으로 마을신문은 만들 수 있다. 못 만드는 곳은 결국 이것을 해결하지 못하고 있다는 얘기와 같다. 반면 군(郡)에 속한 지역으로 재정자립도 부족과 무료 프로그램 운영으로 재정이 다소 부족하지만 마을신문을 만들고 싶다면 다음과 같은 처방을 제시한다. 통상 신문을 분기별로 발행하면서 회당 이백만 원이 드는 것으로 계산하자. 우선 공모사업에 응모하여 최소한의 발간비용을 확보한다. 공모사업이라 발간비용으로 대략 2회분 정도는 확보가 된다. 이후에는 시·군·구의원이나 시·군·구에 호소해야 한다. "우리가 정성을 들여 노력해서 공모사업에 선정되어 창간호와 2호까지의 발간비용을 확보했지만 이후로는 예산이 없어서 3호부터는 발간을 못하게 되니 예산지원이 필요하다" 만약 예산지원을 못하겠다는 답변을 듣게 되면 플랜B를 강구해야 한다. 자치위원을 포함하여 다른 자생단체원은 물론이고 마을주민을 상대로 광고주를 물색해서 발간비용을 충당할 수 있다. 이 경우 창간한 지 얼마 안 되기에 광고주는 극소수다. 여기에 자체회비를 투입하여 발간할 수 있다. 여의치 않으면 플랜C를 동원한다. 해당 시·군·구에 한마디만 하면 된다. "자치위원 전체가 노력해서 공모사업 선정으로 마을신문도 만들었는데 예산지원이 안 되어 결국 마을신문을 폐간하게 되었다고 주민에게 사실대로 알리겠다" 사실 플랜C까지는 가지 않을 것 같다. 공모사업 선정으로 마을신문을 만든 자치위원의 열정에 대부분의 시·군·구에서는 어떻게 하든 예산지원을 해주는 편이다. 경기도 부천시가 그랬고 전북 진안군도 부귀면 자치위원의 열정에 따뜻한 손을 내밀었다.

마을신문은 열정과 인재(시스템) 그리고 재정만 있으면 가능할까. 절반은 맞는 말이고 절반은 틀린 말이다. 업무의 흐름과 각 단계별로 내용을 채워줘야 한다. 다음은 주민자치 현장에서 마을신문을 만드는 과정과 공모사업 신청서를 참고한다면 마을신문 만들기는 그리 어렵지 않을 것 같다. 아울러 각 단계별 세세한 내용은 지역여건에 맞게 집단지성을 발휘한다면 능히 해결이 가능하리라 본다.

【신문 만드는 과정】

1. 프로그램 개설 : 글쓰기교실, 사진교실 ▶ 강사 선정
   : 기자 양성으로 중단 없는 신문발간 담보

2. 편집위원회 구성 및 편집방향 확정 : 지면 설계, 광고주 섭외 등
   - 편집위원회 구성 ▶ 편집인(편집장)은 당연직
     - 주민센터 : 주민자치 담당 공무원, 팀장 또는 읍 · 면 · 동장
     - 자치센터 : 자치위원장, 간사 또는 문화교육분과장
     - 기 자 단 : 취재기자, 사진기자
   - 편집방향
     - 정치와 종교에 관한 내용은 배제함
     - 최소 연 4회 발간 : 분기별 1회
     - 독자참여 코너 필수 ▶ 일방통행이 아닌 양방향 소통 공간 마련
       : 정책 건의사항, 민원불편사항, 신장개업, 아기출생, 전입환영 등

3. 마을신문 발간하는 자치위원회 벤치마킹

4. 신문제목 선정

5. 로고 또는 캐릭터 공모전 개최

6. 만화가 섭외 : 지면에 '만화 컷' 있는 경우

7. 편집 · 디자인업체 선정 : 기사자료의 웹하드 활용
   ※ 인쇄업체는 편집 · 디자인업체에서 선정함

8. 재정 확보(발간비용)
   - 공모사업 참여 : 신문발간 비용 확보(최소 2회)
   - 추경 또는 본예산 확보(반영) : 시의원 예산확보 역할 주문

9. 신문 배부장소 확보 및 배부대 제작

10. 기자 위촉장 수여 및 명함제작

11. 기자의 취재활동

12. 원고작성 및 편집·디자인업체와의 신문편집 협의 : 원고 3차 수정

13. 원고 마감 및 인쇄

14. 창간호 기념식 개최 ➡ 타지역 창간호 참고해서 지면 구성시 활용

15. 신문 배포

공모 신청서

2015 행복한마을 만들기 공모 신청서

단체명	○○동 주민자치위원회				
사업명	마을신문 『○○마을(가칭)』 발간				
공모사업유형 (해당난에 v표)	① 가로경관 가꾸기분야 ☐　　② 문화·예술분야 ☐ ③ 마을공동체 및 마을공간 가꾸기분야 ☐ ④ 사람중심의 공동체 형성분야 ■ ⑤ 생태문화네트워크분야 ☐　　⑥ 장애인편의시설분야 ☐ ⑦ 기타분야 ☐				
사업비	11,000천원(시비 9,500천원, 자부담 1,500천원)				
사업개요	○ 사업대상 : 마을신문 『○○마을(가칭)』 ○ 사업장소 : ○○동 주민(자치)센터 ○ 주요내용 　· 발간횟수 : 분기별 1회 발간 　· 발간면수 : 16면 　· 발간부수 : 10,000부				
실무 책임자	단체	성명	○○○	직위	주민자치위원장	전화
		휴대폰			e-mail	1234@5678
	洞담당 공무원	성명	○○○	직위	행정팀장	전화 625-○○○○
		휴대폰			e-mail	5678@1234

위와 같이 ○○동 행복한마을만들기 사업 공모 신청서를 제출합니다.

2015년 1월   일

신청자 : ○○동 주민센터(직인)/○○동 주민자치센터(직인)

○○구청장 귀하

※ 첨부서류 : 행복한마을 만들기 사업추진계획서 1부.

【서식 1】

2015 행복한마을 만들기 사업 추진계획서

1. 사업목적

○ 지역문제를 주민 스스로 해결할 수 있는 자치역량을 강화하고 다가오는 주민자치회 시대에 능동적으로 대처하는 계기를 마련하여

○ 마을신문이 주민과의 가교역할을 통한 소통공간으로 자리매김함과 아울러 알권리 신장 및 지역공동체의 구심점 역할을 부여하고자 함

2. 사업개요

○ 사 업 명 : 마을신문 『○○마을(가칭)』 발간

○ 사업장소 : ○○동 주민(자치)센터

○ 사업기간 : 2015. 3월 ~ 2015. 10월

○ 사 업 비 : 11,000천원(시비 9,500천원, 자부담 1,500천원)

▶ 자부담 확보 계획 및 방법 : 주민자치위원회 회비부담 및 광고수주

○ 추진주체 : ○○동 주민자치위원회(위원장 ○○○)

○ 참여인원 : 100명(참여단체 : 주민자치위원회 등 7개 단체)

3. 세부추진내용

○ 사업내용 : 우리 동 사람들의 다양한 생활상과 공방사람들의 작품소개로 지역경제 활성화에 도움 되는 유익한 정보, 건강, 단체활동에 주민이 쉽게 접할 수 있도록 마을신문을 발간

○ 예비 신문기자 양성을 위한 글쓰기교실 개강 : 2014. 10. 02

○ 편집위원회 구성 : 2015. 3월
 • 인   원 : 10명
 - 자문위원 : 5명(주민자치위원장, 간사, 문화자치분과장, 글쓰기강사, 행정팀장)
 - 신문기자 : 5명(기자회장, 기자총무, 사진기자 포함)
 • 편집회의 : 분기별 3회 이상
 • 역   할
 - 신문내용 및 아이템 구상 : 단체원 및 주민 면담
 - 웹하드 구축 및 운영
 - 마을신문『○○마을』카페 운영 : 인터넷 카페
 - 지면설계 및 신문발간
 - 신문발간 후의 문제점 및 대책 보완 : 차회 발간신문 보완

○ 마을신문 발간기관 벤치마킹 : 2015. 4월
 • 대상기관 : 3개소(○○○동, ○○○동, ○○동)

○ 캐릭터 및 만화가 공모선정 : 2015. 5월

○ 신문배부대 제작 및 설치장소 선정 : 2015. 5월
 • 배부장소 : 아파트 관리사무소, 미용실 등

○ 인쇄 · 편집업체 선정 : 2015. 6월

○ 웹하드 및 인터넷 카페 운영 : 2015. 6월

○ 신문발간 : 2015. 7월, 10월

○ 신문배부 : 발간 후 10일 이내

○ 소요예산

(단위 : 천원)

항목	산출기초	금액	비고
계		11,000	
인쇄 · 편집비	2,500,000원 × 2회	5,000	
신문 배부대 제작	150,000원 × 30개	4,500	
만화 컷	100,000원 × 2회	200	
캐릭터 선정(공모)	1식	500	
기자수당(분기별)	100,000원 × 4명 × 2회	800	

4. 기대효과

○ 주민의 요구와 행복한 마을조성으로 지역공동체 구현

○ 지역 내 자원을 최대로 활용하여 지역경제 활성화 및 소통공간 마련

○ 글쓰기교실 수강생 및 지역주민 참여기회 제공으로 평생학습의 장(場) 구축

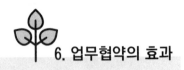

6. 업무협약의 효과

살다 보면 제 혼자만 사는 세상이 아니라는 것을 알게 된다. 조금 일찍 알게 되면 좋으련만 늦게 알게 되어 후회하는 경우도 있다. 세상에 독불장군은 없다는 것을 미리 알게 되었다면 얼마나 좋을까.

주민의 삶의 질 향상을 위하여 바쁜 생업에도 불구하고 그 귀한 시간을 쪼개어 자치활동을 하고 있는 자치위원은 참으로 귀한 분들이다. 각자의 분야에서는 최고의 전문가요 베테랑이다. 마음만 모은다면 못할 것도 없다는 것도 이미 알고 있다. 그래도 세상은 넓고 할 일은 많다는 말은 자치활동에도 유효하다. 주민자치(위원)회를 비롯한 마을에 있는 여러 자생단체는 각자의 개성과 역할을 수행한다. 간혹 장애물도 만난다. 열정과 의지만 있으면 다 될 줄 알았는데 막상 장애물을 만난 경우에는 애를 먹는다. 이런 곤란한 경우를 미리 대비하고 지역자원과의 연계로 시너지 효과를 얻기 위하여 기관이나 단체와의 업무협약(MOU)을 맺는다.

업무협약의 대상도 다양해졌다. 다문화 관련단체를 비롯하여 북한이탈주민단체, 보육원, 학교, NGO(NPO), 노숙인 보호단체, 기업체 등으로 확산되어 자치역량을 발휘하면서 지역주민과의 상생을 추구하는 모습은 주민자치의 꽃이 활짝 핀 모습을 연상케 한다. 주민자치(위원)회와 관련한 업무협약의 대상과 내용을 보면 다음과 같다. 첫째, 다문화 가족의 한국사회 조기정착을 도모하기 위하여 다문화가족지원센터나 다문화단체와의 업무협약 사례로는 인천광역시 미추홀구 주안5동의 미추홀구 가족센터와의 협약과 충남 천안시 직산읍 등이 있다. 둘째, 북한이탈주민단체와의 업무협약은 사례를 찾기가 힘들다. 아직 정착이 어려운 여건이어서 타인과의 교류에 소극적인 것이 주된 요인으로 작용하고 있는 것으로 보이며, 주민자치(위원)회에서도 단체에 대한 실태 파악이 어려운 것도 원인일 것으로 보인다. 다만 하나원이나 통일부와 일부 지자체에서 지원을 하고 있으며, '두루누리 어깨동무' 등의 외부단체가 지원하는 경우도 있다. 셋째, 보육아동이 있는 보육원과의 업무협약 사례는 거의 없다. 그러나 연례행사나 지속적인 도움을 주는 주민자치(위원)회는 세종특별자치시 고운동과 연서면을 비롯해서 충남 논산시 연무읍이 있으며, 충북 청주시 흥덕구 가경동과 제주특별자치도의 제주시 외도동이 있다. 보육아동의 경우 만 18세가 되면 보호가 종료되어 보육원을 떠나게 된다. 주민자치(위원)회의 따뜻한 관심이 절실하다. 넷째, 학교와의 사례로는 경기예고와의 협약으로 각종 행사참여나 아동들 학교 밖 예능수업을 진행했던 경기도 부천시 원미2동과 상2동의 경우가 고등학교와의 사례로는 모범적이라고 할 수 있다. 대학과의 사례는 지방에서 활발하게 진행되고 있다. 초등학교와 중학교는 협약은 거의 없고 대신 장학금을 지원하는 경우가 많다. 다섯째, NGO(NPO)와의 사례도 접하기 힘들다. 읍·면·동 단위에서 다문화 가족의 한국사회 조기정착과 해외 빈민국 돕기를 통한 국격(國格) 드높이기를 실천할 수 있을 뿐만 아니라 지역자원 연계로 자치활동을 활발히 할 수 있는 기회도 된다. 경험을 소개하면 아프리카 사람들이 발이 갈라져도 신발을 구입할 돈이 없어서 맨발로 지내는 안타까운 사연을 알게 되어 국제피스스포츠연맹과 지구촌 이웃에게 꿈과 희망을 주고자 이웃돕기 업무협약을 체결(2014.06.12)하여 축구공 154개와 펌프 5개를 국제피스스포츠연맹을 통해 케냐에 보냈다. 아프리카·아시아난민교육후원회(ADRF)와는 아프리카와 아시아 어린이를 돕기 위하여 협약하였다(체결일 : 2016.06.09). 이후 동네 축제나 프리마켓 개최로 빈민국 어린이 돕기 붐을 조성하였으며, 한글을 영어로 번역한 '희망 책'도 보냈다. 나눔과 순환의 가치를 통해 세상을 아름답게 바꾸고자 '아름다운 가게'와 업무협약을 체결(2014.08.14)하여 '주민과 함께하는 학습문화 한마당' 프리마켓에서 주민에게 소개되어 소기의 성과를 거뒀다. 유니세프 한국위원회는 협약 대신 매년 잠자는 국내·외 동전 모으기를 실시하여 자치위원 몇 명과 함께 전달하여 참여한 주민에게 보람과 자부심을 느낄 수 있게 해드렸다. NGO와 협업하여 축제 등의 큰 행사를 치르는 경우에는 오히려 도움을 받았다. 평소에 훈련이 잘 된 덕분에 한마디 말하면 두 마디를 알아듣는다. 사전에 준비할 것 체크하고 행사장에도 먼저 도착한다. 문서나 행동이 깔끔하여 든든하다. 많이 알려진 NGO로는 유니세프한국위원회, 유네스코한국위원회, 유엔난민기구(UNHCR), 그린피스, 굿네이버스, 월드비전, 플랜코리아(플랜한국위원회), 세이브더칠드런, 국제피스스포츠연맹, 아름다운가게, ADRF(아프리카아시아 난민교육후원회), 국제사랑재단, 아시아인권문화연대 등이 있으며, 협약을 추진하는 경우에는 인근 지역에 있는 단체부터 체크해도 무방하다. 여섯째, 노숙인 보호단체와의 업무협약 사례는 없는 것으로 파악되나 서울특별시 은평구 구산동의 경우 장애인과 노숙인 기관인 '시립은평의 마을'과 협업하여 '하눌타리장터'를 운영하여 노숙인에게 도움을 주고 있으며, 시설생활인에게 배추 수확과 소금 절임 등의 농촌 일손 돕기 제공으로 타인과 함께 삶을 체험하고 고립감과 상실감에서의 회복을 지원하고 있다. 일곱째, 기업체와의 사례는 간혹 눈에 띈다. 인천광역시 미추홀구 주안5동의 경우 과거 염전지역이었던 향수와 맞물려 전남 신안군에 소재한 (주)태양소금과 협약을 체결하여 마을공동체의 꿈을 영글어가고 있다. 향후 기업체와의 업무협약을 추진하는 경우에는 사회적기업과 마을기업 그리고 협동조합을 우선 검토대상으로 삼았으면 좋겠다. 업종의 성격상 공익을 추구하는 우리 주민자치(위원)회와 성격이 일치하는 부분이 많기 때문이다. 어찌 보면 형제처럼 느껴진다. 사회적기업, 마을기업, 협동조합의 운영에 직·간접적으로 관련 있는 주민자치(위원)회는 다음과 같다. 마을기업은 부산 서구 부민동의 '부민하늘농원'(새싹 인삼재배)이 대표적이다. 협동조합으로는 울산 북구 강동동의 '강동미디어협동조합'(강동매거진 만들기), 광주 북구 매곡동의 '매화락협동조합'(매실제품 생산), 경기도 오산시 세마동의 '오산로컬협동조합'(유기농 농·특산품 매입 및 판매), 경기도 안산시 일동의 '마실'(마을카페)과 '우리 동네 연구소 퍼즐 협동조합'(수익사업 및 일자리 창출), 부산 서구 초장동의 '징검다리협동조합'(마을 집수리 봉사단), 부산 서구 아미동의 '아미골협동조합'(카페 운영), 경남 김해시 대동면의 '수안영농조합'(환경개선 및 수국축제), 충남 서산시 운산면의 '운산하우스달래협동조합'(로컬푸드매장 및 농가 레스토랑 운영) 등이 있다. 사회적기업으로는 아직 알려진 바가 없는 것 같다. 여덟째, 출판사와의 협약은 경기도 부천시 원미2동과 상2동 사례가 있을 뿐이다. 대체로 출판사와 주민자치(위원)회가 소극적인 편이다. 출판사와의 협약은 마을신문을 발간하는 곳이라면 쉽게 연계가 가능하다. 위원회는 신문 지면에 신간소개를 보장하고 출판사는 일정 분량의 책을 기증하는 것으로 하면 서로 좋다. 이 경우에도 위원장의 임기만료 등의 교체로 안목 없는 위원장이 선출된다면 오래 지속되는 게 아니라 아예 단절되는 불행도 감수해야 한다. 이래저래 위원장 선출은 잘해야 한다.

업무협약의 효과는 크다. 하면 좋다는 것도 알고 있다. 그러나 현실은? 앞에서도 주민자치(위원)회의 구조를 머리와 허리 그리고 팔과 다리라고 언급했다. 팔과 다리인 신규 자치위원이 성실하고 다른 마음이 없어야 하며, 허리 역할을 하는 분과장이 제 역할을 다해야 한다. 머리 역할을 수행하는 위원장과 간사는 늘 책과 신문에 다가가야 하며 배려와 경청을 생활화해야 한다. 그것이 아니라면 주민의 시선에서 멀어지는 존재로 전락하게 된다. 자생단체가 아니라 친목단체로.

　주민의 삶의 질 향상을 위하여 노력하는 주민자치(위원)회는 어떻게 지역에 환원하는지 또는 환원하려면 어떤 자치사업이 효과적인지를 살펴봤다. 그동안 자치위원 끼리만의 단합을 강조하느라 공모사업은 관심도 없었던 지역도 있겠고 프로그램을 운영하면서 무료로 하느라 재정이 없지만 그나마 자체회비로라도 자체사업을 추진한 곳도 제법 있다. 시·군·구에서 관심을 가져 주민자치에 예산을 조금만 더 지원해 주었으면 좋으련만 하면서 장탄식을 늘어놓는 곳에서는 앞으로 주민자치(위원)회가 먼저 노력하고 관에는 나중에 도움을 요청하겠다는 각오도 다졌을 것이다.

　전국의 주민자치를 선도하고 있다는 평가를 받고 있는 경기도와 부산광역시 그리고 광주광역시의 일부 주민자치(위원)회에서는 지역에 환원하는 자치사업을 일찍부터 시작한 것으로 알고 있다. '선도하고 있다'는 의미는 누군가가 자치리더의 역할을 충실히 수행하고 있다는 말이다. 뒤집으면 팔과 다리 그리고 허리 역할을 하는 자치위원과 분과장들이 제 역할을 다하고 있다는 의미다. 허접한 위인을 위원장이나 자치회장으로 뽑지 않으려고 많은 노력을 한다. 전체 자치위원의 노고를 헛

수고로 만들 수는 없기 때문이다. 늘 깨어있는 자치리더는 여기에 제시된 '지역 환원사업'보다 더 알차며, 지속적인 자치활동을 추진하고 있다. 늘 외롭고 고독한 자리에서 주민에게 다가가려면 무엇을 해야 하는지 고민하면서 책과 신문에 다가간다. 순간의 아이디어에서 익을 때까지 푹 삭혀놓는다. 여러 번의 검토와 검증을 거쳐 계획으로 탄생하게 되는 것이다. 물론 집단지성인 전체 자치위원의 지혜가 함께여야 한다는 것은 당위(當爲)다.

다음 마지막인 5장에서는 주민자치 활동을 하면서 생각을 확장해보는 의미로 '자치 생각주머니'를 다룬다. 평소에 생각은 해봤지만 잠깐 스치듯 지나친 그 무엇이 있을 것이다. 그것을 여기에 꺼내놓고 공유하고자 한다. 공유의 과정을 거쳐 우리의 주민자치가 '한 뼘' 더 성장하기를 기대한다.

5

『자치 생각주머니』

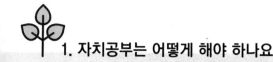

1. 자치공부는 어떻게 해야 하나요

2016년에 《대한민국 주민자치 실전서》라는 책을 냈다. 몇 달 지나서 서울특별시 관악구에서 전화를 받았다. 저자와의 통화라 반가웠던 모양이다. 통화가 진행되면서 오히려 내가 긴장했다. 저자이니까 와서 주민자치 강의를 해달라는 내용이다. 겁이 덜컥 났다. 혈액형이 A형인데 무슨 강의고 또 어떻게 강의를 한단 말인가. 그 수많은 눈을 어떻게 감당해야 하나. 공포의 순간이었다. 그래도 결정이 필요했다. '거부'라는 단어가 먼저 떠올랐지만 내 경험과 노하우를 담아서 직접 쓴 책인데 내가 못하겠다고 하면 말이 될까. 문득 이 생각에 다다르자 나도 모르게 말이 나왔다. 이것이 계기가 되어 지금은 서울에서 제주까지 잘도 다닌다. 관악구청이 고맙다.

2011년에 주민자치를 담당하는 행정팀장으로 처음 발령받았을 때 말이 주민자치 담당이고 팀장이지 주민자치에 대해서는 백지였다. 다만 주민자치 언저리에서 겪었던 업무는 있었다. 새마을업무와 건전생활계 업무 그리고 주민자치를 담당하기 전에 있었던 부천세계무형문화엑스포에 파견 가서 배운 문화 마인드가 공조직에서 배운 바이고, 개인적으로는 책과 신문에 다가가는 생활이 습관화 되어 있었다. 한 가지 더 추가한다면 메모습관이다. 지금도 많은 도움을 주고 있다. 어찌되었건 발령만 받았지 구체적으로 주민자치에 대한 것은 몰랐다. 매번 새로운 업무를 볼 때마다 그러했지만 발령받은 첫 주말에 광화문에 있는 교보서점을 방문했다. 주민자치에 대하여 읍면동의 현장에서 필요한 책을 찾았지만 딱히 눈에 들어오는 책은 없었다. 교수나 연구원이 쓴 책은 몇 권 있었지만 그다지 손에 잡히지 않았다. 자치위원이나 주민자치 담당 공무원 출신이 아니었기에 현장에서 이루어지는 주민자치와는 결이 다르게 느낀 것이 이유라면 이유였다. 이후에 주민자치위원회의 구체적인 업무추진 사항을 확인해보니 문서작성과 행사진행 그리고 프로그램 운영과 연간 주민자치센터 운영계획으로 압축할 수 있었다. 결국 크게 보니 4가지 분야로 자치활동을 구분하여 공부했다.

제일 먼저 공부한 것이 부천시 주민자치센터 설치 및 운영조례와 같은 조례 시행규칙이었다. 대도시여서 그런지 대체로 잘 나와 있었다.(아직도 시행규칙 없는 곳이 많다) 동장과 위원장 또는 위원회의 관계를 각 항목마다 권한이 설정되어 있었으며, 때로는 관계설정이나 불확실한 내용도 일부 있었다. 자치위원 선정기준과 위원장의 역할을 비롯하여 프로그램 수강료 지출기준 등을 우선 암기하는 데 급급했다. 일년 정도 지나니까 업무흐름을 볼 수 있는 안목이 생겨서 간혹 스스로에게 질문했다. 왜(WHY) 이래야 하지? 이렇게 하는 게 관치일까 자치일까. 뭐가 정답에 가까운 거야. 지적 호기심이 발동되어 메모하곤 했다. 이 년이 지나자 자치내공은 익어갔다. 주민자치에 처음 입문하면서 몇 권의 책을 읽었지만 이 년 정도 되면서는 주민자치, 지역공동체, 마을이라는 단어가 있는 책을 읽었다. 초창기에 만난 책으로는 《나비의 꿈》

과 《주식회사 장성군》이라는 책이었다. 남자가 눈물을 보이는 것이 아니라는 말을 어렸을 때부터 들었지만 그만 그 책을 보면서 눈가에 물기가 있는 것을 느꼈다. 남자가 남자에게 반한다는 말은 함부로 쓰면 안 되지만 그 주인공에게 반했다. "뭐, 저런 사람들이 있어!" 한마디로 멋쟁이였다. 이후에 나를 찾아온 책으로는 《컬덕시대의 문화마케팅》《도시에서 마을을 꿈꾸다》《생활자치 합시다》《마을을 상상하는 20가지 방법》 등이며, 자치내공으로 체화되었다. 특히, 《기사되는 보도자료 만들기》는 먼저 읽고 유급간사에게 일독을 권하여 위원회에서 스스로 보도자료를 작성할 수 있도록 하였다. 독서가 생활이 되어 지금도 일 년에 최소한 12권 이상은 읽는다. 신문은 중앙일보를 보다가 조선일보를 추가하였다. 종이신문을 2가지 보니까 자료는 많이 접해서 좋았지만 시간투자가 지나쳐서 요즘엔 한 가지만 보고 있다. 도시재생이나 각종 행사 등의 자료를 접할 수 있으며, 사설 읽는 재미도 쏠쏠하여 글을 쓰거나 책을 낼 때 나도 모르게 도움을 받고 있다는 것을 실토한다.

조례 공부에서 시작하여 책과 신문에 다가가기에 이르면 메모하는 습관이 생긴다. 이것이 자치내공 공부의 기초다. 이후에 필요한 것이 왜(WHY)라는 호기심과 관찰력으로 무장하여 실행이나 응용을 보충하기 위한 현장학습이 필요하다. 인근지역의 주민자치센터 프로그램 작품전시회와 프로그램 경연대회는 물론이고 축제나 엑스포 등의 큰 행사로까지 시야를 넓혀야 한다. 전국주민자치박람회 견학은 자치리더에게는 필수코스다. 남들은 부스 전면을 보면서 지나갈 때 자치위원은 옆면과 뒷면의 처리방식도 봐야 한다. 심하면 근무자가 자치위원인지 자원봉사자인지 공무원인지까지 확인해야 한다. 이런 과정을 거쳐야 온

실화가 아닌 야생화가 될 수 있다. 이제부터는 오롯이 혼자 공부하면 된다. 벤치마킹 갔을 때 부러웠던 현장을 말하면, 서울 마포구 성미산 마을과 부산 감천문화마을 그리고 대구 김광석의 길은 지금도 잊을 수 없다. 이외에도 군산의 철길마을이나 여러 지자체의 근대문화거리는 자꾸 눈에 밟힌다.

시·군·구나 읍·면·동에서 자치역량 강화를 위하여 실시하는 주민자치 공부로는 외부강사 초빙으로 하는 강의가 대표적이라고 하겠다. 강사는 크게 이론 강사와 실전 강사로 구분된다. 이론 강사로는 대학교수와 주민자치 관련 학회 등의 연구원이 대표적이며, 간혹 행정안전부 직원도 해당된다. 대체로 새로운 제도의 소개나 해외사례에 능통하다. 단, 주민자치 현장인 읍·면·동에서의 경험이 없는 게 단점이다. 실전 강사는 전직 주민자치 담당 공무원 출신이거나 전·현직 자치위원이 여기에 해당한다. 간혹 마을 만들기 관련 단체 출신도 있다. 공무원 출신인 경우 제도와 자치위원회의 역량 등을 속속들이 알고 있어서 가려운 곳과 막힌 곳이 어디인지 파악이 가능하며 처방 또한 가능하다. 자치위원 출신인 경우 대체로 해당 주민자치(위원)회의 성장과정을 주로 다루고 있다. 장점으로 현장에서의 경험과 노하우가 많아 자치위원은 물론이고 주민자치(위원)회에 대한 이해도가 가장 높다는 것이고 강의내용도 알차다. 단점으로는 새로운 제도의 소개나 해외사례는 크게 능통하다고 볼 수 없다는 것이다.

자치공부를 할 때 주민자치의 업무범위를 꼭 지역공동체(또는 마을공동체)로만 국한시키면 안 된다. 주민자치를 10여 년 넘게 겪어본 경험을 말하면 주민자치는 지역공동체와 평생학습 그리고 도시재생과 인문학을 아우르고 있다. 실제 자치위원을 오래 해본 경우라면 주민의 삶의 질 향상에 위의 네 가지를 따로 떼어놓을 수 없다는 것에 동의하리라 생각한다.

"자치공부는 꼭 해야 하나" 이젠 이런 질문을 하면 안 된다는 것도 알았을 것이다. 아직 주민자치 관련 조례를 읽지 않았으면서도 자치위원이라면 두 가지 중에 하나를 선택해야 한다. 이제라도 자치위원을 그만 두든지 아니면 오늘부터라도 일 년에 최소한 두 번 이상은 읽겠다고 스스로에게 약속해야 한다. 조례를 읽지 않는다는 것은 주식투자를 하면서 주식에 대한 책을 읽지도 않는 격이라 혼나야 맞는다는 말과 같다.

그래도 안 보겠다고 고집부릴 때는 주민에게 이렇게 물어보자.

"조례도 안 보는 자치위원을 자치위원이라고 할 수 있나요"

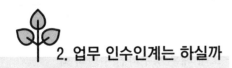

2. 업무 인수인계는 하실까

　주민자치(위원)회에서는 업무 인수인계를 언제 할까. 하기는 하는
지 궁금하다. 인수인계를 한다면 바람직한 주민자치(위원)회다. 위원장
이·취임식 전후로 며칠 걸려서 하는 게 보통이다. 서로 체면 세워주느
라 몇 시간 만에 끝나면 성실한 인수인계라고 말할 수 없다. 안 하는 곳
은 어떻게 할까. 일 년에 한두 번 하는 감사결과보고서로 때우는 곳은
다시 생각해봐야 한다. 간혹 매월 지출과 수입에 대하여 월례회의에서
보고했으니 그냥 알아서 하라고 떼를 쓰는 곳은 전임자를 엉터리로 뽑
았다는 것을 입증하는 것이나 같다.

　인수인계는 업무의 지속가능성을 담보로 실시하는 것이다. 체면이
라는 감정을 배제하여야 하며, 정확성이 요구된다. 현실을 엄정하게 파
악해야 앞으로 나아갈 방향을 잡을 수 있다. 사업의 진행에서부터 시작
하여 현재까지의 추진사항과 결과가 고스란히 나와야 하는 것은 물론
이고 회계장부의 오·탈자도 없어야 하며, 금액 또한 일원이라도 틀리
면 안 되는 게 업무의 인수인계다. 은행의 입·출금에 대한 증빙자료는
당연히 서류에 첨부되어 있어야 한다. 자치위원은 공무를 수행하는 사
인이기에 주민자치(위원)회 또한 사익이라는 친목이 아니라 공익을 추

구하는 단체이므로 회계질서가 문란한 경우에는 관련 법 위반에 따른 처벌도 감수해야 한다. "우리끼리 이해만 하면 되는 것 아니냐"는 말이 통하지 않는 이유다.

인수인계와 관련해서 몇 가지 언급할 것이 있다. 인수인계서에는 다음의 세 가지는 꼭 있어야 한다.

첫째, 주민자치센터 개소일

둘째, 주민자치(위원)회 구성일

셋째, 초대를 포함한 역대 주민자치위원장(자치회장) 임기

위 세 가지는 필수다. 추가로 언급한다면 역대 위원장의 사진도 사무실에는 걸려있어야 한다. 크면 영정사진 같아 보기가 흉하니 작은 것이 좋다. 참 봉사를 위하여 많은 노고를 아끼지 않은 분들인데 사무실 벽면에 그분들 사진이 없다면 왠지 허전해 보일뿐더러 주민자치에 대한 예의도 아닌 것 같다. 다음의 사무인계인수서는 행정기관의 것을 응용한 것인데 여건에 맞게 가감하여 사용하면 좋겠다.

사무인계인수서

등록번호		간사			
등록일자					
결재일자					
공개구분					

사무인계인수서

1. 2021. . . 현재 ○○○동 주민자치(위원)회의 업무를 별첨과 같이 인계인수함

2. 인계인수서 내용은 사실과 같이 작성하였음

3. 인계인수 및 입회자는 다음과 같음

○ 인 계 자 : 제11대 주민자치위원장　　홍 길 동　　서　명
○ 인 수 자 : 제12대 주민자치위원장　　이 순 신　　서　명
○ 입 회 자 : 부위원장(또는 감사)　　　○ ○ ○　　서　명
○ 기 안 자 : 간사(또는 사무국장)　　　○ ○ ○　　서　명
○ 확 인 자 : 고문(또는 부위원장)　　　○ ○ ○　　서　명

사무인계인수 사항

항목	항목
1. 조직현황	16. 중요 소모품목록
1–1 주민자치센터 개소일 :	17. 장비목록
1–2 주민자치위원회 구성일 :	17–1 업무장비 목록
1–3 역대 자치위원장 임기 : 별첨	17–2 기타장비 목록
2. 분과별 구성표	18. 차량목록
3. 사무분장표	19. 재고물품조서
4. 역점추진업무목록	19–1 유류 수불조서
5. 중요 미결업무 현황	19–2 약품 수급조서
6. 기획 및 현안 중인 사항	19–3 기타 자재수급조서
7. 소송 계류 중인 사항	20. 재산조서
8. 공인목록	21. 채권, 채무조서
9. 보존문서 목록	21–1 채권조서
10. 상정안건 처리대장	21–2 채무조서
11. 문서등록대장	22. 세입세출 예산현계표
12. 교육관리대장	22–1 세입예산 현계표
13. 보도자료대장	22–2 세출예산 현계표
14. 서류 및 장부목록	22–3 관련통장
15. 사무실 비품목록	23. 당면 주요문제점 및 조치의견
15–1 사무실 비품품목	24. 기타 필요하다고 인정되는 사항
15–2 사무용 비품목록	
15–3 도서목록	

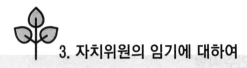

3. 자치위원의 임기에 대하여

"자연스러운 게 좋은 거야"

"물은 고이면 썩기 마련이야"

자치위원의 임기와 관련해서 상충하는 대표적인 말이다. 일단 자치위원이 되었으면 하기 싫을 때 그만두면 되는 것 아니냐는 주장과, 오래하면 나태해지고 혈액순환이 안 되어 조직의 발전이 없다는 주장은 의외로 팽팽하다. 기득권 유지와 기득권 해체라는 상충된 주장이다. 누가 이길까. 관전의 재미가 쏠쏠하다.

자치위원이 속해 있는 단체가 주민자치위원회라면 주민자치센터 설치 및 운영조례를 따라야 하고, 최근 전환되고 있는 주민자치회라면 주민자치회 시범실시 및 설치 · 운영에 관한 조례에 자치위원의 임기가 담아 있다. 대개는 2년이라는 기간을 임기로 하며, 연임할 수 있다는 추상적인 규정을 두고 있다. 간혹 특별한 의지를 표명하고자 3회 연임까지 둔 경우도 있다. 너무 간섭이 심하다는 의견을 받아들여 3회 연임 후 무조건 1회(2년)는 휴식년제를 도입한 곳도 있을 것 같다. 대못 박아 기간을 제한하는 곳은 "물은 고이면 썩기 마련"이라는 주장을 내세우며, 자연스럽게 세대교체가 있어야 한다는 논리다. 유연하게 – 아니면 알아서 하라는 – 대못 박기를 안 하는 곳은 자치의식이 높든지 아니면 자치위원들이 서로 싸우거나 말거나 하도 징그러워서 포기했으니 알아서 하라는 의미도 일부는 있을 것 같다.

주민자치가 성숙한 지역의 자치위원이라면, 건전한 상식을 가지고 스스로 판단할 능력인 시민의식도 겸비했다는 전제가 충족되는 경우에는 임기제한은 의미가 없다. 그러나 이런 경우에는 이론적으로만 존재하지 현실에는 찾아보기가 힘들다. 결국 임기제한 철폐가 가장 이상적이라 하겠으나 현실에서는 실현이 어려운 관계로 임기제한은 피할 수 없는 측면이 있다. 바람직한 대안으로는 임기 2년을 총 3회 내지 5회까지만 인정하고 다음 한 차례의 임기에 해당하는 기간은 휴식년제로 한 후 다시 입회할 때는 휴식년제가 종료된 후에 새롭게 입회절차를 받는 것이 바람직하다. 한 번 들어오면 그만두겠다는 자발적 의사가 있어야만 그만둘 수 있다면 조직이 동맥경화에 걸려 조직이 망가지게 된다. 신참이 중참 되고 그 중참이 고참 되는 선순환 구조는 마련되어 있어야 조직의 발전도 기대할 수 있다는 것은 조직론이나 경영학에서도 익히 입증된 바이다.

자치위원의 임기와 관련해서 해당 지자체의 조례로 정하는 사항이 주로 두 가지가 있다. 관할 지역에 거주하고 있거나 사업장이 있는 경우에 자치위원으로 지원할 수 있다는 조항이 그것이다. 거주하거나 사업장이 있다는 증명서는 처음 입회할 때만 필요한 게 아니다. 최소한 일 년에 한 차례씩 제출을 의무화해야 한다. 거주하는 경우에는 주민등록표 등본이나 주민등록표 초본을 제출해야 한다. 간혹 도시에서 생활하면서 지방에 있는 토지를 빌미로 농지 직불금을 타먹기 위하여 슬쩍 위장전입을 시도하는 무리도 있다. 이는 말소대상이며, 법 위반행위에 해당하기 때문에 그 기간 동안은 자치위원의 직을 유지할 수 없다. 학령아동의 학교배정이나 그 밖의 사유로도 위장전입을 시도한다면 당연히 자치위원 직을 내놓아야 한다. 사업장이 있다는 증명서도 꼼꼼히 체크해야 한다. 주사무소의 소재지와 창고의 소재지도 세세히 살펴볼 것을 주문한다. 물건만 쌓여있는 창고임에도 불구하고 창고의 소재지를 관할하는 지역의 주민자치(위원)회에 입회하려는 자도 있다. 주민자치(위원)회에 입회하면 무슨 특혜라도 있는지 틈새를 노리는 무리가 자주 발생한다. 이런 것이 방치되는 경우 그는 갑질의 주인공으로 성장하는 경우를 자주 목격하거나 들었기에 하는 말이다. 전국의 주민자치 관련 조례를 가끔 접하게 되는데 이런 자격유지 여부에 대한 제출의무나 조회 실시 등의 검증장치가 있는 조례는 보지 못했다. 좋은 게 좋은 거라는 통념에 그냥 넘어가려고 하는 것인지 자치내공이 부족해서 그런지 알 수가 없다. 2년 정도 근무하면 다른 부서로의 영전이 보장되는 순환근무제에 맛을 들였다고 하지만 담당 업무에 재직하는 동안은 업무에 파고들어 '흔적'을 남기고 떠나야 올바른 공직이다. 흔적은 무탈하게 근무기간을 보냈다는 것이 아니라 자치역량을 키워준 성과를 말한다는 것은 굳이 설명이 필요는 없지 않을까 싶다.

2020년 연말에 네이버 블로그 《대한민국 주민자치 실전서》에 주민자치 '작은 공모전'을 개최하였다. 그중에 서울의 어느 자치지원관이 응모했다. 요즘 주민자치회 조례 공부를 하고 있는데 '자격이나 능력 없는 자치위원을 자치위원장이나 자치회장을 못하게 하는 사례'로 광주광역시 광산구 주민자치회 시범실시 및 설치ㆍ운영에 관한 조례 제15조 ②항을 제시했다. 먼저 소개한다.

광주광역시 광산구 주민자치회 시범실시 및 설치ㆍ운영에 관한 조례 제15조
제15조(주민자치회의 장)
　② 자치회장과 자치부회장은 선출일에 아래 각 호 중 어느 하나에 해당하는 사람으로 한다.
　1. 해당 동에서 주민등록상 주소지를 2년 이상 계속해서 유지중인 사람
　2. 해당 동 관할구역 내에 주소를 두고 있는 사업장에 2년 이상 계속하여 종사하는 사람
　3. 해당 동에 소재한 각급학교, 기관 단체에 2년 이상 계속하여 속한 사람

주민자치위원회에서 주민자치회로 전환되는 과도기인 요즘에 기존의 주민자치위원회와 주민자치회는 갈등과 반목의 시간을 보내기도 하지만 성장통을 거쳐 앞으로 나아가는 곳도 차츰 보이고 있다. 성장하는 곳은 위원장이나 자치회장이 열정이 넘치는 곳이다. 넘치는 열정에 성실과 은근과 끈기의 상징인 책과 신문에 늘 다가가기와 경청과 배려를 아끼지 않는다. 잘 안 되려고 해도 안 될 수 없는 구조다.

자치위원 또한 제 역할을 알고 있기에 리더를 선출할 때는 매의 눈으로 리더의 자질이 있나 없나를 살피고 심사숙고하여 리더를 뽑아야 하는 것이다. 아예 자질이나 자격 또는 능력이 없는 위인은 리더선출을 포기해야 한다. "왜 내가 아니면 안 되는 것이냐"를 설명할 수 없다면 그는 리더의 자격이 없다. 여러 사람 고생시키지 않아야 한다. 공직이 그리 만만한 것이 아닌 것처럼 자치도 그리 만만한 게 아니다.

4. 월례회의 참석수당은 받아야 하나

　자생단체인 주민자치위원회나 주민자치회에서 자체 회의인 월례회의를 할 때 회의참석수당을 받고 있다. 공무를 수행하는 사인(私人)인 자치위원이기에 혈세인 세금으로 충당된 회의참석수당을 받는다는 것에 굳이 이의를 제기하고 싶지는 않다. 그렇지만 꼭 받아야 하는지를 생각해보면 안 받아도 되는 것 같고 이젠 안 받아도 될 때가 아닌가 하는 생각이 든다.

　먼저 몇 가지 사례를 들어보자. 전북에서는 14개 시·군 가운데 군산시와 김제시만 회의참석수당을 지급하지 않았었다. 당연히 2개 시(市)의 자치위원들이 사기가 떨어진다며 시장에 대한 불평이 많았다. 그러다가 2년 전쯤에는 군산시에서도 회의참석수당을 주기로 했다는 얘기를 듣게 되었다. 이젠 김제시만 남게 되었는데 어떻게 할지 최종결과가 궁금했다.

　주민자치의 롤모델인 경기도 남양주시에는 호평동을 비롯하여 몇 곳의 의식 있는 주민자치(위원)회에서 자생단체 월례회의인데 무슨 회의참석수당을 주냐고 차라리 그 돈으로 주민자치 사업예산을 늘려달라는 건의를 수차에 걸쳐 해왔는데 다른 시군과의 형평성 때문인지 건의가 받아들여지지 않고 있다는 말을 자주 들었다.

시나 구가 아닌 군(郡)에 속해 있는 읍·면에서는 재정자립도가 낮은 탓에 주민자치 관련 공모사업도 변변치 않은 실정이라 회의참석수당을 모아 자체사업비로 추진하는 곳이 많은 편이다. 그나마 회의참석수당을 자체사업비로 활용할 수 있으니 효자 역할을 하고 있는 셈이다.

회의참석수당에 얽힌 당당하기도 하고 절절한 사연이다. 누가 옳고 그른지 판단이 불가하다. 당당하기로는 김제시의 경우이겠으나 내막적으로는 재정자립도 등의 사유로 추정되기에 당당한 사례로 내세우기는 어렵다 하겠다. 남양주시의 경우가 차선으로나마 당당한 사례이나 시에서 호응을 안 해주어 모양이 조금은 어색하다. 회의참석수당과 제 주머니 털어 자체사업이라도 추진하는 읍·면의 주민자치위원회는 간절함이 배어 있어 안타깝다.

하루빨리 회의참석수당 없어도 자체사업 정도는 할 수 있는 날이 와서 당당한 주민자치(위원)회가 되었으면 좋겠다.

다른 지역의 주민자치(위원)회는 주민자치 관련조례에 어떤 내용을 담고 있을까 궁금할 때가 있다. 우리 조례와 비교하고 싶을 때 쉽게 남의 자료를 찾을 수 있다면 좋겠다는 생각을 가진 적이 있을 것이다.

매번 해당 시·군·구의 홈페이지를 방문해서 찾았다면 이제는 한방에 해결할 수 있다. 행정안전부에서 운영하고 있는 '자치법규 정보시스템(https://www.elis.go.kr)'이 그것이다. 자치법규정보시스템(ELIS, Enhanced Local laws and regulations Information System)은 지방행정의 효율성을 높이고, 국민의 알권리 충족 등을 위한 행정서비스 수준을 향상시키고자, 1997년부터 지방자치단체의 행정 정책을 데이터베이스로 구축하여 전 지방자치단체가 공동으로 서비스를 제공하고 있다. 한마디로 모든 지자체의 조례와 규칙을 볼 수 있는 사이버 공간이다.

제공하는 내용을 분류하면 자치법규 검색, 입법예고, 최근 제·개정 자치법규 서비스 제공 등 3가지로 구성되어 있다. 첫째, 자치법규 검색 코너에는 자치법규 안내와 자치법규 현황이 소개되어 있다. 구체적으로 자치법규 안내에서는 자치입법의 법적 근거 및 성격을 비롯하여 조례 제·개정 범위와 조례 입법 및 지원절차 그리고 주민조례 제정·

개폐 청구제도에 대한 내용이 있어 궁금증을 해결해주고 있다. 자치법규 현황에는 각종 통계자료가 있다. 둘째, 입법예고 코너에는 말 그대로 전국 지자체에서 입법예고하는 사항을 확인할 수 있다. 셋째, 최근 제·개정 자치법규 코너 역시 주민자치회 관련 조례 등 가장 최근에 제·개정된 내용이 궁금할 때 도움이 된다. 이외에도 자주 묻는 질문과 실무 담당자를 위한 Q&A가 있어 자치활동 등을 지원하고 있다.

다른 지역보다 앞서간다고 자부하는 주민자치(위원)회인 경우에는 재무회계규칙을 검색해볼 것을 권한다. 자치활동을 하면서 지출할 때 10만 원 이하도 위원장까지 결재 받고 1,000만 원이 넘는 것도 위원장까지 결재를 받는다면 능률적이라고 하기에는 다소 무리다. 행정기관에서는 직위에 따라 지출범위를 정한다. 업무의 효율을 기하기 위함이다. 현수막 한 개를 구입하려고 할 때 시장까지 결재를 받아야 한다면 누가 시장을 하려고 할까. 아마도 할 마음이 없어질 것 같다. 행정기관에서 전결범위라 하여 직위와 지출금액 범위를 연계하는 이유를 안다면 굳이 주민자치(위원)회도 못할 이유는 없다. 이렇게 행정기관이 잘하고 있는 것은 한수 배우려는 자세가 있어야 한다. 그래야 주민이 좋아한다. 우리 주민자치(위원)회가 나날이 발전한다고. 예산·결산 및 회계 관리에 관하여 필요한 사항을 정함을 목적으로 하는 재무회계규칙은 자치활동에 많은 도움을 주기에 멀리할 이유는 없다.

자치활동을 하면서 우리는 계획서나 결과 보고서를 이렇게 작성하고 있지만 다른 지역에서는 어떻게 하고 있을까. 올 가을에는 우리도 주민총회를 해야 하는데 주민총회 추진계획서를 어떻게 작성해야 하나. 위원장이 말도 잘하던데 주민총회 계획서도 작성하면 안 되나.

자치활동을 하면서 각종 문서작성으로 이런 고민을 할 때가 많다. 이젠 고민해서 해결된다면 얼마나 좋을까 하는 생각도 할 필요가 없어졌다. '정보공개포털(https://www.open.go.kr)'이라는 도깨비 방망이가 있기 때문이다. 공공기관의 정보공개에 관한 법률(정보공개법)에 근거하여 운영되는 정보공개포털을 방문하면 된다. 오른쪽 화면에 나타나는 '공개정보'를 클릭하면 왼쪽에 검색어, 기관선택, 기간검색 순으로 나열되어 있는 것을 볼 수 있다. 검색어로는 주민자치 등 필요한 단어(주된 단어, Key word)를 입력한다. 기관선택은 중앙행정기관, 지방자치단체, 교육청, 공공기관 등 4가지가 나오니 적절하게 선택하면 된다. 기간검색은 최대 1년까지로 되어 있다. 예상외로 많은 자료가 쏟아져 나온다. 대신 대국민 공개 자료에 한한다. 공개 자료는 그 지역 여건이 감안된 자료이니 활용하는 경우 가감해서 사용해야 한다는 것은 잊지 말자. 특히 법 명칭이나 관련조항은 특정시기에 변경되어 언제나 바뀔 수 있으니 다시 한 번 맞는지 확인해야 낭패를 안 본다.

자치법규시스템과 정보공개포털은 대부분의 공무원은 이미 알고 있다. 만약 모르는 공무원이 있다면 관련 업무에 근무한 적이 없을 뿐이다. 알고 있는 경우에는 이것을 자치위원장이나 자치회장에게 아니면 자치위원들에게 일찍 알려줬어야 한다. 그래야 주민자치가 성장할 수 있는 것이고 공직으로서의 본분을 다하는 것이다. 알려줘도 자치위원들이 보지도 않는다고 말해서는 안 된다. 자치위원들이 보건 말건 공직은 알려줘야 한다. 그것이 행정지원이자 의무다.

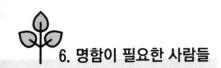

6. 명함이 필요한 사람들

명함(名銜)은 얄궂다. 인터넷 사전에 따르면 성명 · 주소 · 직업 · 신분 · 전화번호 등을 적은 종이가 명함이며, 자기의 존재를 드러내 보이는 도구다. 한마디로 친해보자는 것이다. 서로 명함을 교환하면서 상대를 알아간다. 명함을 교환했다는 것은 이제 모르는 사람이 아니므로 경계할 필요가 없다는 무언의 의식이다. (물론 사기꾼도 명함이 있을 수 있으니 이점은 주의해야 하겠다) 명함을 교환한 실제 사례다.

사례1.

A : "여기, 제 명함입니다."

B : "예, 저는 누구인데 아직 명함을 안 만들었습니다."

사례2.

A : "여기, 제 명함입니다."

B : "예, 저는 명함을 아예 사용하지 않습니다."

사례3. 받기만 하고 주지는 않는다.

사례1의 B는 누구일까.

주민자치 담당 공무원이라면 이제 막 발령받았거나 남들이 하기 싫다는 주민자치 업무를 반강제로 맡은 새내기 공무원일 것 같다. 이도저도 아니면 말로만 주민자치 담당이면서 담당 업무가 자그마치 8개 정도 쯤 되어 주민자치 업무는 그중 하나라 별로 비중 있는 업무가 아닌 지방의 군(郡)에 속한 어느 읍이나 면의 주민자치 담당이 아닐까 추정해본다.

주민자치(위원)회의 분과장 이상 임원이라면 제 역할을 다 못하는 직책을 가졌기에 – 다시 말하면 실력이 아니라 가위, 바위, 보 등으로 임원이 되었기에 – 양심은 있어서 아니면 너무 겸손한 성격 등의 사유로 안 만든 것이 아닐까 추측해본다.

사례2의 B는 어떤 사람일까.

주민자치 담당 공무원이라면 맡기 싫은 주민자치 업무를 덤터기 당하여 담당한 경우로 2년 정도만 지나면 다른 부서로 갈 수 있는 순환근무의 시기만 다가오기를 기다리는 경우가 대표적이다. 때로는 업무 가짓수가 8개 내외로 많기 때문에 주민자치 담당이라는 명함을 부담스러워하는 양심적인 공무원일 수도 있다.

주민자치(위원)회의 분과장 이상 임원이라면 지역 내에서는 자기를 모르는 사람이 없다며 자만심이 많거나 대인관계의 예의가 다소 미흡한 경우에 해당한다고 할 수도 있다. 거꾸로 자기 지역의 자치활동에만 관심 있고 다른 지역이나 사람에게는 관심이 없어서 스스로 외부와의 교류를 차단하는 경우도 간혹 있다. 스스로 큰물에서 놀기를 포기하고 작은 물에서만 열심히 참 봉사를 실천하는 경우다.

사례3의 경우는 고약한 경우의 대표적인 사례다. 상황설명 없이 받기만 하는 것은 주민자치를 하는 사람의 예의가 아니다. 최소한 임원이 아니어서 명함이 없지만 상대의 명함을 잘 간직하겠노라는 등으로 몇 마디는 있어야 한다.

명함이 필요한 가장 큰 이유는 상대방에 대한 예의다. 명함에는 이메일은 물론이고 핸드폰을 사용하는 경우에는 핸드폰 번호도 기재가 되어 있어야 좋다. 간혹 핸드폰을 사용하면서도 핸드폰 번호가 기재되지 않은 명함을 건네는 사람에게는 약간의 경계심을 갖게 된다. 평상시에 바쁘거나 지위가 높아서 시간할애가 어려워 남에게 연락이 오는 것을 기피해야 하는 경우라면 아예 명함교환을 생략하는 게 좋다. 남의 연락처 등의 개인정보는 홀라당 챙기면서 제 것은 안 주겠다는 심사는 보기에도 안 좋다. 험악한 세상이라 여자이어서 함부로 명함에 핸드폰 번호를 기재할 수 없다고 한다면 이메일 정도는 적혀 있어야 한다. 연락할 내용이 있어서 전화한 경우 부재중이면 여러 번 전화해서 겨우 통화했던 것을 겪어본 사람이라면 수긍한다. 핸드폰과 이메일을 사용하고 있으면서 신비한 척 하며 명함에 빈칸으로 처리하는 경우에는 평범한 사람이 사는 사회에는 어울려 보이지 않는 경우라고 할 수 있겠다.

자치활동을 하는 자치위원 가운데 명함이 꼭 필요한 사람은 위원장, 고문, 간사 그리고 분과장이다. 다들 제 역할을 하고 있어야 하는 게 전제조건이다. 말로는 분과장인데 분과에서 생산하는 문서를 분과장이 못 하면서 분과장 명함을 가지고 있으면 모양이 우습다. 주민자치위원회의 추진사업을 문의하면 설명을 못하고 해당 분과장에게 물어보라는 간사도 명함 값을 한다고 보기에는 무리다.

명함을 만들 때도 신경을 써야 한다. 앞면만 채우는 게 아니라 뒷면도 채워야 한다는 말이다. 앞면에는 성명 등으로 하면 되지만 뒷면에는 정형화된 내용은 없다. 다음의 명함 사례는 주민자치를 담당하는 실무자 겸 팀장으로 재직할 때 마을신문 기자들에게 만들어준 명함이다. 뒷면 기재사항을 참고하여 주민자치 자세 등을 추가한다면 명함의 가치와 자치위원의 자세는 달라질 것 같다.

 전국 제일의 주민자치 "상상마을"

경기도 부천시 원미구 상2동 주민자치위원회

'상2동 상상마을' 기자 ○○○

(우) 14589 경기도 부천시 원미구 조마루로 95(상동)
Fax 032-625-○○○○
Mobile 010-1234-5678 | E-mail 0000@hanmail.net

♣ **주민자치는 「참 봉사」다.**
♣ **우리는 가짜 주민자치를 미워한다.**
♣ **마을신문 기자는 주민을 위해 일하며, 마을의 리더이다.**
♣ **열정과 성실함이 있는 주민자치는 세상을 치유한다.**

☞ 공정 / 정확 / 느림의 미학(美學)을 실천한다.
☞ 다음카페 > 상2동 상상마을 = 상2동 주민자치위원회 카페

주민자치(위원)회 사무실에는 타인으로부터 받은 명함을 제대로 관리하는지 모르겠다. 책상 서랍 어디에 처박혀있거나 책상 위 어딘가에 굴러다니지는 않는지 걱정된다. 대학노트 크기의 명함첩에 받은 명함이 시·도별로 잘 관리되어 있는 주민자치(위원)회를 언젠가 꼭 한 번 만나고 싶다. 이런 곳은 명함첩이 인수인계서 품명인 비품목록에 기재되어 있을 것 같다.

 5장에서는 평소에 잠깐이라도 생각을 해봤으나 미처 정리하지 못한 과제를 접하는 경우가 있었을 것으로 보인다. 아니면 이렇게 생각해서 마음에만 담아두고 있었는데 책에서 만나게 되어 반가운 경우도 있겠다.

 사실 생각이라는 것이 생각할수록 꼬리를 물고 이어져서 생각주머니가 확장되어 지혜로 돌아온다는 것은 누구나 경험한다. 생각을 안 해서 또는 책과 신문에 다가가지 않아서 그렇지 다가간다면 필자보다 더 훌륭하고 세련된 주장을 펼칠 수 있을 것이다.

 이제는 동감(同感)에서 그치지 말고 공감(共感)으로까지 확장해야 할 때다. 혼자만이 알고 있는 것이 아니라 동료와 다른 자치위원에게도 공유해야 한다. 우리가 공부를 해서 배우려는 목적은 나 혼자 잘 먹고 잘 살자는 얘기가 아니다. 배움의 최종 목적은 나 혼자만의 독식으로 끝나는 것이 아니라 타인에게로의 전달인 공유로까지 이어져야 하는 이유다.

 자치 생각주머니는 생각하기 나름이다. 채울 수도 있고 비울 수도 있다. 채우려고 할 때는 언제 다 채우나 고민되지만 하나씩 채워나가는 과정에서 느끼는 게 많다. 자기와의 싸움과 같아서 중단 없이 나아가면 알 듯 모를 듯한 미소가 입가에 번진다. 본연의 '나'와 허물없이 만나게 된다. 내 자신에 대하여 고맙고 반가운 마음이 찾아온다. 생각주머니가 채워지면 남의 허물은 보이지 않는다. 넘치면 덜어주고 부족하면 채우면 되니까.

이런 생각주머니를 가지고 있는 자치위원과 주민자치(위원)회는 늘 부러움의 대상이다. 우리는 왜 없을까, 걱정할 필요는 없다. 이 책을 읽는 당신은 이미 생각주머니를 가졌지 않은가. 이제 채우면서 다 차면 나눠주자. 자치의 꿈이 그렇게 익어가야 한다.

《대한민국 주민자치 실전서》가 세상에 나온 이후에도 간간이 답답함을 느꼈다. 책 출간 이후 서울에서 제주까지 전국으로 강의와 컨설팅하는 것이 일상이 되었다. 이메일로 질문에 답변하고 지방에서 부천까지 찾아와 무력감을 호소할 때는 나름의 처방전도 제시하였다. 일 년에 3회 정도 업무협약을 맺은 주민자치(위원)회에서 저자의 강의 듣기를 희망하는 자치위원과 주민자치 관계 공무원을 대상으로 전국 특강도 꾸준히 하여 자치에 대한 갈증을 미력하나마 해소하고 있다. 그런데도 마음 깊은 구석에서는 무언가 해결하지 못한 숙제가 있는지 표정이 밝지가 않았다. 가만 맥을 짚으니 중증이었다. 탈이 안 나려면 불량식품은 먹지 말아야 하며, 계속 잘 먹으려면 주된 메뉴가 있어야 할 뿐만 아니라 다음에도 좋은 음식을 먹을 수 있는 보장이 있어야 하듯 주민자치도 잘 되기 위해서는 주민자치(위원)회 구성을 잘해야 하며, 대표자인 위원장이나 자치회장도 잘 뽑아야 한다. 아울러 지속가능한 발전을 위하여 책과 신문에 다가가는 것을 반기며 학습하는 단체가 되어야 주민자치가 잘 굴러갈 수 있다. 중증인 이유도 이것을 무시한 것이 가장 큰 원인이다.

최근의 사례에서 보듯 한때는 전국에서도 이름을 날리던 주민자치(위원)회도 10년을 넘기지 못하곤 잊히는 일이 비일비재다. 전국주민자치박람회에서 대상을 받았다고 공무원에게 의지하지 않는 위원회라고 인정하기에는 다소 무리이지만 2009년부터 현재까지의 궤적을 보면 답답함을 넘어 막막하다는 느낌을 지울 수가 없다. 왜 잘나가다가 스러지거나 침체기를 맞았을까. 원인은 간단하다. 잘 나갈 때 미래에 대한 대비가 없었다. 내가 있을 때만 잘하면 된다고 생각한 게 화근이었다.

"내가 우리 위원회를 전국을 선도하는 곳으로 만들었으니 후임 위원장도 어련히 잘 하겠지."

"전임 위원장이 몇 년간 추진할 것을 만들었으니 나는 그냥 위원장 행세만 해도 되겠지, 사실 나는 위원장감도 안 되잖아."

전임 위원장의 방임과 역량 미달인 후임 위원장의 등장으로 지속가능한 발전이 담보되는 게 아니라 한 동안의 발전과 무책임한 퇴보의 반복으로 주민자치가 앞으로 나아가지 못하고 있는 것이 대부분의 현실이다. 그러니 "지금 너무 좋아하지 마라. 너희도 곧 침몰하는 때가 찾아올 것이니" 하면서 다가올 불행을 미리 예견하는 곳도 있다. 결국 머리와 허리 그리고 팔과 다리 역할이 충실했어야 하는데 서로 좋은 게 좋은 거라고 여겨 제 역할을 포기한 것이다. 이제 와서 누구를 탓할 수도 없다. 앞으로는 제 역할을 충실히 하자는 결의에서 새롭게 시작해야 한다. 이제는 과거의 소수 엘리트 시대를 마감하고 개개인의 참여를 전제로 하는 집단지성의 시대를 열어야 한다. 튼튼한 자치내공으로 주민과 함께하며, 마을의제를 스스로 해결함과 아울러 지역에 환원하는 주민자치(위원)회를 가진 주민이라면 얼마나 행복한 주민인가.

제 역할 다하기를 실천하면서 집단지성이 발휘될 때 이 책은 늘 옆에서 응원을 보내줄 것이다.

끝으로 독자에게 많은 도움이 되고자 노력하였음에도 불구하고 지면관계와 역량 부족으로 다루지 못한 내용도 있다는 것을 솔직히 고백한다. 젠트리피케이션(원주민 내몰림 현상)과 기피시설을 비롯하여 공익캠페인, 전국주민자치박람회에 대한 평가와 방향 그리고 주민자치를 둘러싼 계보에 대하여 언급하지 못한 아쉬움이 있다. 또한 주민자치 관련해서 전국의 3대 큰 행사인 전국주민자치박람회와 대한민국 평생학습박람회 및 행복농촌 만들기 콘테스트의 연관성 등에 대한 내용을 다루지 못하였으나 다음 기회에 소개할 수 있도록 약속을 드린다.

책을 읽은 후에 추가 자료를 얻고자 하는 경우에는 저의 블로그 (네이버 블로그: 대한민국 주민자치 실전서)를 방문하면 되며, 혹은 제 이메일(0208deok@hanmail.net)로 편지를 쓰셔도 좋습니다.

'관치를 멀리, 자치를 가까이' 하는 분을 응원하며

2021년 6월에

박경덕

《전국주민자치박람회 자료집》(사)열린사회시민연합, 2019.

《주민의 자치》김필두 외 2인, 2018, 소망

《골목에서 시작된 기적》부산광역시 사하구청, 2016

《마을의 귀환》오마이뉴스 특별취재팀, 2013, 오마이북

《이토록 멋진 마을》후지요시 마사하루, 2016, 황소자리

《홍동마을 이야기》홍동마을 사람들, 2014, 한티재

《주민자치 잘 될 거야》박진호, 2019, 북랩

《한국인만 모르는 다른 대한민국》임마누엘 페스트라이쉬(이만열), 2013, 21세기북스

《자네 늙어봤나, 나는 젊어봤네》도야마 시게히코, 2016, 책베개

《늙어갈 용기》기시미 이치로, 2015, 에쎄

《글쓰기 표현사전》장하늘, 2009, 다산초당

《내 인생의 첫 책쓰기》김우태, 2017, 더블엔

《책쓰기가 이렇게 쉬울 줄이야》양원근, 2019, 오렌지연필